KB145878

14인의
책 한국 현대사를 말하다

초판 1쇄 발행 2012년 5월 25일
초판 2쇄 발행 2012년 8월 20일

지은이 윤무한
펴낸이 이영선
펴낸곳 서해문집

이 사 강영선
주 간 김선정
편집장 김문정
편 집 허 승 임경훈 김종훈 김경란 정지원
디자인 오성희 당승근 안희정
마케팅 김일신 이호석 이주리
관 리 박정래 손미경

출판등록 1989년 3월 16일 (제406-2005-000047호)
주 소 경기도 파주시 문발동 파주출판도시 498-7
전 화 (031)955-7470 | **팩스** (031)955-7469
홈페이지 www.booksea.co.kr | **이메일** shmj21@hanmail.net

©윤무한, 2012

ISBN 978-89-7483-529-3 93900

이 도서의 국립중앙도서관 출판시도서목록(CIP)은 e-CIP 홈페이지
(http://www.nl.go.kr/cip.php)에서 이용하실 수 있습니다.(CIP제어번호:2012002211)

윤무한 지음

한국 현대사를 말하다

14인의 초상

서해문집

나는 윤무한과 잠시 학창 생활을 같이 했고, 이를 인연으로 나는 그가
그린 삶의 궤적을 기억하고 있는 사람 가운데 하나가 되었다. 대학의 학
부과정에서 만난 그는 나와 같은 해에 대학원에 진학하면서 함께 학문
의 길을 걷기 시작했다. 나는 그때 그의 학구적 자세와 현실 타개를 위
한 진지성을 거듭 확인했다. 그러나 그 간고한 시대는 그를 학문으로부
터 떼어 놓았다. 새롭게 참여를 결단한 언론의 현장에서 그는 여러 제
약을 무릅쓰면서도 글쓰기를 그치지 않았다.

해방을 전후해 태어난 우리 세대는 뒤끓던 민족주의 시대를 살았으
며, 민주주의의 이상에 매료되었다. 어린 눈으로 목도한 분단과 전쟁의
비극은 평화에 대한 필연적 그리움으로 환치되어 갔다. 또 우리 세대는
군부독재와 부정부패라는 불의가 팽배하던 상황에서 정의를 그리워했
다. 이렇게 우리는 일종의 신기루로 치부되던 민주주의를 현실로 만들

기 위해 고민하고 싸운 시대를 살았다.

윤무한은 학부시절부터 이 역사적 요청의 논리와 시대정신의 문법을 꿰뚫고 있었다. 그는 자신이 해야 할 바를 주저 없이 실천해 갔다. 그래서 그는 학생운동의 전면에 섰고, 그가 작성한 각종 선언문은 젊은 이성理性에 호소력을 발휘했다. 민주정부가 들어선 이후 한때 그는 언론계를 떠나 공직에 몸을 담기도 했지만, 이는 이상을 현실로 만들기 위한 열정의 연장으로 생각되었다. 그러나 이때도 그는 결코 젊음의 진지함을 잃지 않았다.

공직을 떠난 이후 그는 몇몇 대학에서 한국현대사에 관한 강의를 맡아서 했다. 이때 그가 주목한 것은 현대사를 이끌어온 인물이었다. 그는 우선 해방 전후의 혼란기를 살아가면서 민족국가의 건설과 민족문화를 일으켜 세우고자 한 사람들을 주목했다. 또 현대국가의 완성과 직결되는 산업화 문제에 대해서도 진지하게 성찰해 보고자 했다.

그는 무엇보다도 1960년대 이후 군부독재에 저항한 인물들의 삶을 중요시했다. 그래서 20세기 전반기에 태어나 20세기 후반기를 바르게 이끌기 위해 자신의 몸을 던진 인물들을 조명해보고자 했다. 그리하여 그는 이 책에서 함석헌(1901~1989)부터 전태일(1948~1970)까지 열네 명에 이르는 한국현대사 인물들을 집중적으로 조명했다.

이 책에서 그가 서술한 인물의 공통점은 이 땅에 인간다운 삶의 가치를 밝히기 위해 투신했다는 점이다. 그들은 분단과 불의와 착취, 그리고 탄압과 독재에 대항해 민주와 자유와 평등으로 집약되는 진정한 인간화의 길을 설파하고자 했다. 거의 모두 시대적 담론을 이끌어가며, 우리 현대사회와 문화에 큰 발자취를 남긴 인물들이다. 그는 이들의 삶을 대학의 강단에서도 밝혀주었고, 이로써 그는 그들의 모범을 따라 또 다른 현대사의 주역이 탄생하기를 기원했다.

여기에 수록된 인물 거의 모두는 저자인 윤무한이 직접 만났거나 긴밀하게 연결되어 있던 사람이기도 하다. 그는 이들의 기록을 정리하면서 자신의 삶을 반추해 나갔으리라 생각된다. 아마 윤무한은 이들의 삶에서 드러나는 여러 사건이나 특성들이 자신의 삶과도 일치되거나 깊은 연관을 가지고 있음을 확인했을 것이다.

윤무한은 송건호의 삶을 서술하면서 강단 사학자 못지않게 현대사를 올바로 보고 있다는 말에 전적으로 동의했다. 사실 윤무한은 정통적 현대사학자라고 보기는 어려울지 모르겠다. 그러나 그는 틀림없이 송건호 못지않게 현대사에 달통했고, 역사의 진행방향을 올바로 가늠할 수 있던 사람임에 틀림없다. 감히 말하거니와, 그는 강단 사학자 못지않은 현대사학자였다. 그는 역사의 일부를 스스로 가꾸어 나가기도 했고, 시대정신을 같이하며 동시대에 활동한 이들의 삶을 진솔하게 조명해 주었기 때문이다.

나는 그가 건강하게 오래 살아서 자신의 삶까지도 담담히 서술하며 현대사를 풍요롭게 해주기를 진정으로 바랐다. 거기에서는 그의 인간관을 밝혀주고, 그가 좋아하던 평화의 성자 프란체스코의 이야기도 들려주리라 생각했다. 그러나 그는 이제 유명을 달리했다. 그는 피안의 성자 彼岸가 되었지만, 나는 차안의 인간으로서 그를 그리워한다. 그의 유고를 모아서 엮은 책에 머리말을 대신 쓰면서, 나는 그가 남긴 현대 인물사에 대한 강의안도 하루빨리 정리될 수 있기를 기원한다. 그리고 여러 매체를 통해서 발표한 그의 주옥같은 글들도 한편의 책으로 엮어지기를 소망한다. 또한 이제 간행되는 이 책이 그의 아내와 그가 남긴 혈육에게 한 점의 위로가 될 수 있기를 바란다.

2012년 5월
친우 조광*이 그를 추모하면서 삼가 쓰다

* 고려대학교 명예교수, 연세대학교 석좌교수

차
례

고난의
역사
풀무질하며
세운
씨올의
역사철학

01

함석헌(1901~1989)

《수평선 너머》에
그린 자화상

의사를 배우려다 그만두고, 미술을 뜻하려다 말고, 교육을 하려다가 교
육자가 못 되고, 농사를 하려다가 농부가 못 되고, 역사를 연구했으면
하다가 역사책을 내던지고, 성경을 연구하자 하면서 성경을 들고 있으
면서 집에선 아비노릇 못 하고, 나가선 국민노릇 못 하고, 학자도 못 되
고, 기술자도 못 되고, 사상가도 못 되고…….

시집 《수평선 너머》 서문에 그려진 함석헌의 자화상이다. 두보杜甫
가 지은 〈고백행古柏行〉의 마지막 구절인 "지사여 유인幽人이여 원망하
거나 한탄하지 마라 / 옛부터 대재大才는 쓸 곳을 찾기가 어려운 것"에
서 함석헌을 연상하는 사람도 있다. 민중신학자 안병무는 '가슴에 화살
맞은 사람'으로 함석헌의 내면적 풍경을 짚어내면서 "모순! 모순 덩어
리, 그게 바로 함석헌이 앉은 방석!"이라고 했다. 과연 함석헌의 삶은
이렇게 보면 이런 것 같고 저렇게 보면 저런 것 같아서 금강산의 만물상

같다. 미국의 사상가 에머슨이 "위대한 것은 오해받게 마련"이라고 했듯 인간 함석헌이 바로 그럴 수밖에 없는 삶을 살았는지 모른다.

함석헌은 자신의 인생을 '하나님의 발길에 차여' 다녔다는 한마디 시적 표현으로 압축했다. 실제로 함석헌은 아주 어렸을 때부터 그랬다. 그는 20세기가 막 시작하던 1901년 평북 용천에서 태어나 관립평양고등보통학교에 다니던 1919년 3·1운동에 뛰어들며 학교를 자퇴했다. 그때의 심경을 함석헌은 "먹었던 대동강물이 도로 다 나오는 듯했다"고 표현했다.

3·1운동은 함석헌의 인생을 180도로 바꿔 놓았다. 평양고보에서 연락책임을 맡았던 그는 시말서를 쓰고 복학하는 여느 학생들의 선택을 박차고 오산학교에 가게 되었다. 거기서 그는 평생의 스승 유영모柳永模와 남강南岡 이승훈李昇薰을 만났다. '생각하는 사람의 길'을 걷게 된 것이다. 오산학교 시절 함석헌은 로망 롤랑·베르그송·입센·블레이크 등을 읽었고, 타고르의 《기탄잘리》를 접하는 동시에 웰스Herbert George Wells의 《세계 문화사 대계》에 심취했다. 이들에게서 큰 영향을 받은 함석헌은 역사에 눈떴고, 세계국가주의와 과학주의 사상을 접하게 되었다.

1924년 함석헌은 동경고등사범학교에 들어가 김교신金教臣의 소개로 당대 일본 최고의 지성인이던 우치무라內村鑑三를 만나게 된다. 우치무라는 교회의 형식과 거짓에 저항해 무교회 신앙을 내세웠다. 이 신앙은 어떤 형식이나 의식에 얽매이지 않고 모여서 예배를 보았으며, 성경을 중심으로 삼고 십자가에 의한 속죄를 중시했다.

훗날 함석헌은 차츰 우치무라에게서 멀어져 갔다. 자유의지를 가지는 인간에게 대속代贖이 어떻게 가능한가 하는 의문이 생긴 것이다. 사실과 상징을 혼동하는 것은 아닌가라는 생각 때문이었다. 대속이 이루어지려면 예수와 내가 다른 인격이 아님을 증명하는 체험에 들어가야 한다고 함석헌은 생각했다. 대속을 감정적으로 강조하면 그 체험에 들어가지 않고 누군가 대신해 주었다는 감정에 그치기 때문에 슬쩍슬쩍 넘어가기 쉽다고 보았다.

요컨대 함석헌은 역사적 예수를 중시하지 않는다. 그가 믿는 것은 그리스도였다. 그의 그리스도는 영원한 그리스도가 아니면 안 된다, 그런 그리스도는 본질적으로 내 속에도 있다, 그 그리스도를 통해 예수와 나는 서로 다른 인격이 아니라 하나라는 체험에 들어갈 수 있다, 그때 예수의 죽음은 곧 자신의 죽음이요 그의 부활은 곧 자기 영혼의 부활이 된다, 속죄는 이렇게 해서만 성립된다, 그러므로 역사적 예수가 내 죄를 대신해 죽었다 해서 감사하게 여기는 것은 자기중심적 감정이며 도덕적으로 높은 지경이 되지 못한다, 그것으로는 곧 죄성罪性이 없어질 수 없기 때문이다. 함석헌은 이렇게 판단한 것이다.

1923년 9월 동경을 중심으로 한 관동지방 일대에 대진재大震災가 일어나 함석헌은 연옥과 같은 하룻밤을 보냈다. 그 하룻밤의 무서운 경험보다 더 무서운 충격은 조선인 학살사건이었다. 함석헌은 대진재 때 조선인 대학살의 원흉을 국가주의로 보았다. "국가란 이름 아래 나라를 도둑질해 가지고 있는 소수의 지배자, 그것이 제 권좌를 뺏길까 봐 한 흉계가 조선인 학살이다 …… 이 점에서 …… 다 같이 반성할 것은

…… 이 원흉(국가주의)을 잡아내는 일이다 ……"면서, 함석헌은 관동대진재의 제단에서 피를 한데 섞은 일본의 씨올과 한국의 씨올이 역사의 원흉·잔당을 잡아내 새 시대를 열어야 한다고 주장했다.

3·1운동, 오산학교 학생, 관동대진재 그리고 우치무라와의 만남을 잇따라 경험하는 가운데, 함석헌은 한평생을 통해 놓지 않은 '세 가지 작대기 같은 생각'을 견지했다. 민족·신앙·과학이 그것이다. 이 세 가지는 함석헌에게는 실제생활과 사상체계에서 아무런 충돌이나 모순 없이 하나로 융합될 수 있었다. 20세기의 우리 역사가 굴곡과 풍파가 심했기 때문에 이 세 가지를 지닌 채 흔들림 없이 살다 간 인물은 매우 드물다. 그러나 함석헌은 30대에 이미 이 세 가지를 융합해 '죽을 때까지 이 걸음으로' 살았다.

한때 평안도에서는 어떤 일을 벌여 맹렬히 일으킬 때 "다북동을 일으킨다"고 했다. 홍경래가 민중을 동원해 썩어빠진 조선왕조를 허물고 새 나라를 세우려 야망을 일으킨 곳이 다북동이라 나온 말이다. 그러나 홍경래는 실패했다. 홍경래는 혁명의 껍데기를 세우고 지펴야 할 불의 장작을 준비했을 뿐, 민중의 가슴속에 정의와 자유의 정신을 일깨워 주는 깊은 사상과 높은 도덕적 안목을 갖추지 못한 것이다.

1928년 동경고등사범을 졸업한 함석헌은 모교인 오산학교 교원으로 가게 되었다. 이 시기를 통해 함석헌은 '저 분이로구나' 하는 스승 세 명을 만났다. 도산 안창호安昌浩, 남강 이승훈, 고당古堂 조만식曺晩植이다. 이들은 홍경래처럼 칼과 활을 들지 않고 민중의 붉은 가슴에 정신적 혁명의 불길을 일으키는 부싯돌 같은 존재였다.

"겨울이 만일 오면 봄이 어찌 멀었으리오?" 셸리Percy Bysshe Shelley의

〈서풍에 부치는 노래〉의 마지막 연이다. 이 시는 함석헌을 이해하는 관건 가운데 하나다. 함석헌이 동경고등사범에 입학했을 때 일본의 한 젊은 마르크스주의 신봉 경제학자가 함석헌에게 소개한 셸리의 시는 일생을 통해 그의 삶을 지배하는 좌우명이 되었다. 셸리는 함석헌이 몇 번이나 엎어졌을 때 그를 일으켜 세워 준 위로요 길동무며 '빈 들의 소리'였다. 함석헌의 '기다림의 철학'은 바로 셸리의 〈서풍에 부치는 노래〉에서 나온 것이다.

'조선역사'를 연재하다

1928년부터 1938년까지 10년 동안 함석헌은 오산학교에서 역사교사로 근무했다. 오산학교를 물러난 뒤 한두 해 동안 함석헌은 오산학교 주위를 맴돌았다. 그 후 함석헌은 창씨개명을 거부한 채 평양으로 떠나고 말았다. 그때부터 그의 생애는 가시밭길이었다. 일제는 그를 '불온한 교사', '불령선인'이라며 내내 감시했다. 결국 평양 대동경찰서에서 1년, 『성서조선』사건으로 서대문형무소에서 1년을 보냈으며, 해방된 지 꼭 100일 만에 신의주사건으로 소련군 감옥에 갇히는 등 수차례의 옥살이를 했다.

일제강점기에 내가 감옥에 드나드는 것을 보고 민중은 멍청하게 바라보고 있었고, 해방이 되자 언제부터 친했던 것같이 가까이 오더니, 공산당이 나오는 것을 보고는 다시 멀찍이 섰고, 소련군 감옥에 가는 것을 보고는 '저 사람은 감옥 가는 것이 일이야' 했다. 그러나 나는 지금도 그들을 믿고 의심하지 않는다 …… 민중을 믿지 않고는 전체를 알 수 없는 것이 마치 신을 믿지 않고는 신을 알 수 없는 것과 마찬가지다.

이 말은 곧 "병아리가 제 알을 깨고 나오듯이 씨올이 저를 깨고 나오는 날이 올 것"을 굳게 믿은 씨올 사상의 핵을 보여준다. 씨올이 깨면 곧 전체가 된다는 것이다.

함석헌은 오산학교 시절이던 1934년 2월부터 이듬해 12월까지 22회에 걸쳐 『성서조선』에 '성서적 입장에서 본 조선역사'(이하 '조선역사')를 연재했다. 당시 역사학계에는 일제 식민사관과 그에 맞서는 민족주의사관 그리고 유물사관이 있었다. 함석헌은 그 어느 쪽에도 서지 않은 채 시골의 민족 사립학교에서 고통스런 사색의 우물을 파고들어가 한국 역사학계에서 가장 독창적이고 개성적인 한국사를 집필했다. 지도교수가 있는 대학도 아니고, 도서관도 참고서도 없는 시골에서, 자료라고는 중등학교 교과서와 몇 권의 참고서뿐인 곳에서 함석헌은 머리와 가슴으로 씨름해야만 했다.

파리한 염소 모양으로 나는 씹는 것이 일이었다. 지푸라기 같은, 다 뜯어먹고 남은 생선 뼈다귀 같은, 일본 사람이 쓴 꼬부려댄 모욕적인, 또 우리나라 사람이 쓴 과장된 사실의 나열을 나는 씹고 또 씹어 거기서 새끼를 먹일 수 있는 젖을 내 보자니 쉬운 일이 아니었다.

1965년에 출간된 《뜻으로 본 한국역사》(1950년 출간된 《성서적 입장에서 본 조선역사》의 개정 증보판) '넷째 판에 부치는 글'에서 함석헌이 술회한 대목이다. 형산荊山의 박옥璞玉을 얻은 것처럼, 고난의 한국사 속에 옥이 들어 있다는 확신을 가지고 우리 '수난의 여왕'(역사) 앞에 그는 이 글을 헌사처럼 내놓았다. 『성서조선』에 발표되어 해방될 때까지 10여 년 동안 함석헌의 '조선역사'는 역사가들로부터 묵살당했고, 잡지 독자라야 기껏 300여 명을 넘지 못했다.

《조선역사》는 1950년 3월 단행본으로 간행되면서 비로소 일반인에게도 소개되었다. 단행본이 나온 후에도 우리나라 역사학계는 그 사관의 이질성(?)과 서술의 객관성을 문제 삼아 역사 연구서로 인정하지 않았다. 그러나 《조선역사》는 전문 역

사가가 아니라고 외면하기에는 무척 새로운 해석과 의미로 우리 역사학계에 육박했다.

우리 시대의 손꼽히는 언론인이며 역사학자인 천관우千寬宇는 《조선역사》를 평가하되, 한국 근현대사에서 어떤 특정한 사관을 가지고 한국사를 일관되게 꿰뚫어 본 거의 유일한 역사책이며 자기는 그 책을 손에 잡은 후 시간을 잊고 탐독했다고 극찬했다.

한국사를 전공한 이만열李萬烈은 《한 역사학자에게 비친 함석헌선

생》에서 "한국 근대사학의 입장에서 어떤 개성적인 역사관에 의해 한국의 통사通史를 서술한 역사책이 (따로) 없음을 알게 되었다 …… 신채호가 조선의 상고사를, 박은식이 한국의 근대사를 썼으나 결국 통사를 쓰지 못했고 …… 유물사관론자들도 단대사斷代史를 남긴 적은 있어도 전 역사를 일관되게 서술하지는 않았다. 소위 실증사학자들도 일제하에서는 마찬가지였다. 일제하의 통사치고는 개성적인 사관에 의한 통사는 《조선역사》 이외에는 거의 없었다고 보아야 한다"고 평가했다.

《조선역사》에 대한 평가는 보는 이의 입장에 따라 다를 수밖에 없겠으나, 함석헌의 역사관이 얼마나 독특한지는 1950년에 간행된 단행본 서문에서 명쾌하게 볼 수 있다.

'성서적 입장에서 본'이라는 제목의 구절이 일반사람에게는 걸림돌이 될 듯하니 빼면 어떤가 하는 의견이 잠깐 나왔으나, 그것은 사슴에게서 뿔을 자르는 것 같아서 그대로 두기로 하였다. 이 글이 이 글이 된 까닭은 성경에 있다. 쓴 사람의 생각으로는 성경적 입장에서도 역사를 쓸 수 있는 것이 아니라, 성경의 자리에서만 역사를 쓸 수 있다. 똑바른 말로는 역사철학은 성경밖에는 없기 때문이다. 서양에도 없고 동양에도 없다.

『성서조선』에 처음 실린 '조선역사'는 일제하의 칠흑 같은 세월 동안 "바빌론 거친 들에 지나가는 바람결에 잠깐 들렀다가 들 끝에 사라져 버리는 외로운 종의 잃는 소리같이 아주 없어져 버린 듯"했다. 그 후 해방이 되어 일본이 짓밟고 찢다 남은 휴지 속에서 이리저리 애써 찾고 모아 1950년에 고난의 마디를 또 한 번 더하고 난 뒤 단행본으로 세상에 빛을 보인 것이다.

고난은 조선의
가시면류관

함석헌은 《조선역사》를 통해 우리나라 역사 밑에 깔려 있는 기조를 '고난의 역사'라고 보았다. 그는 1930년대에 중학교 학생에게 역사를 가르치면서 한때 교사가 된 것을 탄식하기도 했다. 우리 민족은 중국이나 로마나 페르시아나 터키가 건설한 것과 같은 대국가를 건설해 본 적이 없다, 애급이나 로마나 희랍이나 중국 등과 같이 세계문화에서 뛰어난 자랑거리도 별로 없다, 피라미드나 만리장성 같은 엄청난 규모의 유물도 없고 대발명가도 없다, 세계사에 일대 변혁을 일으킬 만한 인물이나 사상도 없었다, 우리 역사에 있은 것은 치욕과 분열과 압박과 상실과 좌절의 역사였다고 보았기 때문이다.

　함석헌은 '고구려의 죽음'에서 고난의 역사는 정점을 이룬다고 보았다. 수나라·당나라 같은 흉악한 도둑을 용하게 물리치면서 피투성이가 된 고구려는 신라가 염치없이 당나라를 끌어들여 앞뒤로 들이치자 견딜 수가 없었다. "그리하여 민족 통일의 제일 첫째의 자격자인 고구려는 하다하다 못해 제 비통한 주검을 전선 위에 가로놓는 것으로서 겨레에 대한 마지막 공헌으로 삼고 갔다"며 고구려의 멸망을 애도했다. 그가 보기에 신라의 통일은 청천강 이북을 넘지 못했으므로 통일이 아니라 요절이었다.

조선조 500년은 함석헌이 보기에 '중축中軸이 부러진 역사'이자 또 다른 수난의 연속이었다. 두말할 것도 없이 다하지 못한 책임 때문이요 잃어버린 정신 때문이다. "중축 없는 바퀴를 밀면 밀수록 더 어지러이 이리 굴고 저리 굴듯이 역사도 정신이 빠지면 아무리 정치를 하고 모든 문화 활동을 해도 어지러울 뿐이다." 그러므로 수난인 것이다. 과연 중축이 부러진 조선은 결국 망국의 한을 안은 채 일제 식민지로 종막을 내리게 되었다.

'조선역사'를 다 쓰고 나서 곧이어 함석헌은 『성서조선』 1936년 5월호부터 1938년 3월호까지 22회에 걸쳐서 '성서적 입장에서 본 세계 역사'를 연재했다. 그러나 1940년 함석헌이 평양경찰서에 1년간 수감 됨으로써 원고는 송두리째 행방불명되었다. 다만 일부가 어쩌다가 발견되어 《함석헌 전집》 9권('역사와 민족' 편)에 수록되어 있지만, 《조선역사》의 역사철학과 별반 차이가 없다.

일제강점기의 참담한 민족적 암흑 속에서 함석헌은 성서가 구원의 손길을 뻗쳐 주는 진리라고 생각했다. 기독교의 섭리사관은 그 표현이 종교적이고 관념적이지만, 실상 아주 현실주의적인 목적이 바탕에 깔려 있다. 일제하라는 엄혹한 조건 속에서 그는 그리스도의 고난이 인류의 구원의 길이듯, 방황과 모색에 지쳐버린 젊은이들 앞에 새로운 역사와 세계관의 월륜月輪을 보여 주려 했다. 그가 지배紙背에 깔아놓은 역사관은 일제 앞에서는 섭리사관이었지만, 다른 한편 씨올, 곧 민중의 역사였다.

함석헌은 우리나라 역사의 기조를 고난의 역사로 규정하면서, 고난 이야말로 조선이 쓰는 가시면류관이라고 보았다. 그뿐만 아니라 세계의 역사도 고난의 역사라고 깨달을 때 이제껏 학대받은 비녀婢女로만 알던 그녀야말로 가시면류관의 여주인공임을 알았다고 뒷날 토로했다.

'성서적 입장'에서
'뜻으로'

함석헌의 역사철학에서 진정한 새로움은 1930년대에 이미 역사의 주체
와 담지자를 씨올, 곧 민중이라고 정의한 민중사관을 내세웠다는 데 있
다. 그는 일체의 계급사관·민중사관·영웅사관과 닫힌 민족사관을 뛰
어넘으려 했다. 그의 역사철학이 일제강점기에 형성됐기 때문에 민족주
의적 색채를 띤 것은 당연하다 하겠다. 그러나 함석헌은 국가주의와 밀
착되고 변질된 폐쇄적 민족주의를 거부한다. 생명의 역사는 살아 있는
역사요 끊임없이 껍질을 깨나가는 역사, 따라서 가장 단단한 껍질 가운
데 하나인 국가주의와 폭력주의를 강력하게 배격했다.

고난사관은 단순한 거대담론이 아니다. 그의 담론이 헤겔의 관념론
에 머무르지 않는 것은 그의 사관이 한국의 지리와 민족성과 실제적 역
사 과정이라는 세 측면에서 실증적으로 해석되었기 때문이다. 그 실증
에 할애된 지면이 188쪽이나 되는데, 이는《조선역사》전체 분량의 3분
의 2에 해당된다.

《조선역사》의 끝 부분에서 함석헌은 해방을 맞은 한반도 상황을 탁
월한 통찰력으로 짚고 있다.

이제 우리는 본래 평화적인 민족인 것, 고난의 터전을 맡았던 것, 대국가

를 못 이룬 것, 식민지 노릇을 해 본 것, 전패국戰敗國에 속하면서 전승
국이 된 것, 해방이 되면서 이중의 구속을 받게 되는 것, 세계의 2대 조
류가 이 나라의 복판에서 대립하는 것을 다시금 생각해 볼 필요가 있다.

이어서 함석헌은 미래의 함축이 없는 역사는 없으며 예언 없는 역
사는 없다고 단정한다. 과연 함석헌은 6·25전쟁 일주일 전 YMCA에
서 열린 한 성서모임에서 "나라꼴이 이럴 수가 있는 것이냐? 지금 이
밑에서는 화산의 불길이 이글이글 타오르고 있는데, 그 분출구 위에 살
짝 덮여 있는 얇은 암반이 마치 만세반석이 되는 양, 이렇게 까불고 있
는 이 나라는 장차 어찌 될 것인가"라고 개탄했다. 그의 예언대로 이
나라는 화산 분출 같은 또 한 차례의 민족적 재앙을 맞기에 이르렀다.
6·25전쟁의 불길에 모든 것이 잿더미가 되었다.

해방을 맞고 6·25전쟁을 겪으면서 함석헌은 기독교적 사관 중심
에 큰 전환을 맞이한다. 기독교가 유일한 참 종교도 아니요, 성경만 완
전한 진리도 아니라면서 자신의 세계관을 수정했다. 더 많은 중생들, 의
인義人·죄인·문명인·야만인과 유신론자·무신론자들이 다 같이 믿
으며 살고 있는 종교는 무엇일까를 궁구窮究하면서, 함석헌은 '뜻'을 찾
았다. 뜻이란 하나님이, 생명이, 역사가 그저 하나라고 해도 좋은 그런
것이다. 정통신학자들이 크게 반발하는 가운데 일반인들, 특히 젊은이
들은 '성서적 입장'이란 사슴의 뿔을 자르고 '뜻으로 본' 한국역사를 밀
물처럼 환영했다.

1950년대 이후 함석헌은 예수회 신부이며 고생물학자인 테야르 드
샤르댕의 창조적 진화 사상과 노장철학 그리고 퀘이커교 사상을 아울러

통섭해 나갔다. 1960년대에 들어서는 《조선역사》의 문장을 손질하고 내용도 새로 고쳐 《뜻으로 본 한국역사》(이하 《한국역사》)를 간행했다. 현재 알려져 있는 책은 그 증보판이다. 《한국역사》 제33장 '6 · 25'에서 함석헌은 6 · 25전쟁을 이렇게 평가했다.

> 6 · 25전쟁은 38선 때문인데 38선이란 무언가? 대체 그것을 만든 것은 누구인가? 루즈벨트와 스탈린인가? 아니다. 그러면 우연이게. 38선이 생기는 데는 역사적 필연이 있다 …… 38선은 세계 역사의 금이다. 미국 민주주의와 소련 공산주의의 금새를 매겨놓은 금이다. 현대문명의 낙제선이다.

또 함석헌은 38선을 '하나님이 이 민족을 시험하려고 낸 시험문제'로 보았다. 해방을 시켜 주되 그냥 주지 않고 나라 한복판에 금을 긋고 그것을 돌파해 보라고 한 것으로 해석했다. 그만큼 학대받고 천대받았으면 자유와 통일의 귀중함을 깨달아야 할 것이고, 고난의 철학을 얻어야 할 것이다. 스스로 함이 생명의 법칙일진대, 일제 36년이란 고난의 풀무 속에서 역사의 모든 찌꺼기와 때와 허물과 혼합물들을 모두 빼서 씻고 오직 하나만을 남겼어야 했다. 오직 한 나라, 새 나라의 믿음이다. 함석헌은 "도리를 무시하는 민족의 부조리는 심판을 받아야 한다. 그것이 바로 6 · 25다"라고 외쳤다. 50년도 훨씬 전에 38선 이만큼 해석한 탁견은 다른 사람에게서는 찾아볼 수 없다. '6 · 25' 후반에서 함석헌은 "이제 이 금수강산은 세계의 공동묘지가 되었다"고 탄식했다.

중국이 먹었다 토하고, 만주가 먹었다 토하고, 영악한 일본이 먹었다가도 아니 토하고는 못 견딘 나라, 흉악한 러시아가 침을 흘리면서도 못 먹었던 나라. 이 나라에 중국이 도로 나오고, 만주가 또 오고, 러시아가 다시 오고, 처음으로 문을 열어 주었던 미국이 또 왔다 …… 이 '한 나라'는 '하나의 세계'의 제단이 되었다 …… 이 늙은 갈보, 거렁뱅이 처녀, 수난의 여왕이 새 날의 임금을 낳으려고 하는 산통의 부르짖음이 6·25다, 4·19, 5·16이다. 그런데 낳을 힘이 없다? 아기를 낳게 되어 가지고도 낳을 힘이 없다는 계집아, 너와 아기가 다 죽을 것이다.

함석헌은 이어서 구약성경에 나타난 이사야 선지자의 말을 빌려 8·15해방과 6·25전쟁, 4·19혁명 그리고 5·16을 모두 새 날의 임금을 낳으려는 산통의 부르짖음으로 해석하고, 새 날의 영광을 우리 민족에게 임재臨在하게 하는 조물주의 섭리를 굳게 믿었다.

'씨올'의 역사철학

해방 전을 통해 학생들의 눈에 모르는 것이 없어 보였다고 해서 붙여진 별명 '오산 도깨비', 그로부터 20여 년이 지나 함석헌은 고은 시인의 말처럼 '겨레의 할아버지'가 되어 갔다. 사학계나 철학계, 기독교 신학계에서 볼 때 기껏 재야 사학자 또는 종교적 이단자 취급을 받아 오던 함석헌에 대해서 훗날 서양사학자 노명식은 "20세기 세계 사학사에서 선구자적 위치"라고 상찬했고, 한국사학자 조광은 "1930년대 한국 사학사의 이해과정에서 반드시 주목해야 할 인물"로 높이 평가했다.

『교수신문』은 2001년 '우리 시대의 고전' 철학 부분에서 《한국역사》를 독창적인 사상서로 꼽았다. 또 근대 학문 100여 년 동안 창조해낸 우리 이론 스무 가지 가운데 함석헌의 '씨알의 역사철학'을 선정, 삶과 신앙 안에서 길어 올린 함석헌의 민중사관을 높이 평가했다.

함석헌의 역사철학은 동양 사상과 기독교 사상을 아우른 나선형의 발전사관을 보여 줌으로써 동서 사상의 지평이 융합하는 한 범례를 보여 주었다. 힌두교·불교·유교·노장사상이 원형 반복적 역사관을 보여 준다면, 기독교는 목적의 왕국을 향해 직선형으로 나아가는 역사관이다. 함석헌은 이 두 사상이 만나 반복과 성장과 창조적 새로움으로 통합·조정되는, 원추형의 기하학적 도형을 담는 나선형의 발전사관을 제시했다.

지명관은 《조선역사》를 기독교 신앙과 조선의 전통과 과학을 함께 만족시키고자 한 철저히 현재주의적인 역사관이라며 그 당대성을 강조했다. 신학자 김진은 역사를 단순히 경제적·정신적·계급적 법칙대로 굴러가는 레일 위의 행진이 아니라, 씨알역사-하나님(초월적 힘)이 서로 맞물리는 자유의 광장 속에서 창조적 실재를 만들어가는 과정으로 봤다는 점에서 함석헌의 역사철학을 혁명적 역사관이라고 했다.

또한 철학자 김상봉은 함석헌의 고난으로서의 역사에 주목하면서 "역사의 아픔과 슬픔을 주체의 슬픔으로 연결 그리고 이 슬픔의 동일성·슬픔의 관련을 통해 낯설음과 무관심 속에 단절되어 있던 지금과 역사가 자기동일성의 지평 속으로 통일된다"고 했고, "회상하는 오늘의 나와 회상되는 역사적 내가 자기분열을 극복하고 참된 의미에서 하나의 주체로서 자기를 정립하게 하는 고난의 보편적 성격"을 읽어냈다.

생각하는
백성이라야 산다

1950년대 후반 들어 함석헌은 홀연 이 땅의 메타 지식인으로 등장했다. 1956년 1월 『사상계』에 '한국 기독교는 무엇을 하고 있는가'를 발표했고 이 덕분에 『사상계』는 하루아침에 낙양의 지가紙價를 올리게 되었다. 함석헌은 이제 분단시대의 들머리에서 보기 드문 언론인으로 나서 『사상계』와 함께 우리 현대사에 커다란 걸음을 내디뎠다.

'한국 기독교……'를 통해서 함석헌은 한국교회를 "뚱뚱하고 혈색도 좋고 손발이 뜨끈한 듯하나, 그것이 정말 건강일까? 일찍이 노쇠하는 경향이 아닌가?"라며 쓴소리를 내뱉었다. 함석헌이 보기에 교회는 "신사참배 문제 때도 그랬고, 미군정 시대에도 그랬고, 공산주의 침입에 대해서도 그랬고, 6·25 때에도 그랬고, 교회는 결코 이겼노라고 면류관을 받으려 손을 내밀 용기가 없는 것"이라고 주장했다.

함석헌은 한국교회를 "먹을 것 다 먹고 고치에 든 누에"에 비유했다. "죽은 누에는 자기의 힘이 아닌 신비에 의해 변화하면서 영광스러운 생명으로 나오는 날이 올 것이요, 그때 이제껏 보호와 압박의 일을 기이하게 겸해 하던 집을 대번에 깨치는 날이 올 것"이라고 자기반성과 전망을 내놓았다.

또 함석헌은 "석조 교회당이 일어나는 것은 진정한 부흥이 아니"라고 하면서, 그 종교는 일부 소수인의 종교지 민중의 종교는 아니며 지배하자는 종교지 봉사하고 정진하는 종교가 아니라고 했다. 석조전이 높아지면 그 밑에, 그 눌림 밑에 산 생명의 씨가 있어 역사적 대세의 분위기를 맡아야 할 것이라고 예리하게 지적했다. 이렇게 해서 후일 함석헌-윤형중 신부 사이에 논쟁이 벌어져 한국 기독교계뿐만 아니라 지성계에 일대 파문을 일으켰다.

6·25는 우리 민족 전체가 사상 유례가 없을 만큼 처절하고 참담한 집단적 경험을 한 대사건이다. 그런데 6·25가 터진 지 8년, 휴전이 성립된 지 5년, 동족이 서로 총부리를 겨눈 그 무서운 경험이 우리 민족 전체에 무슨 의미를 가지는가에 대해 그때까지 단 한 사람도 입을 여는 일이 없었다.

1958년 8월호 『사상계』에 함석헌은 '6·25 싸움이 주는 역사적 교훈'이란 부제를 붙여 '생각하는 백성이라야 산다'를 발표했다. 이 글에서 함석헌은 6·25로 한반도는 고래 싸움에 등이 터진 새우 꼴이 되었고, 남북한은 각각 미국과 소련·중국의 꼭두각시놀음에 놀아났다고 날카롭게 지적했다. 함석헌은 "6·25의 남북 싸움의 속 원인은 스탈린·김일성·루즈벨트에게 있지 않고 이성계에게 있다"고 성찰하면서, 북진통일·반공만을 내세운 이승만 정권을 '정육점의 칼'을 가지고 나라를 잡으려 한다고 비판, 또 한 차례 필화사건을 겪었다. 이때 함석헌은 20여 일간의 '참선'(감옥살이)을 했다.

한국인은 5·16이 일어나기 전까지 쿠데타란 걸 모르고 살았다. 기껏 1950년대 후반 나세르의 이집트혁명, 카스트로의 쿠바혁명 따위를 신문에서 읽은 기억이 아물거릴 정도였고, 나머지는 아프리카의 이름조차 생소한 나라에서 영관급 장교 몇 명이 몇백 명의 군인들을 앞세워서 땅따먹기 하듯 나라를 뒤집어엎는 것을 보았을 뿐이다. 그런 쿠데타가 우리나라에서 벌어진 것이다. 나라 전체가 중무장한 계엄군의 탱크와 총칼 아래 무거운 침묵 속에 갇혀 있었다.

그런 1961년 어느 날, 정확히 말해 『사상계』 7월호에 '5·16을 어떻게 볼까'란 글이 실렸다. 5·16이 일어난 지 한 달여 만에 침묵을 깨고 맑은 하늘에 날벼락 같은 소리가 울려 퍼진 것이다. 그야말로 원자폭탄이었다. 함석헌은 이 글에서 우리나라에서 혁명이 있었다면 그것은 4·19혁명이었는데 5·16은 4·19를 뒤집어엎고 일어났다고 했다. 5·16과 4·19를 비교하면서 함석헌은 4·19를 일으킨 학생을 잎에 비유하고 5·16을 일으킨 군인을 꽃에 비유했다. 함석헌은 나무가 주인이고 그 나무는 민중이라고 했다. 진짜 혁명은 나무, 곧 민중이 하는 것이지 학생이나 군인이 하는 것은 아니라고 주장했다. 5·16은 또 아주 잘못된 불장난으로, 늦가을 잎사귀처럼 볼썽사나운 꼴 보이지 말고 어서 속히 제자리로 돌아가야 한다고 준엄하게 꾸짖었다. 이때부터이던가, 그를 '한국의 간디'라고 일컫는 사람이 많아졌다.

'씨올' 하면 함석헌을 연상하는 사람들이 많다. 함석헌은 '바보새' 또는 '신천옹信天翁'이라고 자신을 불렀지만, 많은 사람은 함석헌의 아호로 '씨올'을 떠올린다. 4·19학생운동 10주년을 기리며 함석헌은 1970년 4월 『씨올의 소리』 창간호를 냈다. 이때 『사상계』는 이미 독재정권에 의해 고사되었다. 함석헌은 창간사에서 이렇게 말했다.

군사정권에서 제1차 공화당 집권으로, 거기서 제2차 집권으로, 또 거기서 삼선개헌으로 나감에 따라 민주주
의는 전락의 길로만 줄달음 쳤습니다
…… 그럴수록 기대되는 것이 지식인인
데, 그 지식인들이 온통 뼈가 빠졌습니
다. …… 학원에 기관총·최루탄이 들
어와도 모른 체하고, 친구가 바른말 하
다가 정치교수로 몰려 쫓겨나도 못 본
척하고 있었습니다 …… 내가 몇해 전

에 사상의 게릴라전을 해야 된다 한 것은 이 때문입니다 …… 정규군이
아무리 크고 강해도 유격대는 못 당합니다. …… 사상의 유격전은 더욱
필요합니다. …… 마비된 양심에 위로와 희망을 주어 불러일으켜야 합
니다.

『씨올의 소리』는 첫 호를 낸 다음 한 호를 더 내고 바로 발행 정지
처분을 받았다. 5·16을 '오일륙汚一戮'으로 규정하고 '한 칼의 더러운
도륙'이라며 정면 도전했기 때문이다. 『씨올의 소리』는 1971년 7월 대
법원 선고공판에서 승소勝訴해 다시 발행할 수 있게 되었으나, 1980년
전두환 정권의 계엄령에 의해 다시 폐간되었다가, 6·29 선언 이후인
1988년에야 복간되었다.

1972년 7·4공동성명이 발표되자 함석헌은 『씨올의 소리』6, 7월
합본호에 '위선僞善하는 국민'을 실었다. 그 마지막 부분에서 함석헌은
"시대는 늘 민중이 먼저 아는 법입니다. 민심─천심 사이에 직통전화가
있습니다. 서울─평양 사이에 직통전화 놓는대봤자 민民의 입과 귀는 가

닿을 리가 없습니다. 그런 이상 믿을 것 없습니다. 민중이 소위 당할 뿐일 것입니다"며 박정희 정권의 속셈을 꿰뚫어 보았다.

나는 빈 들에서
외치는 소리

반독재 민주화 투쟁을 벌이던 1970년대에 함석헌을 가장 슬프게 하고 분노케 한 것이 둘 있다. 하나는 1970년 이름도 모르던 청년 노동자 전태일의 죽음이요, 또 하나는 함석헌의 후반 생애 20여 년 동안 모든 것을 같이 한 '친구' 장준하의 죽음이었다. 전태일의 분신 소식을 미국에서 들은 함석헌은 "태일아! 내가 너를 죽였구나" 하면서 밤새 목 놓아 울었고, 장준하가 1975년 경기도 포천군 약사봉에서 실족사하자 "장준하가 죽었다! 장준하가 죽었다? 이 한마디가 이 8월의 노염老炎보다 무더운 공기마냥 부쳐도 부쳐도 또 오고 또 와서 가슴을 누릅니다"고 통곡했다.

1979년과 1985년 함석헌은 두 번에 걸쳐 노벨평화상 후보로 추천되었다. '간디도 받지 못한 노벨평화상'에 대해 함석헌은 아무런 관심도 가지지 않았다. 1987년 박종철이 고문·치사되고 이어서 이한열이 최루탄에 맞아 숨진 뒤 함석헌은 서울대학병원에 실려가 담도 종양수술을 받았다.

오후에 온실에서 넘어지다. 함석헌 부고받다.

　함석헌이 그의 부음이 알려지기 딱 7개월 전 책상머리에 남긴 일기의 한 토막이다. 그의 직감이 맞아떨어져서인지 함석헌은 1989년 새벽, 매일의 삶을 매일 완결 짓는 함석헌식의 종말론적 삶의 방식에 따르면, 그의 생애에서 통산 3만 2105일째 되는 날, 광망한 우주 안으로 한 점 씨울이 되어 떨어졌다. 2005년, 광복 60주년을 맞아 KBS가 각 분야별 학자 100명을 대상으로 조사한 결과 함석헌은 한국 현대 지성사에 가장 큰 영향을 끼친 인물 1위로 꼽혔다. 오늘날의 민중신학자 계열과 민주화·시민·노동·평화·생명운동의 제1세대치고 함석헌의 사상적 세례를 받지 않은 사람은 드물다.

　경기도 연천군 간파리 함석헌의 묘소에는 그 흔한 비석도, 묘역을 장식하는 어떤 기념물도 없다. 다만 묘 앞에 책을 펼친 형상으로 조각되어 있는 작은 단壇이 하나 있다. 거기에는 함석헌의 〈나는 빈 들에서 외치는 소리〉의 한 연이 새겨져 있다.

나는 빈 들에 외치는 사나운 소리

살갗 찢는 아픈 소리

나와 어울려 부르는 너의 기도 품고 무한으로 내 다시 돌아오는 때면

그때는 이 나 소리도 없이

고요한 빛으로 오리라

02

역사의
두루마리에
봉인된
죽음의 뜻

02.

장준하(1918~1975)

한국 지성사에
비친 풍경

해방 이후 오늘에 이르기까지 한국 지성사에 가장 큰 영향을 끼친 저술·인물·사건은 무엇이며 누구일까. 『교수신문』은 2005년 광복 60주년을 맞아 KBS와 공동으로 '한국 지성사의 풍경'이라는 기획을 마련, 각 분야별 학자 100명을 대상으로 심층 설문조사를 했다. 그 결과 저술에서는 총 19명이 종합잡지 『사상계』를 1위로 꼽았다. 마르크스의 《자본론》 등 일련의 저술이 2위(16명)였으며, 인물로는 함석헌·김수영·김지하가 각각 다섯 명으로 1위, 사건으로는 광주민주화운동(14명)과 해방과 건국 그리고 한국전쟁(13명)을 꼽았다. 『사상계』는 저술·인물·사건을 통틀어 1위를 차지했다.

1950년대 초반부터 1960년대 말까지 이 나라는 전쟁과 혁명 그리고 쿠데타를 겪으면서 그야말로 굴곡 많은 현대사의 굽이굽이를 돌았다. 자유당—민주당—군사정권을 거쳐 공화당이 집권했고, 이 기간을 통해 민주주의와 민권수호에서 『사상계』는 찬연한 발자취를 남겼다.

『사상계』는 펜을 가지고 칼에 대항했다. 지성의 무기를 가지고 권력의 아성에 육박했다. 『사상계』는 계몽의 메시지가 있었고 비판의 언어가 있었다. 독재에 항거하는 자유의 절규가 있었고, 관권에 대결하는 민권의 필봉이 있었다.

– 안병욱, '칼의 힘과 펜의 힘', 『사상계』 1969년 12월호

　『사상계』 하면 동시에 떠오르는 인물이 장준하張俊河다. '장준하와 사상계', '사상계와 장준하'는 결코 분리해서 생각할 수 없다. 장준하가 있었기에 『사상계』가 세상에 빛을 보았다. 『사상계』로 인해 장준하는 자유민주주의를 견인해 냈으며, 1970년대 들어서 민중주체의 민족운동으로까지 장준하를 밀어올리는 전륜구동이 되었다.

　지금의 50대까지도 『사상계』 이후 세대다. 이 말은 50대까지는 정기구독이나 서점 구입을 통해 『사상계』를 바로 구해 읽고 『사상계』와 실시간으로 함께 산 세대가 아니라는 뜻이다. 50대 이후 세대는 지금은 사라져 버린 청계천 고서점이나 대학도서관의 장서 보관용 서가에서 갱지로 만들어 바삭바삭 마른 옛 『사상계』를 고개를 갸우뚱거리면서 읽어 본 경험이 있을 것이다.

　아마도 그들 연배는 어린 시절 『사상계』라든가 『씨올의 소리』 같은 비판 저널리즘이 불온한 빨갱이 잡지인 줄 알고 자랐을지 모른다.

　그러나 이 세대는 대학에 들어가 우리 사회와 국가와 민족 그리고

세계에 대해 조금씩 진실에 눈떠 가면서, 진리로 가득 차도 모자랄 그들의 소중한 영혼이 체계적 야만성으로 오도된 독재자의 이데올로기적 권력 장치를 통해 철저하게 세뇌되고 오염되었다는 것을 깨달았을 것이다. 장준하와 『사상계』에 대해서도 그러했을 것이다.

1970년대 들어 5년의 간격을 두고 『사상계』와 장준하의 부음이 잇따랐다. 『사상계』와 장준하의 죽음은 우리의 현대사, 나아가 시민의식의 민주적 성장과 민족 통일의 발전과정에서 중대한 국가적 손실이 아닐 수 없다. 민주주의 국가 운영을 통해 그 내용을 풍부하게 채워 나가고 분단체제를 돌파해야 할 사상적 기축이며 동력이 될 두 진지가 붕괴됨으로써 그 후의 세월이 얼마나 폭력적이고 천박한 폐쇄사회로 줄달음쳤는가. 장준하와 『사상계』를 오늘의 역사 속으로 생환해 보는 것은 실용만능의 기회주의적 정신풍토에 대한 성찰과 모색의 계기가 될지 모르겠다.

내가 벨
'돌베개'를 찾는다

장준하는 1918년 8월 27일 평북 정주에서 목사인 장석인의 4남 1녀 중 맏아들로 태어났다. 열세 살이 되던 해에 장준하는 삭주 대관보통학교 5학년에 들어가 이듬해인 1932년 졸업하고 평양에 있던 숭실중학교에 입학했다. 그러다가 아버지의 뜻에 따라 선천 신성중학교로 전학해 졸업한 후 1938년 정주에 있던 신안소학교 교사로 3년 동안 근무했다.

1940년 일본으로 건너간 장준하는 동양대학 철학과 예과를 거쳐 1941년 일본신학교에 입학했다. 장준하가 입학할 무렵 이 학교에는 전택부·문익환·김관석·박봉랑 등이 있었다.

1944년 1월 장준하는 "일본말 성경과 독일어사전, 희랍어 성경과 사전 등 이렇게 네 권을 들고 학생모 차림"(박봉랑이 지은 〈신학생 장준하형〉, 〈아!장준하〉에 수록)으로 학병으로 일본군에 끌려가 중국에 있던 관동군에 배치되었다. 그해 7월 일본군에서 탈출, 김준엽과 만나 중국 중앙군관학교 임천분교臨川分校의 한국광복군 간부 훈련반에 들어갔다. 이때 필사본으로《등불》을 발행했다.

1945년 1월 말 장준하 일행은 대한민국임시정부가 있던 중경에 다다랐다. 1944년 7월 아내인 김희숙에게 "앞이 보이지 않는 대륙에 발을 옮기며 내가 벨 돌베개를 찾는다"는 암호문을 보내 탈출 성공을 알린 지 6개월 만이었다. 그가 탈출한 강소성 서주에서 중경까지의 험로에는 "제비도 넘지 못한다"는 파촉령巴蜀嶺도 가로놓여 있었다.

그러나 장준하가 꿈에 그리던 임시정부의 당시 속사정은 한마디로 만신창이였다. 셋집을 얻어 정부 청사로 쓰고 있는 형편에 수많은 정파로 분열되어 지리멸렬상을 보여 주었다. 오죽했으면 장준하가 어느 자리에서 이런 폭탄선언을 했을까.

······ 가능하다면 이곳을 떠나 다시 일군에 들어가고 싶습니다. 이번에 일군에 들어간다면 꼭 일군 항공대에 지원하고 싶습니다. 일군 항공대에 들어간다면 중경폭격을 자원, 이 임정 청사에 폭탄을 던지고 싶습니다.
— 장준하, 《돌베개》, 세계사, 1992

장준하는 1945년 4월 29일 서안에 있던 광복군 제2지대에 배속되어 3개월간 미군 전략첩보대(OSS) 대원으로 국내 진공작전에 가담했다. 국내공작은 생명을 바치는 것으로, 그 대가는 조국을 위해서 '결재'될 것이라고 장준하는 생각했다. 당시 장준하는 "나의 각오는 한 장의 정수표, 발행인은 장준하, 결재인은 조국"이라고 《돌베개》에 기록했다.

국내 잠입이라는 최종명령을 기다리던 무렵, 장준하는 일군 탈출 시점이던 1944년 7월 7일부터 8월 3일경까지 써온 일기장 일곱 권과 《등불》 다섯 권 그리고 광복군 제2지대에서 OSS 대원으로 훈련받을 때까지 《등불》의 후신으로 펴낸 《제단》(등사판) 1, 2호를 소포로 싸고, 거기에 유서 네 마디를 넣어 고국으로 보냈다.

내 영혼 저 노을처럼 번지리 / 겨레의 가슴마다 핏빛으로 / 내 영혼 영원히 헤엄치리 / 조국의 역사 속에 핏빛으로

장준하 등의 국내 정진挺進공작은 허망하게 물거품이 되고 말았다. 1945년 8월 15일 일본이 연합국에 무조건 항복 선언을 하게 되었고, 중국대륙에서의 모든 군사작전은 일시에 백지화되었다. 앞서 8월 14일 이범석 · 장준하 · 김준엽 · 노능서 등은 서울로 향하는 미군기에 편승하여 서해 상공을 날았으나, 미군의 한국 진입 중지 명령을 받고 회항했다. 나흘 뒤인 8월 18일 재진입 결정에 따라 여의도에 착륙했으나, 이번에는 일본군의 제지로 회항해야 했다. 장준하 일행은 분루憤淚를 삼키면서 서안으로 되돌아갔다가, 그해 11월 23일이 돼서야 김구 주석 등 임정요인들과 '개인 자격'으로 김포공항에 내렸다.

김구 등 임정요인들이 서대문 경교장에 머물고 있을 때 장준하는 한동안 김구의 비서 역할을 했다. 그 후 이범석이 이끌던 조선민족청년단에서 활동하기도 했으나, 곧 이범석과 결별하고 1949년 한국신학대학에 편입했다.

피난수도 부산에서 장준하의 인생은 새롭게 펼쳐졌다. 1952년 9월 문교부 산하 '국민사상연구원'에서 『사상』을 창간하는 데 간여하게 되었다. 장준하는 편집후기에서 "이 겨레의 활로를 개척함에는 선인들의 경험과 아울러 새삼스럽고 또 넓고 깊은 세계적인 사고가 요청된다"고 하고, 『사상』은 연구적이며 이념적인 점에 치중한다고 했다. 민족주의 이념의 확립과 함께 민주주의사상의 고양을 목표로 한다는 점도 덧붙였다.

『사상』은 그러나 단명으로 끝났다. 경영상의 어려움과 이승만 정권의 견제 때문이었다. 장준하는 이에 좌절하지 않고 오기석이 쓴 '사상思想'이란 한자 제호에 '계界'자를 붙여 『사상계』를 발행했다. 1953년 4월호로 창간호가 나왔다. 창간 시절 장준하는 부인 김희숙을 임금 없는 아르바이트생(?)으로 쓰면서 원고의 청탁·교정·제작을 혼자서 도맡아야 했다. 등짐꾼처럼 배본까지 그의 몫이었다.

하늘도 무심치 않아서일까. 창간호 3000부는 서점에 깔리면서 불티나게 팔렸다. 전후의 황폐하고 절망적이던 정신 풍토 속에서 『사상계』는 세계의 사상들을 소개하면서 주체적인 자아를 찾는 멘토가 되어갔다. 『사상계』는 이 시절 정신의 영양을 공급하던 지적 저수지 역할을 톡톡히 해냈다.

함석헌과의
조우

1952년 8월 정부의 서울 환도에 발맞추어 『사상계』도 그해 11월 서울 종로 네거리 종각 쪽의 한청빌딩 4층으로 둥지를 옮겼다. 1955년 1월부터는 편집진도 장준하 1인 체제에서 벗어나 소설가 김성한이 주간으로 취임했고, 사회과학·교양·문학예술 등 분야를 나누어 김준엽·안병욱·김성한이 상임 편집위원을 맡았다. 1953년 창간호부터 1967년 12월호까지 참여한 『사상계』 편집위원은 한마디로 기라성이었다.

김재준, 오영진, 홍이섭, 정병욱, 신상초, 강봉식, 안병욱, 김성한, 김준엽, 김상협, 김하태, 성창환, 이상구, 장경학, 한우근, 현승종, 황산덕, 한태연, 이정환, 여석기, 이만갑, 엄민영, 김승한, 이창렬, 최문환, 김영록, 신일철, 이극찬, 조지훈, 정명환, 최석채, 부완혁, 민석홍, 양호민 등.

『사상계』는 차츰 지식시장에서 고급상품이 되어 갔다. 그러던 1956년 장준하는 그의 생애에서 다시는 만날 수 없는 '귀인貴人', 함석헌을 만난다. 함석헌이 『사상계』 1월호에 '한국 기독교는 무엇을 하고 있는가'를 기고하고 난 뒤였다. 함석헌의 이 첫 기고는 윤형중 신부의 반박을 불러왔고, 이들 사이의 지상논쟁은 상당 기간 이어져 당시 우리 사회 지식층의 이목을 집중시켰다. 『사상계』는 이 유명한 논쟁으로 낙양의 지가紙價를 올리면서 발행 부수를 3만 부로 늘렸다.

함석헌은 1958년 『사상계』 8월호에 '생각하는 백성이라야 산다'를 발표했다. '6·25싸움이 주는 역사적 교훈'이란 부제가 붙은 이 글에서 함석헌은 6 · 25전쟁에 대해 당시로서는 폭탄과 같은 선언을 했다.

> 6 · 25싸움의 직접원인은 38선을 그어놓은 데 있다. 둘째 번 세계전쟁
> 을 마치려 하면서 로키산의 독수리와 북빙양의 곰이 그 미끼를 나누려
> 할 때, 서로 물고 당기다가 할 수 없이 찢어진 금이 이 파리한 염소 같은
> 우리나라의 허리 동강이인 38선이다.

함석헌은 우리가 해방되었다고는 하나 참 해방은 조금도 된 것이
없다고 비판했다. "도리어 전보다 더 참혹한 것은 전에 상전이 하나였
던 대신 지금은 둘셋"이라고 하면서, "남한은 북한을 소련 · 중공의 꼭
두각시라 하고, 북한은 남한을 미국의 꼭두각시라 하니, 남이 볼 때 있
는 것은 꼭두각시뿐이지 나라가 아니다. 우리는 나라 없는 백성이다.
6 · 25는 꼭두각시의 놀음이었다"고 거침없이 6 · 25전쟁을 꼬집었다.

경찰은 함석헌을 국가보안법 위반 혐의로 구속했고 장준하도 연행
되었다. 이 사건으로 함석헌은 '20일간의 참선(구속)' 끝에 석방되었다.
1970년대 김지하가 담시譚詩 〈오적伍賊〉으로 당한 필화사건과 함께 『사
상계』가 겪은 가장 유명한 필화사건 가운데 하나였다. 『사상계』는 이 필
화사건 후 발행 부수가 급격히 늘었다.

1958년 10월 26일 '보안법 파동'이 일어나자 장준하는 1959년 『사
상계』 2월호에서 한국 언론사상 최초로 '무엇을 말하랴, 민권을 짓밟는
횡포를 보고'라는 제목의 백지 권두언을 실었다. 백 마디 말이 필요 없
었다. 그 무렵 이승만은 '국부'였고 그의 가르침은 '계시'였지만, 『사상
계』와 장준하는 불굴의 의지로 그에 맞섰다. 당시 최대 발행 부수를 자

랑하던 비판지『경향신문』이 1959년 4월 30일자로 단칼에 폐간된 사정을 생각한다면, 다음 과녁이『사상계』가 될 것은 불을 보듯 뻔했다. 그 외중에도 발행 부수는 부쩍 뛰어올라 4만 부를 돌파했으니, 이는 잡지 시장에서 보자면 경이적인 성장이었다.

1960년 3·15부정선거 후의 마산의거를 보고『사상계』는 권두언의 제목을 '민권전선의 용사들이여, 편히 쉬시라'라고 비장하게 내걸었다. 장준하의『사상계』는 이 무렵 멀지 않아 이승만 정권의 철권이 그들의 뒤통수를 내려칠 것을 각오하고 있었다. 장준하는 그 후『씨올의 소리』1972년 1~6호에 쓴 '사상계지 수난사'에서 "4·19혁명이 없었다면『사상계』는 그때 사라졌을 것이 뻔하다"고 회고했다.

4·19혁명 당시 한청빌딩에 내걸렸던『사상계』의 깃발은 데모대의 성난 물결 속에서 힘차게 펄럭였다. 4·26 교수단 데모 당시 많은 교수들이『사상계』동인이었다.『사상계』는 이 시절 서울에 있는 각 대학 교수와 지식인들의 살롱 역할을 했다. 4·19 때『사상계』가 얼마나 막강한 영향력을 행사했는지는 발행 부수만 봐도 알 수 있다. 그때『동아일보』와『조선일보』가 발행 부수 8만 부를 유지한 데 비해, 월간지『사상계』는 9만 7000부에 달했다.『사상계』와『타임』지를 옆구리에 끼고 다니는 것은 그때 지식인의 애교어린 패션이기도 했다.

장면 정권이 들어선 뒤 장준하는 '국토건설본부' 기획부장을 맡아 잠깐 외도를 했다. 그러나 5·16쿠데타가 발생, 건설본부는 군사혁명위원회에 접수되고, 불량배들이 건설현장에 투입되어 강제 노역되는 모습으로 변질되었다.

5·16에 대한 포문은 1961년 7월호『사상계』가 처음 열었다. 장준

하는 권두언을 통해 '긴급을 요하는 혁명과업의 완수와 민주정치에로의 복귀'를 주장했다. 메가톤급 폭탄은 함석헌에게서 나왔다. 그는 '5·16을 어떻게 볼까'라는 제목으로 5·16을 전면적으로 비판했다. 4·19는 대낮에 했고 5·16은 밤중에 몰래 했다, 혁명은 민중이 하는 것이지 군인이 하는 것이 아니다. 함석헌은 5·16은 잘못된 불장난으로 군은 어서 제자리로 돌아가야 한다고 꾸짖었다. 그 시절 누구도 엄두를 낼 수 없는 아슬아슬한 발언이었다.

장준하는 『사상계』 7월호 기사 때문에 '나는 새도 떨어뜨린다'는 당시 중앙정보부장 김종필을 만났으나, 조금도 물러서지 않았다. 군사정권에 대한 장준하와 『사상계』의 이 같은 태도는 둘 모두를 가파른 벼랑길로 몰아넣었다. 장준하는 그의 생애에서 그때까지 한번도 해본 적이 없는 '정치활동' 때문에 정치정화법에 묶였고, '부패 언론인'이라는 낙인이 찍혔다.

'민족적 민주주의' 공방

당시 장준하와 『사상계』의 처지는 '도마 위에 오른 물고기'였다. "자유는 감옥에서 알을 깨고 나온다", "민권을 찾고 싶거든 감옥으로 가라!"는 군정 반대의 목소리는 장준하와 『사상계』를 회복하기 어려운 빚더미에 올려놓았다. 군사정권은 '반품공세'로 『사상계』의 목덜미를 잡고 '반죽음 상태'로 몰아넣었다.

이미 '도마 위에 오른 물고기'임을 각오했던 장준하는 공세적 자세로 군정에 맞섰다. 김종필과의 민족주의에 대한 강연 대결이 벌어졌다.

고대 총학생회 주최로 열린 이날 학술강연회에서 장씨는 …… '요즘 민족주의를 팔아 자기옹호나 자기변명의 수단으로 이용하려는 무리들을 경계해야 한다'고 강조했다. 장씨는 또한 김종필 씨가 주장하는 민족주의는 '귀한 외화를 써가면서 사치한 외국호텔 창가에서 향수에 젖어 흐르는 눈물 같은 것'이라고 비꼬고, 자신은 중국 광야에서 광복군으로 일본군과 싸우면서 '춥고 배고프고 발톱이 빠지도록 조국을 찾아 헤매는 가운데 뼛속으로 체험한 민족주의를 말하는 것'이라고 다짐했다.
– '장준하 씨, 김종필 씨의 민족주의 대결', 『대한일보』 1963년 11월 6일자

장준하는 일본 제국주의 군대에 있던 사람이 대통령이 되는 것을 참을 수 없었다. 이에 대해 김종필은 일제 식민사관을 변형시킨 '민족적 민주주의' 논리를 내세웠다. 장준하는 1972년 유신체제에서 내세웠던 '한국적 민주주의'는 5·16쿠데타를 일으킬 때부터, 아니 그 이전에 이미 일본정신에 깊이 침윤되었던 박정희나 그의 참모 김종필의 의식 속에 깊이 스며들어 있었다고 보았다.

한일회담 반대
텍스트

1964년 3월 한일회담 반대 시위가 요원의 불길처럼 타오르자, 장준하와 『사상계』는 그 선봉에 섰다. 장준하는 한일회담을 일본 제국주의 군인 출신이 침략자이자 전범자 집단인 일본 자민당과 매국협상을 하는 것으로 판단, 1964년 4월호를 긴급 임시증간호로 내놓았다. '한일회담의 제 문제'는 한일회담을 반대하는 이 나라 지식층의 의사를 비판적으로 담아낸 한일회담 반대 진영의 텍스트가 되었다. 이어서 1965년 7월 '신新을사조약의 해부'를 또다시 긴급 증간호로 발행, 한일회담 반대 진영의 이론적 교두보가 되었다.

박정희 정권은 일개 잡지에 공작적 탄압을 가해 『사상계』의 숨통을 조였다. 매진되었다고 여겨지던 『사상계』를 '반품작전'으로 되돌리는가 하면, 1965년에는 두 차례에 걸쳐 물 샐 틈 없는 세무사찰을 자행하여 『사상계』를 고사 상태로 몰아갔다.

장준하는 신촌에 있던 집을 헐값으로 팔고 서대문 평동에 조그마한 셋방을 얻었다. 가족들은 그날그날의 생계를 위협받기에 이르렀고, 장준하는 급성간염으로 쓰러져 병원에 입원하기도 했다. 『사상계』와 장준하 죽이기는 마침내 종말을 내다보기에 이르렀다. 장준하는 그때의 사정을 1972년 『씨올의 소리』에 연재된 '사상계지 수난사'에서 밝혔다.

그러나 『사상계』도 나도 그 생명들이 끈질겨서 나는 비록 초라한 모습으로 병원 침상에서 사경을 헤매며 투병의 나날을 보내나, 『사상계』만은 외관상으로 아무렇지도 않은 양 버젓이 매달 그 위용을 나타냈다.

결국 『사상계』도 장준하도 지칠 대로 지쳐 『사상계』는 그 후 점점 숨결이 거칠어 가고 장준하도 투쟁 방법을 달리해야 했다. 이 무렵 『사상계』는 결간되는 일이 잦아졌고, 50쪽짜리라는 영양 부족에 걸린 납본용 『사상계』로 명맥을 유지하다가, 그나마 1967년 중반부터는 시판마저 중단해야 했다. 장준하는 견디다 못해 정계에 발을 들여놓게 되었고, 1966년 10월 26일 세칭 '한비韓肥 사카린 밀수사건'과 관련되어 구속되기에 이르렀다.

사카린 밀수사건은 삼성재벌 계열에서 한국비료 공장을 건설하기 위해 일본 미쓰이로부터 건설용 장비를 도입하는 대가로 대량의 사카린을 밀수입한 사건이다. 이 과정에서 집권층과 재벌인 삼성 사이에 정경유착이 있었다는 정보가 새나왔다. 야당과 대학생들이 전국적인 규탄대회를 열었다. 장준하는 1966년 10월 민중당이 주최한 규탄대회에서 재벌총수와 '고위층' 사이에 오간 내용을 폭로하면서 "우리나라 밀수 왕초는 바로 박정희"라고 직격탄을 날렸다. 이뿐만 아니었다. 월남파병 동의안과 관련해 "존슨 대통령이 방한하는 것은 …… 한국 청년의 피가 더 필요해서 오는 것"이라고 신랄하게 공격했다. 장준하는 즉각 구속되었다가 보석으로 풀려났다.

옥중 출마

1967년 장준하는 야당 대통령 후보 단일화를 위해 막후에서 윤보선·백낙준·이범석·유진오 등 4자회담을 주선, 통합야당 신민당을 태동시켜 동참했다. 4자회담 당시 장준하를 대통령 후보로 하자는 말이 나와 훗날 장준하에게 '재야 대통령'이란 별칭이 나오기도 했다. 그 후 신민당 윤보선 대통령 후보의 선거캠프에 뛰어든 장준하는 유세의 제일선에서 박정희의 아킬레스건을 대담하고 직설적으로 공격하고 나섰다.

박정희씨는 일본 천황에게 충성을 맹세하고 일본군 장교가 되어 우리 광복군에게 총부리를 겨누었다. 박정희씨는 과거 남로당 군사조직책으로 남한에서 지하조직 활동을 한 사람으로 자기 목숨을 구하기 위해 조직원을 팔아 희생시켰다.

대통령선거 직후 장준하는 다시 구속되었다. 그가 구속되어 있던 그해 6월 8일 악명 높은 부정선거가 벌어졌다. 장준하는 구속된 상태로 동대문 을 지역구에서 출마했다. 상대는 당시 공화당 서울시 당위원장을 지낸 강상욱이었다. 옥중 출마와 거물의 대결, 애초에 상대가 되지 않는 싸움이었다. 머리와 수염은 물론 한복과 두루마기까지 하얗게 차려입은 함석헌이 유일한 선거운동원이었다. 함석헌은 두루마기 호주머니에서 손수건을 꺼내 흐르는 눈물을 닦으면서 외쳤다.

여러분, 장준하를 살려 주십시오. 장준하 『사상계』 사장을 국회로 보내

주셔야 합니다. 그렇지 않으면 장준하 이 사람 감옥에서 죽습니다. 자살할지도 모른단 말입니다.
– 김용준, 《내가 본 함석헌》, 아카넷, 2006

함석헌은 생전에 정치인으로는 유일하게 장준하를 믿었다. 그가 '돌베개와 브니엘'이란 제목으로 장준하에 대해서 쓴 글에는 장준하가 이렇게 평가되어 있다.

장준하의 사람됨을 보면 구약의 야곱 같은 데가 있습니다. 참사람이 되는 데 없어서는 안 되는 무외無畏의 덕을 그는 풍부히 가지고 있습니다. 겁이 없습니다. 무서운 것이 없습니다.
– 장준하, 《민족주의자의 길》, 세계, 1992

마침내 기적은 일어나고 말았다. 장준하가 막강 후보 강상욱을 2만여 표 이상의 차로 누르고 국회의원에 당선되었다. 장준하는 국회의원 겸직금지규정에 따라 자신의 생명과 다름없던 『사상계』의 운영을 『조선일보』 출신인 부완혁에게 넘겨야 했다. 그러나 1969년 12월호로 지령 200호를 넘긴 『사상계』는 1970년 5월호에 김지하의 담시 〈오적〉이 실림으로써 종합잡지 사상 최장수인 17년간 발행이라는 실적을 남긴 채 이 땅에서 영영 자취를 감췄다. 당시 『사상계』의 지령은 205호였다.

김준엽은 중국에서 1915년 북경대학의 진독수陳獨秀가 『신청년』이란 잡지를 펴낸 것을 예로 들면서, 『사상계』는 『신청년』 못지않은 영향을 주었다고 했다. 『사상계』는 자유 · 민권운동 · 통일문제, 경제발전문제, 새로운 문화의 창조, 정의로운 복지사회를 줄기차게 추구했고, 『사상계』를 중심으로 우리나라의 대표적인 지성인들이 모여 우리의 현대사에 큰 족적을 남겼다고 평가했다.

현대사의 증언, 《돌베개》

지명관은 『사상계』가 우리나라 지식인들에게 앙가주망engagement의 전통을 만들어 주었다는 점에서 높이 평가했다. 그는 "장준하 선생 같은 분은 우리나라 역사에서 다시 있을 수 없는 사람인 것 같다"고 했다. 영문학자 여석기는 《광복 50년과 장준하》(1995)에서 『사상계』는 '좋은 잡지'였고 '잘 팔리는 잡지'였다고 하면서, "이런 경우가 앞으로 있을 것이라고 잘 믿어지지 않는다"고 했다. 『사상계』는 이들의 말처럼 1950년대 후반에서 1960년대 전반에 이르기까지 독자들과의 '행복한 만남'이었다.

돌이켜보면 『사상계』는 1962년 이후 '민족 해방의 세기' '민족주의의 반성'이란 특집을 냈고, 나세르·수카르노·은크루마 등 제3세계 반미의 기수들에 관한 글도 취급했다. 일찍이 1956년에 '동인문학상' 제1회를 발표한 이래 선우휘·오상원·손창섭·이범선·서기원·남정현·전광용·이호철·송병수·김승옥·최인호·이청준을 등장시켰다. '사상문고' 100권을 간행한 것은 우리나라 최초로 문고 시리즈 발행의 신기원을 연 것이며, 『사상계』 신인문학상을 통해 이청준·황석영 같은 문인들이 배출된 사실은 우리 문학사에서도 높이 평가될 만하다. 언론학자 정신석은 1950년대에서 1960년대에 이르기까지 우리나라 잡지를 대표한 것은 『사상계』였으며, 장준하는 잡지 언론인으로는 제1인자로 이 나라 언론과 민주주의 발전에 획기적인 업적을 남겼다고 평가했다.

『사상계』 사후 장준하는 『사상계』의 몫마저 살아야 했다. 1969년 장준하는 박정희의 삼선개헌을 통한 영구집권 반대 투쟁의 선봉에 섰으며, 1970년에는 백기완을 비롯해 김도현·유광언 등 6·3학생운동 세대들과 함께 '민족학교'를 세워 '지성의 유격전'을 전개했다. 이때 장준하가 생각한 민주주의와 민족문제 해결 주체는 서민·노동자·농민·학생대중 등이었다. 이들이 민중적 민족주의의 전위대였다.

1971년 장준하는 자신의 학병 탈출과 광복군 참여 시절을 회고하면서 《돌베개》를 내놓았다. 《돌베개》는 '현대사의 증언'임을 밝히면서, "광복군 출신이라고 떠들고 다니는 일부 인사들이 광복군의 모자 하나를 얻어 쓰고 기실 과연 어떤 일을 했는가 하는 것도 역사 앞에 밝히고자 함"이라고 저술의 동기를 밝혔다. 장준하는 이 글을 통해 박정희 등 일본군 소속 한국인들을 빗대면서 공격의 화살을 늦추지 않았다.

광복조국의 하늘 밑에는 적반하장의 세월이 왔다. 펼쳐진 현대사는 독립을 위해 이름 없이 피 뿜고 쓰러진 주검 위에서 칼을 든 자들을 군림시켰다. 내가 보고 들은 그 수많은 주검들이 서러워질 뿐, 여기 그 불쌍한 선열들 앞에서 이 증언을 바람의 묘비로 띄우고자 한다.
– 장준하, 《돌베개》, 세계사, 1992

1972년 7월 4일 중앙정보부장 이후락이 예고도 없이 특별생방송에 모습을 드러내 '7·4남북공동성명'을 발표했다. '박정희의 천적' 장준

하는 뜻밖에도 '7·4공동성명'을 적극 지지했다. 종래까지의 자유민주주의적 세계관에서 진보적 민족주의의 세계관으로 스스로의 인식을 갱신해 오던 장준하, 그는 이 무렵에 이르러 김구와 여운형이 걸었던 통일운동의 길로 성큼 다가갔다.

그해 『씨올의 소리』 9월호에 실린 '민족주의자의 길'에서 장준하는 이렇게 선언했다.

모든 통일은 좋은가. 그렇다. 통일 이상의 지상명령은 없다. 통일은 갈라진 민족이 하나가 되는 것이다. 그것이 민족사의 전진이라면 당연히 모든 가치 있는 것들은 그 속에 실현될 것이다. 공산주의는 물론 민주주의·평등·자유·번영·복지 이 모든 것에 이르기까지 통일과 대립되는 개념인 동안은 진정한 실체를 획득할 수 없다. 모든 진리, 모든 노력, 모든 선이 통일과 대립되는 것일 때는 그것은 거짓 명분이지 진실은 아니다.

그러나 7·4공동성명은 영구집권 야욕을 민족의 최대 과제로 포장한 음험한 시나리오였다. 1972년 10월 박정희는 비상계엄을 선포하고 유신체제로 들어선다. 장준하도 일생에서 가장 위험한 순간으로 차츰 다가갔다. 1973년 6월 23일 박정희는 '평화통일 외교전략'을 발표했다. 남과 북이 유엔 동시가입을 해도 좋다는 것이었지만, 장준하가 본 발표의 속셈은 통일문제를 "바야흐로 국제정치시장에 아무런 거래 표시도 없이 상장上場하려는 것"이었다('민족외교의 길', 『씨올의 소리』 1973년 11월호).

장준하는 1973년 말에 쓴 미발표 유고 〈민족 통일전략의 현단계〉(초안)에서 '해방 후 3년사'에 대해 《돌베개》에서의 해석과는 180도 다른 주장을 내놓았다. 그는 이 글에서 "나를 민족의 역사라는 비판적 도마 위에 올려놓고 스스로를 치는 심정"으로 해방 공간 3년의 역사에 대해 고해성사에 가까운 성찰을 했다. 장준하는 한반도의 분단 상황을 되돌아보면서, 해방 공간의 역사를 일재 잔재 청산, 민족세력 결합, 건국준비위원회와 임시정부에 대한 평가와 교훈 등으로 나누어 반성·비판했다.

장준하는 이 글을 통해 건국준비위원회(건준) 결성이 민족 해방을 주체적으로 맞으려는 발 빠른 대책이었으며 여운형을 비롯한 국내 항일 세력이 민족 해방운동 과정에서 획득한 전진적 확신의 표현으로 보았다. 송진우 등 국내 우익 세력이 건준에 동의하지 못한 것에 대해 장준하는 일제 식민체제 아래에 편입되었던 지주·친일 세력의 도덕적 파경의 표시라며 그 속내를 예리하게 꿰뚫어 보았다. 김구의 임정에 대해서 장준하는 이승만을 비롯한 보수 우익 세력을 일찍이 극복하지 못했고, 반탁 운동을 이승만의 민족 분열 책동의 명분으로 연결해 주었으며, 새로운 민족 통일 국가의 이념을 명쾌하게 제시하지 못한 점을 한계로 지적했다. 장준하는 또한 백범 노선의 실패 원인으로 친일·민족반역자의 청산, 반이승만 운동으로의 대중적 역할을 확신하지 못한 점, 반이승만 운동의 방법과 시기를 놓친 점 등을 아쉬워했다. 당시 어느 전문연구자도 미처 깨닫지 못한 탁견이었다. 장준하는 여운형과 김규식의 좌우 합작을 긍정적으로 평가하면서, 한편으로 김구가 통일운동으로 전환한 것은 가장 순결하고 애국적인 길이었음을 높이 평가했다.

자유민주주의자 장준하가 민족 통일주의자로 전진적 발걸음을 내

디딘 데 대해서는 장준하 본인의 진술이 없어 그 사상적 궤적에 대한 정확한 해명을 할 수 없다. 다만 그는 젊어서부터 자신을 민족의 제단에 던졌고 시대 변화에 완고하게 갇혀 있는 인물이 아니었다. 7 · 4공동성명이 함석헌의 표현대로 "엉겅퀴에서 무화가가 피는 것"을 바라는 것과 같다고 하더라도, 그것은 당대 민중들이 가장 절실하게 바라던 바였고, 장준하는 민중이 바라는 그 방향으로 자신을 쇄신해 나갔다. 민중 주체의 민족주의로 역사와 세계인식을 확장시켜 나간 것이다.

1973년 장준하는 주로 재야 민주화운동 세력의 연대 · 연합을 위해 헌신했다. 이 시기 장준하는 김재준 · 김수환 · 함석헌 · 지학순 · 법정 · 이태영 · 계훈제 · 백기완 · 홍남순 등을 주로 만났다. 그리고 그 해 12월 24일 YMCA회관에서 전격적으로 개헌청원운동본부를 발족, '헌법 개정 백만인 서명운동'을 벌였다. 이른바 10월유신 이후 최초로 나타난 조직적이고 평화적인 저항 운동이었다.

박정희는 1974년 1월 8일 '대통령 긴급조치 1호'를 발동해 공포분위기를 조성했다. 장준하는 백기완과 함께 긴급조치 1호 위반 혐의로 구속되어 15년형을 선고받았다. 1974년 연말 신병악화로 형집행 정지 처분을 받고 나온 장준하는 1975년 1월 8일 '박대통령에게 보내는 공개서한'(『씨올의 소리』 1975년 1 · 2월호)을 전격 발표했다. 그는 당면한 "국난을 극복할 수 있는 길은 파괴된 민주 질서를 조속히 평화적으로 회복하는 데 있다"고 강조했다. 장준하는 이 무렵 가슴이 터질 것 같은 마음으로 민족이 처한 암울한 현실을 뚫고 나가기 위해 자신을 송두리째 바치기로 장엄한 결단을 내렸다. 함석헌이 장준하 추도식에서 자신은 그때 하루도 장준하의 죽음을 생각하지 않은 날이 없었다고 할 만큼, 장준하는 매일이 자기 생애의 마지막 날처럼 순교자의 나날을 살았다.

운명의 1975년 8월 17일, 해방된 지 30년 이틀이 되는 이 날, 장준하는 경기도 포천군 이동면 약사봉 계곡으로 향했다. 그 길이 이승에서의 마지막 길이 되었다. 장준하는 약사봉 계곡 암벽 바로 아래 떨어져 숨졌다. 향년 57세. 최초의 목격자 김용환이 당시 의문의 실족사를 전했다.

장준하는 두손을 가슴에 나란히 얹고 편한 자세로 자는 듯 누워 있었다. 등산모는 바위 중간쯤 나뭇등걸에 걸려 있고, 시계는 1시 40분을 가리킨 채 멈춰 있었다. 왼쪽 귀밑이 약간 찢어진 외에는 상처 하나 없었다.

장준하의 유해는 이튿날에야 가족에게 인도되어 상봉동 셋집으로 돌아왔다. 작고 좁은 골목길에 포장을 치고 문상객을 받았다. 이태영이 달려와 미망인 김희숙을 붙잡고 통곡하면서 앞으로 어린 자식들을 데리고 어떻게 살 거냐고 하자, 김희숙은 몽유병자와 같이 "그 양반이 언제 생활비 가져온 적이 있나요" 하고 넋이 나간 듯이 중얼거렸다. 그날 장준하의 상봉동 집 뒤주에 든 쌀 한 됫박 정도가 일용할 양식의 전부였다.

장준하가 죽었다!
죽었다!

장례는 5일장으로 치러졌다. 장준하의 죽음에 대해 함석헌은 가슴이 끊어지는 아픔을 안고 울고 또 울었다.

장준하가 죽었다! 죽었다! 이 한 마디가 이 8월의 노염老炎의 무더운 공기마냥 부쳐도 부쳐도 또 오고 또 와서 가슴을 누릅니다. …… 아, 장준하야! 네가 나를 생각게 하는구나. 내가 생각을 파고 파 빈 무덤을 발견하는 날, 우리가 다 같이 누리는 영원한 나라의 영광의 자리에 앉히리라."

– '아 장준하!',《씨올에게 보내는 편지-함석헌 전집》8권, 한길사, 1985

장준하의 방 벽에는 나무꾼을 그린 그림 한 점이 걸려 있었다. 그림 속 낭떠러지에 걸린 소나무 한 그루에 관한 시구가 있다. 그 그림처럼 장준하는 역사의 절벽에 서 있던 소나무를 잡다가 떨어져 '북망, 멀고도 고적한 곳'으로 사라졌다. 그의 죽음은 광복 30주년에 주는 '역사의 말씀'인가. 그 봉인된 역사의 두루마리에 적힌 뜻은 과연 무엇인가.

명동성당에서 치른 영결 미사에서 김수환 추기경은 "장준하 선생의 죽음은 별이 떨어진 것이 아니라 더 새로운 빛이 되어 앞길을 밝혀 주기 위해 잠시 숨은 것뿐"이라고 추모했다. 영결식을 마친 장준하의 유해는 경기도 파주시 광탄면 소재의 천주교 나사렛 묘지에 안장되었다. '장준하선생기념사업회'에서는 매년 장준하가 학병에서 탈출한 서주에서 중경까지의 6000리 길을 현장 체험하는 '장정' 사업을 벌이고 있다.

장준하가 걸었던 민주화와 민족 통일의 길을 그의 사후 동갑내기 친구 문익환이 걸었다. 그 문익환도 이제 이 세상 사람이 아니다.

03

'온몸'으로 온
몸을
밀고 나간 참
여시의
거침없는
삿대질

03.

김수영(1921~1968)

모든 전위문학은
불온하다

1968년 1월호 『사상계』(잡지 사정상 2월에야 나왔음)에 '지식인의 사회 참여'라는 당시로서는 매우 도전적인 평론이 실렸다. 일간신문의 논설을 대상으로 해서 쓴 이 글에서 김수영金洙暎은 언론이 현실 문제에 대해 '이 빠진' 소리나 하거나 '방관적' 자세를 취하고 있다고 날카롭게 꼬집었다. 예컨대 1967년의 6·8부정선거 규탄이나 서울대생의 민족주의 비교연구회(세칭 민비民比)사건과 관련, 시위자들의 발언이 지하로 매장되거나 피고인들을 두둔하는 발언들은 "모조리 휴지통에 쓸어 넣는" 등 언론이 사실상 '검열관'의 기능을 하고 있다고 비판했다.

그해 『조선일보』 사설란에 이어령의 '우리 문화의 방향'이 실렸다. 이어령은 이 글의 서두에서 "우리 사회는 경제 건설 다음에 문화 발전을 이룩한다는 서열을 매기지 말고 발전의 표리로서 문화를 생각해야 한다"는 전제를 내세우면서, "(문화)의 방향의 문제에 있어서 잊을 수 없는 것은 동백림 사건"이라고 하고, "상당수 문화인이 그 사건에 관련되었다는 자체는 간첩 행위 이상의 사건이 아닐 수 없다. 그 행위의 밑에 만의 일이라도 '인터내셔널'한 생각이 깔린 소치였다면, 이는 관련자에 국한할 것이 아니라 일반 문화인의 성향과 관련시켜 심각히 생각해볼 일"이라고 지적했다.

김수영은 이 사설의 경제와 문화에 대한 전제에 대해 너무나 당연한 것을 내세우는 것은 문제의 핵심을 회피하는 가장 전형적인 안이함에서 나왔다고 비판했다. 이어서 그 사설은 '본론'인 동백림 사건에 대해 '인터내셔널'이란 애매한 표현을 써서 혼란을 불러일으키고, 그것을 '일반 문화인의 성향'과 '관련시켜 심각히 생각해' 봐야 한다고 수사를 널어놓고 있는데, 도대체 어떻게 관련된다는 것인지 알 수 없다고 힐난했다.

요컨대 문화와 예술의 자유의 원칙을 인정한다면, 학문이나 작품의 독립성은 여하한 권력의 심판에도 굴할 수 없고 굴해서도 안 된다는 것이다. 그런데도 "무식한 위정자들은 문화도 수력발전소의 댐처럼 건설하는 것이라고 생각하고 있는 것 같지만, 최고의 문화 정책은 내버려두는 것이다. 제멋대로 내버려두는 것"이라고 김수영은 주장했다.

김수영은 또 이 평론에서 1967년 연말에 이어령이 『조선일보』에 발표한 '에비가 지배하는 문화'라는 시론에 대해 "창작의 자유가 억압되는 원인을 지나치게 문화인 자신의 책임으로만 돌리고 있는 것 같은 감을 주는 것이 불쾌하다. 우리나라 문화인이 허약하고 비겁한 것은 사실이지만, 그들을 그렇게 만든 더 큰 원인으로 근대화해 가는 자본주의의 고도한 위협의 복잡하고 거대하고 민첩하고 조용한 파괴 작업을 이 글은 아무래도 지나치게 과소평가하고 있는 것 같다"고 비판했다.

김수영은 이어서 우리 문화를 지배하는 '에비'는 이어령이 보는 것처럼 "구체적인 대상을 가리키는 명사"가 아닌, "가상적인 어떤 금제禁制의 힘"이 아닌, "가장 명확한 금제의 힘"이라고 주장했다. 김수영에게 그것은 바로 '상상적 강박관념'이었고, 그런 강박관념에서 벗어나 모든 '불온한' 작품들이 거리낌 없이 쏟아져 나오지 않는 한 위기는 미래에 있는 것이 아니라 "지금 당장 이 순간에 있다"고 했다.

이어령과 김수영 사이 논쟁의 진행을 좀 더 살펴보자. 김수영은 1968년 2월 20일자 『조선일보』에 게재된 이어령의 '오늘의 한국문학을 위협하는 것'이라는 문예시평을 읽고 '실험적인 문학과 정치적 자유'를 발표, 문학의 전위성과 정치적 자유의 문제가 얼마나 유기적으로 밀착해 있는지에 대해서는 좀 더 이해 있는 전제가 있어야 한다고 반격했다.

> 다시 말하자면 그(이어령)는 모든 진정한 새로운 문학은 그것이 내향적인 것이 될 때는 즉 내적 자유를 추구하는 경우에는 기존의 문학 형식에 대한 위협이 되고, 외향적인 것이 될 때는 기성 사회의 질서에 대한 불가피한 위협이 된다는, 문학과 예술의 영원한 철칙을 소홀히 하고 있거나, 혹은 일방적으로 적용하려 들고 있다.
> – 김수영 산문선집 《퓨리턴의 초상》, 민음사, 1976

김수영은 모든 실험적인 문학은 필연적으로 완전한 세계의 구현을 목표로 하는 진보의 편에 서지 않을 수 없게 된다고 당당하게 선언했다.

모든 전위문학은 불온하다. 그리고 모든 살아 있는 문화는 본질적으로

불온한 것이다. 그것은 두말할 것도 없이 문화의 본질이 꿈을 추구하는
것이고 불가능을 추구하는 것이기 때문이다.

김수영에게 두려워해야 할 것은 문화를 정치사회의 이데올로기와
동일시하는 것이 아니라, 문화를 단 하나의 이데올로기와 동일시하는
것이었다. 나치스가 뭉크의 회화까지도 퇴폐적이라는 이유로 그 전위성
을 인정하지 않았듯이, 정치사회의 이데올로기 하나만을 강요하는 사회
에서는 문학과 예술의 전위성 내지 실험성이 제대로 순환작용을 하지
못한다는 것이다.

김수영은 획일주의가 강요하는 사회적 메커니즘에서 유·무형의
대제도(문화기관) '검열관'과 '대중의 검열'을 공존시켜 이들의 대명사를
김수영은 '질서'라고 했다. 거기에서 취해지는 밸런스를 현대문학의 창
조적 출발점으로 인정할 수는 없을까라는 문제 제기를 한다. 공존의 모
색이다. 사실 김수영이 보기에 '대중의 검열자'는 문화에 대해 '조종弔
鐘'을 칠 만한 능력도 없는 '종지기'에 불과했다. 글을 쓰면서도 자기 검
열을 몰랐고 직선의 산문가이기도 했던 김수영은 이 글의 결론을 이렇
게 맺었다.

'질서는 위대한 예술이다' 이것은 정치권력의 시정施政 구호로서는 알
맞지만, 문학 백년의 대계를 세워야 할 전위적인 평가가 내세울 만한 기
발한 시사는 못 된다.

이어령도 물러서지 않았다. 곧바로 '문학은 권력이나 정치 이념의

시녀가 아니다'라는 반론을 폈다. 이어령은 이 글에서 "모든 전위문학은 불온하다", "모든 살아 있는 문화는 본질적으로 불온하다"는 김수영의 표현을 중시, "불온하니까 그 작품이 나쁘다고 말하는 사람이나 불온하니까 그 작품이 좋다고 말하는 사람은 다만 그 주장과 판단이 다를 뿐 문학작품을 문학작품으로 읽지 않으려는 태도에서 서로 일치한다"고 했다. 이어령은 문화의 창조적 자유와 진정한 전위성은 역사의 진보성을 추구하는 데 있는 것이 아니라 바로 인생과 역사, 그것을 보수와 진보라는 두 토막으로 칼질해 놓은 고정관념과 도식화된 이데올로기의 편견으로부터 벗어나는 데서 시작돼야 한다고 주장했다.

김수영은 다시 '불온성에 대한 비과학적인 억측'을 발표, 이어령의 '불온성' 시비에 대해 이어령이 '전위'나 '불온'을 "정치적인 불온성으로만 고의적으로 좁혀 규정하면서, 자신의 지론을 이데올로기에 부응하는 전체주의의 동조자 정도의 것으로 규정하는데 …… 인간의 사상사·문화사·예술사는 그런 전위성이 창조하고 이끌어 온 역사라고 반박했다.

"시여 침을
뱉어라"

김수영과 이어령의 이 유명한 논쟁은 문학작품은 사회현상과의 연관 속에서 판독돼야 한다, 문학작품은 문학 내적 현상에서 판단돼야 한다는 두 가지 극명한 대립적 입장에서 나왔다. 그런 면에서 이 논쟁은 한국인들의 의식과 무의식 속에 내재돼 있던 '금제의 소리'를 밖으로 드러내

논리화했다는 점에서 중요한 의미를 지니며, 그 대응 논리 또한 인간성·순수성 같은 추상적이고 보편적인 차원을 넘어 문학 내적 문제로 전개됐다는 데서 큰 의미를 가진다. 이들 사이의 논쟁은 우리 문단사에 기록될 전설적인 사건 가운데 하나로서, 문학인들이 모이는 자리에서는 으레 대화제가 됐을 뿐만 아니라, 우리 지식사회 전반에까지도 엄청난 회오리바람을 일으켰다.

이 논쟁이 있은 뒤인 1968년 4월 13일, 김수영은 백철·이헌구·안수길·모윤숙 등과 함께 부산 펜클럽 주최의 문학 세미나에 참석했다. 김수영은 연단에 서서 약 40분에 걸쳐 우리 문학사에 길이 남을 유명한 시론을 폭포처럼 쏟아냈다.

시작詩作은 '머리'로 하는 것이 아니고 '심장'으로 하는 것도 아니고 '몸'으로 하는 것이다. '온몸'으로 밀고 나가는 것이다. 정확하게 말하자면, 온몸으로 동시에 밀고 나가는 것이다.
— 김수영 산문선집 《시여 침을 뱉어라》, 민음사, 1975

'온몸으로 동시에 밀고 나가는 것'은 온몸으로 바로 온몸을 밀고 나가는 것이고, 시의 세계에서 볼 때 온몸에 의한 온몸의 이행은 사랑이라는 것이고, 그것이 바로 시의 형식이라고 김수영은 주장했다.

시의 형식, 내용과 관련해 그의 "내용의 면에서 완전한 자유를 누리고 있다"는 말은 사실은 '내용'이 하는 말이 아니라 '형식'이 하는 혼잣말로, '내용'은 언제나 밖에다 대고 "너무나 많은 자유가 없다"는 말을 계속 지껄여야 한다고 했다. 그렇게 계속 지껄이는 것이 김수영에게는 이를테면 38선을 뚫는 길이며, 시인의 그런 '헛소리'가 계속되다 보면 헛소리가 참말이 될 때의 경이, 그것이 바로 '나무아미타불의 기적'이고 '시의 기적'이 된다.

김수영에게 자유는 아무런 원군도 없는, 원군을 필요로 하지 않는 고독하고 장엄한 것이었다. 그는 새로운 문학에 대한 용기가 없는 문학 풍토, 정치적 금기에 의해 다치지 않는 풍토에서 새로운 문학은 결코 나올 수 없다고 했다. 세계가 자유를 보유하는 한 혼란은 허용돼야 한다고 그는 주장했다. 자유와 사랑의 동의어로서 혼란은 문화의 본질적 근원을 발효시키는 누룩 역할을 하는 것이고, 그것이 진정한 시의 임무라고 했다. 이날 김수영이 정열적인 어조로 표현한 시론은 우리 문단은 물론 인문·사회과학 분야에서도 널리 회자된 유명한 선언이었다.

1968년 6월 15일 김수영은 신동문·이병주·정달영과 함께 청진동에서 소주를 마시고 다시 무교동에 가서 맥주를 마셨다. 김수영은 취해 있었고 걸음은 비틀거렸다. 그가 을지로 입구 버스정류장에서 버스를 타고 서강 종점에 내린 것은 자정을 바로 앞둔 시간이었다. 김수영은 인적이 끊긴 밤길을 비틀거리며 걸어갔다. 그때 좌석버스가 인도로 뛰어들면서 김수영의 뒤통수를 들이받았다. 김수영은 곧 적십자병원으로 실려 갔으나 다음 날 아침 눈을 감았다. 향년 48세였다. 장례식은 6월 18일 예총회관(지금의 세종문화회관 오른쪽) 광장에서 문인장으로 치러졌고, 유해는 서울 도봉산 선영에 묻혔다.

거대한 뿌리

김수영은 과거적 의미에서보다는 현재성으로 '살아 있는' 인문 정신이다. 그가 만약 살아서 오늘과 같은 지구 문명의 거대한 폭풍을 만났다면, 인류 문명의 앞날에 대해 과연 어떤 전위적 패러다임을 내놓을까. 팍스아메리카나의 종언 속에서 과연 어떤 미래의 꿈과 '예지'를 보여 줄까. 그리고 일찍이 볼 수 없던 우리 사회의 총체적 위기 국면과 혼란·적대·갈등의 회오리 속에서 그는 어떻게 그의 대표작 가운데 하나인 〈사랑의 변주곡〉에서 표현한 '고요한 단단함'을 배우라고 했을까.

48세라는 짧았으나 '거대한 뿌리' 같았던 자유인 김수영의 생애를 통해 자칫 역주행으로 치달을지 모르는 오늘의 시대 상황에 대한 거울로 삼아 보자.

김수영은 1921년생으로 서울 종로 바닥에서 태어나고 자란 서울 토박이다. 선천적으로 병약해서 잔병치레가 많았다. 1935년에 선린상업학교에 입학해 1941년 졸업했다. 그해 동경으로 건너가 미즈시나 하루키水品春樹 연극연구소에 들어갔다. 유학  시절 함께 하숙 생활을 했던 영문학자 이종구의 증언에 따르면, 그는 소련의 사실주의적 연극이론가 스타니슬라프스키의 《예술과 나의 생애》에 심취해 있었다. 미즈시나 연극연구소의 전신은 쓰키지築地 소극장으로, 1920년대 주로 사회주의 연극을 무대에 올렸으며, 연극이 끝난 후에는 젊은 마르크스주의자들이 "천황제를 전복하자"고 열변을 토했다.

해방 공간에서 김수영은 박인환이 경영하던 말리서사茉莉書舍에서 당시 첨단을 걷던 김기림·김광균·오장환·김병욱·이시우·박일영 등의 예술가들과 교유를 하게 됐다. 이 무렵 그는 연극을 하다가 시로 전향, 그때 이미 상당한 습작을 하고 있었으며, 해방 후 최초로 나온 동인지 『예술부락』에 〈묘정廟庭의 노래〉를 발표했다. 활자로 나온 김수영의 첫 작품이었다.

말리서사가 사라진 지 얼마 뒤 전후 모더니즘의 효시가 되는 《새로운 도시와 시민들의 합창》(엄격히 말하면 '신시론' 동인의 동인지. 1949년 4월에 발간)이 첫선을 보였다. 이 사화집詞華集은 김기림·이상의 1930년대적 모더니즘을 1950년대의 모더니즘으로 확산시키는 길목에서 징검다리가 되었다.

김수영은 이 사화집에 〈공자의 생활난〉이란 모더니즘 계열의 전형적인 난해시를 발표했다. "꽃이 열매의 상부에 피었을 때/너는 줄넘기를 한다"로 제1연을 시작한 이 시는 의미의 혼란과 단절, 돌연한 전환, 엉뚱한 비약 같은 것을 노렸다는 해석에서, 종래의 시적 관습의 굴레에서 대담하게 벗어나면서 그의 구도적 자세가 이미 그 싹을 보인다는 데 이르기까지 다양한 평가를 낳았다.

해방 후 초기 모더니즘 시 운동은 우리 문학사에 기록할 만한 자취였으나, 그 후 '신시론' 동인이 해체되고 '후반기' 동인의 형성이 모색되는 과정에서 한국전쟁이 터졌다. 김수영은 전쟁의 소용돌이 속에서 의용군으로 끌려갔다가 거제도 포로수용소에 수용되는 등 혹심한 고통을 겪었다. 1953년에 발표한 〈달나라의 장난〉에서 그는 "도회 안에서 쫓겨

다니는 듯이 사는 나의 일이며/어느 소설보다도 신기로운 생활이며", "생활은 고절孤絶이며 비애였다/그처럼 나는 조용히 미쳐 간다"고 처절하게 독백했다.

1953년도 다 저물어 가는 10월 어느 날 김수영은 서울로 올라왔다. 전쟁통에 모든 것이 그야말로 '바람과 함께 사라지다' 그대로였다. 그의 가족들은 이제 집도 없었다. 시를 써서는 입에 풀칠도 못했을 뿐만 아니라, 발표할 지면도 없었다. 그 무렵 김수영은 수없이 많은 번역을 했다. 미국 잡지나 단행본을 파는 노점에서 번역할 자료를 찾아 재밌는 글들을 추려 여기저기 잡지사나 출판사를 기웃거려 보여 주고 밤을 새며 번역했다.

1953년 12월부터 다음 해 12월 사이에 쓴 그의 시를 보면 '설움'이란 단어가 밀물처럼 쏟아져 나온다. 김수영은 그의 대표적인 작품 가운데 하나인 〈나의 가족〉에서 "차라리 위대한 것을 바라지 말았으면/유순한 가족들이 모여서/죄 없는 말을 주고받는/좁아도 좋고 넓어도 좋은 방 안에서/나의 위대의 소재를 더듬어보고 짚어보지 않았으면"이라면서, '한없이 순하고 아득한 바람과 물결' 같은 사랑, 낡아도 좋은 사랑을 갈망했다. 1955년 6월 김수영은 마포구 구수동으로 이사했다. 거기서 김수영은 채소를 가꾸고 닭을 길렀다. 그런 생활이 김수영의 피폐해진 몸과 마음을 오랜만에 안정시켜 주었다. 사실 그는 양계나 밭일에서는 아내의 '조수'에 불과했다.

4월은 맹렬히
작열하고 있소

서정시들은 거의 모두 요즘 들어 낡은 것으로 평가되기 쉬운데, 김수영은 모더니즘적 실험의 유산과 자신의 서정적 자질을 독자적인 스타일로 발전시켰다. 그중 1957년에 발표한 〈폭포〉 같은 작품은 단순한 서정을 넘어 지적으로 견고한 표현을 이루고 있다. 백낙청은 4·19 직후의 수작인 〈푸른 하늘을〉을 〈폭포〉의 연장선 위에서 오랜 시적 수련을 쌓고 역사적 사건을 막 목격한 시인의 성숙함을 보여 준다고 평가했다.

> 폭포는 곧은 절벽을 무서운 기색도 없이 떨어진다 / …… 고매한 정신처럼 쉴 사이 없이 떨어진다……

1958년 11월 1일 김수영은 제1회 한국시인협회상 수상자가 되었다. 〈폭포〉를 비롯해 〈꽃〉, 〈봄밤〉 등이 수상작으로 열거되었다. 이듬해에 춘조사春潮社에서 '오늘의 시인선집' 제1권으로 김수영의 시집 《달나라의 장난》을 간행했다. 제2권으로는 김춘수의 시집, 제3권은 전봉건의 시집이었다. 김수영은 인세로 받은 책들을 보자기에 싸들고 친구들을 찾아다니면서 기증했다. 가슴이 뿌듯했다. 첫 시집을 교도소에 뿌렸다는 라이너 마리아 릴케가 이해될 듯했다.

1950년대는 실로 견디기 어려운 시절이었다. 김수영에게 이 연대는 각박한 생활에서 오는 한없는 고달픔, 정직하고 진실되게 살려는 갈망, 생활의 궁핍과 정신의 갈증에서 오는 자책과 죄의식 그리고 이 모

든 것에 깃들여져 있는 비애와 우수의 시절이었다. 강인한 사회의식과 열렬한 참여 정신은 김수영 문학의 상표처럼 알려져 있으나, 실상 1950년대 전 기간에 걸친 이런 고뇌의 과정을 거쳐 마침내 결정된 것이다.

4·19혁명 당일 김수영은 라디오 앞에 앉아 뜬눈으로 밤을 새고 다음 날 시내로 나갔다. 그로부터 일주일 후 이승만이 하야 성명을 발표하기까지 김수영은 미친 듯이 거리와 골목길과 다방과 술집을 쏘다녔다. 김수영은 4·19 그날 하늘과 땅이 하나로 통일되는 전율에 빠졌다. 그 무렵 그는 매일 술을 마시고 노래 부르고 시를 썼다. 그러면서 불과 몇 달 사이에 다른 해의 1년치에 해당하는 시를 지었다. 〈기도〉, 〈육법전서와 혁명〉, 〈만시지탄은 있지만〉, 〈나는 아리조나 카우보이야〉 등이 그때 발표되었다. 그중 〈가다오 나가다오〉 같은 시는 당시 한국적 현실에서는 도저히 수용하기 어려운 작품이었다.

> 너희들 미국인과 소련인은 하루바삐 가다오 / 미국인과 소련인은 '나가다오'와 '가다오'의 차이가 있을 뿐 / 말갛게 개인 글 모르는 백성들의 마음에는 / '미국인'과 '소련인'도 똑같은 놈들 / 가다오 가다오

1960년 김수영은 마침내 난해의 껍질을 벗고 지금도 그의 대표작 가운데 하나로 꼽히는 〈푸른 하늘을〉을 발표한다.

자유를 위해서 / 비상하여 본 일이 있는 / 사람이면 알지 / 노고지리가 / 무엇을 보고 / 노래하는가를 / 어째서 자유에는 / 피의 냄새가 섞여 있는가를 / 혁명은 / 왜 고독한 것인가를

4 · 19 당시 김수영의 흥분과 환희, 사랑, 사상의 격동성과 전진성 · 예각성은 북으로 올라간 그의 친구 김병욱에게 보내는 편지에 잘 나타나 있다. 수신자도 적어 넣을 수 없던, 그래서 차라리 방백傍白에 불과했던 이 편지에서 김수영은 4 · 19혁명에 대한 감동을 민족 통일과 시, 자유에 대한 단상으로 전개하고 있다.

사실 4 · 19 때에 나는 하늘과 땅 사이에서 '통일'을 느꼈소. 이 '느꼈다'는 것은 정말 느껴본 일이 없는 사람이라면 그 위대성을 모를 것이오. 그때는 정말 '남'도 '북'도 없고 '미국'도 '소련'도 아무 두려울 것이 없습디다. 하늘과 땅 사이에 온통 '자주독립' 그것뿐입디다. 헐벗고 굶주린 사람들이 그처럼 아름다워 보일 수가 있습디까! 그러니까 나의 몸은 전부가 바로 '주장'입디다. '자유'입디다. …… 이남은 '4월'을 계기로 해서 다시 태어났고, 그는 아직까지도 작열하고 있소. 맹렬히 작열하고 있소. 이북은 이 '작열'을 느껴야 하오. …… 반드시 이 '작열'을 느껴야 하오. 그렇지 않고서는 통일은 안 되오.
-'詩友 김병욱형에게', 『민족일보』 1961년 5월 9일자. 『세계의 문학』 1993년 여름호에도 실렸음

급진적
자유주의자

4·19는 김수영의 문학 생애에서 하나의 분수령이었다. 이를 계기로 그의 문학에서 사회적인 성격이 짙어졌고, 인간의 삶을 규정짓는 정치적 상황에 대한 날카로운 관심이 첨예하게 나타났다. 김수영은 모더니즘의 김기림적 유산을 물려받았으나, 한편으로 그 허위와 기만성을 통렬하게 공격했다. 한국의 모더니즘은 하나의 관념으로서는 존재하나 당대의 구체적 현실로부터 유리되어 있었고, 따라서 많은 독자에겐 난해하고 공감할 수 없는 것이었다. 일종의 문학적 허위가 자리잡아 간 것이다. 염무웅은 이에 대해 『창작과 비평』 1976년 봄호에 쓴 '김수영론'에서 "좋은 이상의 시가 가짜의 누명을 쓸 여지를 남겨 놓고 있는 반면에, 나쁜 악류의 모더니즘의 시가 실격의 집행유예를 받을 수 있는 여지가 또한 생기는 것은 당연한 귀결"이라고 했다.

　거기에서 한걸음 더 앞으로 나간 시인이 바로 김수영이었다. 그는 '모든 진정한 새로운 문학'은 '기성 사회의 질서에 대한 불가피한 위협'으로 파악했다. 그의 당대에 김수영은 위험스러울 정도의 과격한 급진 자유주의자로 알려졌으나, 그는 모더니즘 시의 내용 없는 형식주의에 건강한 사회의식을 결합시키고자 했다. 그에게 형식과 내용은 탁월한 의미에서 동시적인 것이고 고도로 통일되어야 하는 것이었다.

　시인의 스승은 현실이다. 나는 우리의 현실이 시대에 뒤떨어진 것을 부끄럽고 안타깝게 생각하지만, 그보다도 더 안타깝고 부끄러운 것은 이 뒤떨어진 현실을 직시하지 못하는 시인의 태도이다.

－《퓨리턴의 초상》

시의 형태를 결정하는 것이 사상이고, 사상의 변화를 가져오는 것이 생활의 변화라고 하면, 새로운 시는 새로운 생활과 새로운 실천으로 뒷받침되어야 한다. 그런데 김수영은 자기 시대의 현실이 너무나 열악한 조건들로 가득 차 있다고 보았다. 그 무엇보다 자유가 너무나 억압받고 감금되어 있다는 것이었다. 심지어 그는 '자유의 회복'이야말로 나의 신앙이라고까지 고백한다(《시여 침을 뱉어라》).

사랑은 그 자유의 실천을 억압하는 현실적 조건에 대한 저항이며 바로 실천의 총체다. 김수영은 사랑에서 비롯되는 자유를 추구함으로서 자유의 완전에 '이르려' 하고 있다. 그는 완전한 자유, 완전한 혁명을 꿈꾸었다. 그러나 '완전한'은 불가능하다. 그러면서도 거기에 '이르려'고 꿈꾸는 것, 다시 말해 불완전한 혁명(자유)을 '완전 혁명'으로 이끌어 가기 위해 '꿈'이 필요한 것이며, 그에게는 그 '꿈'이 곧 시였다.

말하자면 혁명은 '상대적 완전'을, 그러나 시는 절대적 완전을 수행하는 게 아닌가. 그러면 현대에 있어서 혁명을 방조 혹은 동조하는 시는 무엇인가. 그것은 상대적 완전을 수행하는 혁명을 절대적 완전에까지 승화시키는, 혹은 승화시켜 보이는 역할을 하는 것이 아닌가.

－《김수영전집》2 산문 편, 민음사, 1982

5·16은 김수영의 자유를 근본적으로 뒤엎어 버리는, 그에게는 반

동 그 자체였다. 5·16 직후 쓴 〈격문檄文〉, 〈모르지?〉 등 연작시에는 5·16을 빗대 쓴 시구가 자주 나타난다. 그는 〈복중伏中〉이란 시에서 "미친놈처럼 라디오를 튼다 …… 그렇지 않고서는 내가 미칠 것 같아서"라고 했고, 〈이놈이 무엇이지?〉에서는 아무 데나 담뱃재를 떨 만큼 성급해지며, "이데올로기도 없다 / 밀모密謀는 / 전혀 없다 …… 낚시질도 / 안 간다 …… 하물며 / 중립사상연구소에는 / 그림자조차 비친 일이 없다"고 조급성을 보이고 신경질을 부리기도 한다.

썩어빠진
대한민국이 황송하다

1960년대 중반부터, 그러니까 김수영의 후기시 시대로 들어서면서 그는 특유의 반복과 역설, 비약과 반전, 단절과 압축 등 갖가지 기법을 통해 뛰어난 작품을 쏟아 냈다. 달라진 것은 과거의 팽팽한 긴장감과 속도감의 여운 속에서 좀 더 폭이 넓어지고 너그러워져 가는 가운데, 역동적인 개념으로서 '사랑'으로 집약되어 가는 것이라고 평론가들은 해석했다. 〈거대한 뿌리〉(1964), 〈어느 날 고궁을 나오면서〉(1965), 〈눈〉, 〈설사의 알리바이〉(1966), 〈VOGUE야〉, 〈사랑의 변주곡〉, 〈꽃잎 1·2·3〉(1967), 〈의자가 많아서 걸린다〉, 〈풀〉(1968) 등이 그때 발표되었다.

　1964년에 발표된 〈거대한 뿌리〉는 시적 이미지의 정돈에 역행하는 산문체의 거침없는 발산을 통해 일상의 경험적 제약을 넘어 역사적 체험에 이르기까지 거침없이 육박한다.

버드 비숍 여사를 안 뒤부터는 썩어빠진 대한민국이 / 괴롭지 않다 오히려 황송하다 역사는 아무리 / 더러운 역사라도 좋다 / 진창은 아무리 더러운 진창이라도 좋다 / 나에게 놋주발보다도 더 쨍쨍 울리는 추억이 / 있는 한 인간은 영원하고 사랑도 그렇다

김수영은 이 시에서 역사 기억의 반추를 통해 미래진행형의 역사로 힘차게 나아가고자 하는 상상력을 극화시킨다. 김수영은 이 시에서 요 강·망건·장죽·종묘상·장전·구리개 약방·신전·피혁점·곰보·애꾸·무식쟁이 등을 '카니발적'으로 호명, 어떻게 보면 하찮은 것들과 지지리 못난 이들을 '내가 뿌리박기 위해' 공동체의 운명으로 포용하려는 치열한 몸부림을 보여 준다.

후기의 대표작인 〈사랑의 변주곡〉은 첫마디에서부터 대도시의 욕망 속에서도 사랑을 발견하겠다는 당당하고 거침없는 어조를 드러낸다. "욕망이여 입을 열어라 그 속에서 / 사랑을 발견하겠다 도시의 끝에서". 김수영은 이 시에서 도시의 온갖 소음마저 창조적 혼돈의 힘 또는 일상의 구체성을 띤 것으로 보았다. 그리고 사랑과 욕망이 뒤엉킨 도시의 정글과 '가시밭' 길을 매순간 헤쳐 가는 삶에서 욕망을 사랑으로 끌어올리는 희망을 담보할 수 있다고 외친다.

프랑스혁명과 4·19혁명을 포함해 인류가 겪은 모든 혁명에서 그는 혁명이 결코 단번에 성취될 수 없으며, 혁명의 시초를 배반하는 숱한 반혁명을 통해 혁명은 단련된다고 했다. 그는 역사를 바꾸는 힘을 '사랑의 변주곡'으로 봤다. "난로 위에 끓어오르는 물이 아슬아슬하게 넘지 않는 것처럼", 혁명 후에도 '열렬한 사랑의 열도'를 내면화할 줄 아는

'사랑의 기술'이 필요하다고 그는 이 시에서 드러냈다.

　그리하여 마침내 존재의 뿌리까지 뒤흔드는 온갖 시련까지 고스란히 견뎌 내고 난 뒤의 '고요한 사랑'이야말로 폭풍에 쓰러지면서도 폭풍을 일으킬 수 있으며, 사랑의 '고요한 단단함'을 알 때까지 성숙해야 한다고 힘찬 목소리를 내뿜는다. 〈사랑의 변주곡〉에서 마지막 행은 우리 현대시의 가장 도취적이고 환상적이며 장엄한 행복의 약속을 보여 주는 잔치다운 대목 가운데 하나로 평가받았다.

　아들아 너에게 광신을 가르치기 위한 것이 아니다 / 사랑을 알 때까지 자라라 / 인류의 종언의 날에 / 너의 술을 다 마시고 난 날에 / 미대륙의 석유가 고갈되는 날에 / 그렇게 먼 날까지 가기 전에 너의 가슴에 / 새겨둘 말을 너는 도시의 피로에서 / 배울 거다 / 이 단단한 고요함을 배울 거다 / 복사씨가 사랑으로 만들어진 것이 아닌가 하고 / 의심할 거다! / 복사씨와 살구씨가 / 한번은 이렇게 / 사랑에 미쳐 날뛸 날이 올 거다! / 그리고 그것은 아버지 같은 잘못된 시간의 / 그릇된 명상이 아닐 거다

　번역의 대가로 받은 싸구려 원고료, 6부 이자로 빌려온 돈, 헌책방에서 사 온 책, 술, 라디오, 메밀국수, 양계, 『VOGUE』 잡지 등 생활의 세목細目을 자주 도입하던 김수영은 이제 '인류의 종언의 날'이 암시하는 까마득한 시간,

'미 대륙'으로 환기되는 공간적 거리까지 그의 시작의 세계를 거칠 것 없이 펼쳐 나갔다.

1968년에 발표한 〈풀〉은 김수영 최후의 작품이며 드물게도 단시短 詩 형식을 띠고 있다. 흔히 '김수영 문학의 극점'이며 '행복한 시간의 우 연'으로 평가되는 이 작품은 절제와 함축의 묘미가 탁월하게 직조織組 된, 그의 시에서 좀처럼 보기 드문 작품으로 평가된다. 〈풀〉을 둘러싸고 는 단순한 자연적 현상을 대상으로 했다고 보는가 하면, 뿌리 뽑혀진 존 재, 정치사회적 알레고리로 보는 관점에 이르기까지 무수한 해석이 있 어 왔다. 그런 중에서 이 시에는 마치 동요와도 같은 소리의 울림과 더 불어 무궁무진한 '의미의 울림'이 담겨 있다. '풀'과도 같은 민중의 삶에 대한 생각은 이 시에서 결코 군더더기가 아니다.

여기서 김수영의 산문을 언급하지 않고 넘어갈 수 없다. 김수영의 식을 줄 모르는 싱싱한 젊음과 자유에 대한 간구 그리고 진실에 대한 갈 증은 일체의 우회와 곡사曲事를 거부하는 직선적 산문에서 진짜 모습을 드러낸다. 김수영은 대중할 수 없는 무책임한 글이나 거짓말이나 흐리 터분한 말은 일체 하지 말라고 동료 시인이나 지인들에게 강조했다. 김 수영의 산문은 이상李箱 이래의 일품이며, 상쾌한 정신의 환기 장치였 다. 그의 산문은 그의 시와 더불어 꼭 있어야 할 '시간과 공간의 필연'을 나누어 가지고 있었다.

김수영이 남긴 산문은 일기, 미완성 소설 한 편(〈의용군〉), 시작詩作 노트, 서간문, 시의 월평과 서평, 그리고 에세이 등이다. 김수영의 명쾌 한 회화조 산문은 1950년대에는 사적인 수준에 머물렀으나, 1960년대 에 들어 '세계의 개진開陳'으로서 산문으로 진전한다. 4 · 19에서 5 · 16

까지의 산문들에서 그는 급진적 자유주의와 시적 감수성으로서의 정치를 주제로 다루고 있다. 가령 라이트 밀즈의 '들어라 양키들아'를 통해 그는 혁명의 당위적 방향을 가늠하는가 하면, 1961년에 쓴 〈시의 뉴프런티어〉에서 "알맹이는 다 이북 가고 여기 남은 것은 다 찌꺼기뿐이냐"라고 탄식했다.

1960년대의 산문들에서는 이 글의 처음에 언급된 이어령과의 논쟁 같이 '불온할 자유'를 옹호하고 나섰는가 하면, 〈제 정신을 가지고 사는 사람은 없는가〉(『청맥』 1966년 5월호)에서는 "4·19를 공휴일로 지정하지 못하고, 통행금지가 해제되지 않고, 월남 파병을 반대하지 못하고, 노동조합이 질식하고, 언론 자유가 없는" 현실을 개탄하면서, 1960년대 한국사회에 미만했던 정의·자유·평화 정신의 후진성과 인류 문명에 대한 안이한 도피 등을 통렬하게 비판한다. 《시여 침을 뱉어라》는 온몸으로 온몸을 밀고 나가고자 했던 김수영만의 삿대질이었다. 한마디로 김수영의 산문은 1950, 1960년대의 현실 속에서 세계사적 동시성을 추구했던 변혁적 지식인이 당대를 향해 내리꽂은 가장 웅변적인 선언이었다.

풀이 눕는다
바람보다 더 빨리

신동문은 김수영을 목소리가 다듬어지지 않은 성서의 요한과 같다고 보았다. 신동엽은 김수영의 죽음은 이 민족의 '가슴 아픈 손실'이라고 슬퍼했다. "30대에 맞은 김소월의 죽음보다 40대 후반에 당한 김수영의 죽음을 더욱 요절로 느끼게 하는 것은 거푸 태어날 수 있던 그의 젊음 때문"이라며 유종호는 아까워했다.

김수영 시인이 세상을 떠난 지 40년 되는 해, 『창작과 비평』은 여름호에 그의 서랍 속에 묻혀 있던 '불온한' 시와 일기 여러 편을 찾아 발표했고 언론의 주목을 받았다. 염무웅은 이들 작품을 통해 김수영은 "시인의 내부에서 작동하는 자기검열의 메커니즘에 도전"했고, 김수영 자신의 말을 빌리자면 자아의 확장과 사회적 해방을 한 몸 안에 통합한 '자유의 이행履行' 바로 그것을 이루려고 했다.

김수영은 분명 하나의 도전이었다. 인물이건 작품이건 어떤 문학사적 사실이 후세 사람들의 삶과 의식에 끊임없이 회자되고 새롭게 다가온다면, 그것은 오늘에도 분명 '살아 있는' 것이다. 김수영은 문학사적으로 뿐만 아니라 한국 인문학과 지식사회 전반에 걸쳐 함석헌 · 김지하 등과 함께 해방 후 가장 큰 영향을 미친 인물로 이미 평가받았다. 그의 속도감 있는 참여의 궤적은 문학사에서의 긴장감은 물론, 당대와 후대 지식인들의 정신세계에도 하나의 변곡점이었다. 또 〈사랑의 변주곡〉에 등장하는 '인류의 종언의 날에'나 '미 대륙에서 석유가 고갈되는 날에' 같은 구절은 오늘의 인류가 당면한 한계상황을 묵시록적 서사로 예지한 것 같은 느낌마저 든다.

순수와 참여, 첨단과 '정지', 해탈과 풍자 사이의 간극과 모더니즘과 리얼리즘, 혹은 시의 예술성과 사회성을 변증법적으로, 또는 '무의미'로 '의미'를 뛰어넘으려 한 김수영은 지금 서울 도봉산 자락 그의 시비詩碑에 '풀'처럼 그렇게 누워 있다.

풀이 눕는다 / 비를 몰아오는 동풍에 나부껴 / 풀은 눕고 드디어 울었다/ 날이 흐려져 더 울다가 / 다시 누웠다

풀이 눕는다 바람보다도 더 빨리 눕는다 / 바람보다도 더 빨리 울고 바람보다 먼저 일어난다

날이 흐리고 풀이 눕는다 / 발목까지 / 발밑까지 눕는다 / 바람보다 늦게 누워도 / 바람보다 먼저 일어나고 / 바람보다 늦게 울어도 / 바람보다 먼저 웃는다 / 날이 흐리고 풀뿌리가 눕는다

04

현재진행형
민중
사건의
신학화

04

안병무(1922~1996)

전태일이
살아났다

1970년 11월 13일 청계천 5가에서 피복 노동자로 일하던 전태일이 분신자살했다. 전태일은 미싱 일을 하던 여공이 과로와 열악한 노동조건 속에서 폐병으로 피를 토하며 쓰러진 채 해고되는 등 '노동 지옥'의 상황 속에서, 이들의 고통스런 현실을 각계각층에 호소했다. 그러나 폭압적 근대화와 돌진적 성장 신화에 매몰되어 있던 당시, 어느 누구도 전태일의 몸부림에 귀를 기울이지 않았다. 전태일은 "우리는 기계가 아니다"라는 플래카드를 들고 가두시위를 벌이다 마침내 자신의 몸을 불살랐다. "내 죽음을 헛되이 하지 말라." 그가 죽어 가면서 울부짖은 마지막 말이다. 분신에 이르기까지 스물두 살의 한 청년이 겪은 고통스런 내면의 기록은 자신을 죽임으로써 이웃을 살리고자 한 거룩한 희생에 이르는 길이었다.

　세상은 이 사건을 접하고 깜짝 놀랐다. 그때까지 까마득히 잊혔던 노동자들의 참혹한 현실을 대하고 쇠망치로 뒤통수를 두들겨맞는 충격에 사로잡혔다. 민주화와 함께 민중 생존권 문제가 본격적으로 시대의 당면 과제로 떠올랐다. 기독교인들, 특히 진보적인 신학 입장에 서 있던 이들 가운데서 민중의 고난에 한국 기독교는 과연 무엇을 했는지에 대한 뼈아픈 자책과 반성이 일었다.

안병무는 기독교인의 한 사람으로서, 신학자의 입장에서 심각한 고뇌에 빠졌다. 그는 전태일 분신 사건을 씹고 또 씹은 끝에, 전태일의 자기희생은 타자를 구원하는 민중적 메시아의 또 다른 모습이라는 깨달음에 이르렀다. 예수의 십자가 처형이 2000년 전에 일어난 일회적 사건이 아니라, 지금도 고난 가운에 있는 한국 민중의 역사 현장에서 계속되고 있다고 본 것이다. 안병무는 미발표 설교집인 《전태일 이야기와 부활》에서 이렇게 썼다.

1970년 한 무명의 어린 노동자가 평화시장 앞거리에서 대낮에 자기 몸에 휘발유를 부어 불을 그었습니다. 누구도 알지 못하는, 겨우 소년기를 벗은 젊은 사람, 그 어린 손으로 큰 교회들의 문을 두드리고, 정부와 노동부(주: 1981년 설립) 등 여러 곳의 문을 두드려 보았지만, 아무 반응도 없었습니다. …… 그래서 선택한 것이 분신이었습니다. …… 그 분신과 함께 전태일이라는 청년은 갑자기 거인처럼 민중들 사이에 살아난 것입니다. …… 그 해와 다음 해를 비교해 보면, 노동자들이 자기권리를 찾자는 자주적인 운동이 10배, 20배, 30배로 증가했습니다. 전태일이 어떻게 살았나, 하늘에 갔는지, 땅에 갔는지, 그건 모릅니다. …… 분명한 것은 사람들에게 이야기에서 이야기로 전해지는 동안 뜻밖에도 전태일이 살아났다는 것입니다.

미국에서 전태일의 분신 소식을 들은 함석헌은 "태일아! 내가 너를 죽였구나" 하고 밤새 목 놓아 울었다. 이보다 앞서 1970년 4월 함석헌은 『씨올의 소리』를 창간, 『사상계』에 기고할 때 쓰던 '민중'이란 한자 대신 '씨올'이란 말을 찾아냈다. 함석헌은 씨올이 역사와 민중의 주체요, 동시에 우주의 중심이라고 생각했다. 그는 예수를 '참된 씨올', 곧 '옹근 씨올'로 보았고, 인류를 구원하는 '현존의 그리스도'를 씨올에서 발견해야 한다고 주장했다. 씨올과 예수 그리스도를 동일시하고 씨올을 역사와 민중의 주체로 본 함석헌의 '씨올사상'은 안병무의 신학사상 형성에 큰 영향을 끼쳤다(김성수,《함석헌 평전》, 삼인, 2001).

'씨올사상'과
'금관의 예수'

1971년 원주에서는 가톨릭 문화운동과 민족문화운동을 화이부동和而不同 차원에서 융합하려는 새로운 문화운동이 싹텄다. 그 중심에 김지하가 있었다. 김지하는 가톨릭의 진보적 사상과 남미의 해방신학, 개신교의 민중신학적 맹아를 일찌감치 예감했다. 강원도 탄광 지역에 피신해 있던 김지하는 그 무렵 〈금관의 예수〉란 희곡 한 편을 썼다.

김지하는 이 희곡에서 거지·창녀·문둥이·술주정뱅이처럼 사회 밑바닥 인생들이 예수의 머리에서 금칠한 장식을 벗겨냄으로써 예수를 본래 모습으로 되살려냈다. 로마제국과 예루살렘으로 상징되는 권력화된 기독교 계층에 의해 콘크리트에 갇혀 있던 예수가 '가시관을 쓴 예

수', 정치범으로 십자가형에 처형된 예수로 전위轉位된다. 예수의 고상
苦像의 웅변에 성직자·수녀·신자들이 흐느껴 우는 등 〈금관의 예수〉
는 기독교계에 큰 파문을 일으켰다. 주제 음악인 〈주여, 이제는 여기에〉
는 김지하의 가사에 김민기가 곡을 붙여 유명해진 노래로, 양희은이 음
반으로 발매해 널리 퍼졌다.

> 얼어붙은 저 하늘 얼어붙은 저 벌판 / 태양도 빛을 잃어 아 캄캄한 저
> 가난의 거리 / 어디에서 왔나 얼굴 여윈 사람들 / 무얼 찾아 헤매이나
> 저 눈 저 메마른 손길

　헤겔은 《법철학》 서문에서 학문은 대낮에 일어난 일을 추사追思해
밤에 정리하는 것이라면서 "미네르바의 부엉이는 황혼이 짙어지자 날
기 시작한다"는 유명한 말을 남겼다. 이 말에 비추어 보면 함석헌의 씨
올사상, 전태일의 분신, 김지하의 〈금관의 예수〉 등은 민중신학이 싹트
기 바로 전에 일어난 사건과 사상이었다.
　1970년대 경제성장에서 주요 동력이던 노동자를 비롯한 농민·도
시 빈민들은 성장과 분배 과정에서 철저하게 소외당하고 배제된 근대
화의 타자他者였다. 한국교회는 그때까지 사회적 모순과 민중의 생존권
문제 등에 등을 돌린 채 개인의 영혼 구원을 선교 목표의 전부로 삼고
있었다. 전태일사건으로 기득권적 세계에 파묻혀 있던 한국교회는 비로
소 오랜 잠에서 깨어났다. 안병무를 비롯한 서남동·현영학·서광선·
문동환·김용복·한완상·허병섭 등이 민중 현실의 '중심에서' 새로운
신학, 실천적 신학의 길을 모색했다.

민중신학은 성서의 민중 이야기가 1970년대 한국의 민중사건과 합류해서 나타나게 된 한국적인 신학 이론이다. 민중신학은 한국 민중의 부르짖음에 대한 신학적 메아리였다. 민중신학에 따르면 현실에서 만나는 민중의 고난에 동참하는 것이 메시아를 만나는 행위며, 민중과의 연대적 실천을 통해 메시아의 은총을 체험할 수 있다는 것이다. 안병무는 민중신학의 태동 배경에 대해 〈민중신학의 회고와 전망〉에서 이렇게 기술했다.

> 민중신학은 서재에서 나온 사변이 아니고, 한국의 정치현장에서 형성된 역사적 산물이요, 신학적인 귀결이다. 구체적으로는 군사정권이 수립된 이래 그들의 탄압 밑에서 그 정체를 드러낸 민중과의 만남과, 그들의 고난에 어떠한 형태로든 참여한 결과가 민중신학을 낳았다.

'향린원'과 『야성』

안병무는 태어날 때부터 민족적 · 민중적 고난의 현장에 있었다. 1922년 평남 안주군에서 태어났지만 성장한 곳은 만주 간도였다. 일제강점기라는 엄혹한 시대적 조건에서 만주 땅으로 유랑하던 조선 민중의 삶을 가로지른 것이다. 당시 조선 민중의 삶은 예수 시대 팔레스타인의 갈릴래아(갈릴리Galilee) 지역을 떠돌아다니던 유대 민족의 삶과 흡사했을 것이다. 갈릴래아는 예수 당시 비천한 땅이었다. 그곳에 살던 주민들은 농노·소작인·소농들이 절대다수를 차지했다. 예수의 갈릴리 선교는 곧 민중 선교의 성격이 짙었다(안병무, 《갈릴래아의 예수》, 한국신학연구소, 1990).

간도 용정의 은진중학 시절 안병무는 시인 윤동주와 문익환·문동환·강원룡 등을 만났으며, 훗날 한국기독교장로회를 설립한 김재준은 한때 은진중학에서 교편을 잡기도 했다. 이 시절을 통해 안병무는 조선 민중의 민족의식 고취에 교회만한 터전이 없다는 사실을 깨닫고, 교회를 중심으로 야학교와 주일학교를 세워 민족계몽운동에 나섰다. 그는 이때 이집트 땅에서 종살이하던 이스라엘 민족이 어떻게 이집트에서 탈출했는지를 담고 있는 〈출애굽기〉를 어느 성서보다 열심히 읽었다. 조선 민족의 독립과 해방에 대한 불타는 의지에서였다.

1940년 은진중학을 졸업한 그는 간도에서 해방을 맞았다. 1946년

안병무는 서울대 사회학과에 입학, 부전공으로 종교학을 선택했다. 이 시절 그는 기독학생총연합회를 창립, 초대 회장을 맡았다. 또 안병무는 기독교 신앙 공동체 조직으로 '일신회'를 결성했으나 6·25전쟁으로 계획은 무산되었다. 그러나 안병무는 전쟁 중에도 일신회 재건을 위해 백방으로 노력, 결국 결실을 거두었다. 일신회는 좌우 이데올로기를 초

월한 제3의 기독교 신앙운동을 표방했다.

1951년 11월 안병무는 2000년 전 광야에서 외치던 세례자 요한의 삶을 본떠 『야성野聲』이란 잡지를 펴냈다. 『야성』에서 안병무는 예수를 팔아 생활 방편으로 삼고 있던 한국의 '삯꾼 목사'들과 교회 자체의 기회주의적이며 순응주의적인 자세에 대해 신랄하게 공격을 퍼부었다.

전쟁이 끝난 1953년 그는 서울로 올라와 남산 약수터 아래에서 '향린원香隣院'이라는 평신도 신앙 공동체를 결성했다. 재산을 공동소유하며 필요에 따라 분배하는 무소유적 삶의 형태를 꿈꾸던 이 신앙 공동체는 그러나 결혼과 가족 중심이라는 사회제도의 틀을 벗어날 수 없어 평신도 중심의 일상적 교회로 머무르게 되었다. 자본주의 사회에서 사적 소유와 개인주의를 포기하는 것은 처음부터 실현 불가능한 환상이었다. 서울 명동에 자리잡은 향린교회의 전신이 바로 안병무가 세운 이 향린원이었다.

안병무는 향린교회를 가리켜 "본래 호랑이를 그리려 했는데, 그만 고양이를 그리고 말았다"며 아쉬워했다. 안병무 자신은 혼자 살다가 46세에야 결혼했다. 부인은 YWCA 총무를 맡고 있던 박영숙이었다. 안병무는 주위 사람들에게 그의 결혼에 대해 "46세에 늦장가를 가니 하나 좋은 점은 있더라"고 했다. "감옥 갔을 때 면회 올 사람이 있는 것"이라고 농담 삼아 말한 것이다.

1956년 안병무는 개혁신학의 본고장인 독일의 하이델베르크대학으로 유학을 떠났다. 독일에 도착한 그는 먼저 덴마크에 있는 키르케고르의 묘소를 둘러봤다. 유학을 통해 그는 키르케고르와 하이데거의 실존주의 철학에 몰두하는 한편, 신학의 새로운 장을 개척한 불트만Rudolf

Bultmann의 실존주의 신학에 깊은 관심을 가졌다. 실존주의 신학은 그 후에도 안병무 신학의 아우라였다.

안병무는 사도 바울의 실존을 과거 속의 자기와 미래 속의 자기라는 두 지평에서 이해, 과거를 버리고 미래를 향해 나아가려고 한 것으로 해석했다. 바울에게 '현존'은 과거의 소유를 버리고 새롭게 얻으려는 미래의 틈새에 있는 무엇이다. 과거에서 탈출하고 미래를 향해 나아가는 '탈존脫存'과 '향존向存', 그리고 '이미already'와 '아직 아니yet not' 사이의 존재가 바로 '현존'인 것이다.

과거의 소유에 얽매이지 않고 그리스도를 향해 달리는 '도상途上의 존재'에서 안병무는 신앙인의 참모습을 보았다(안병무,《성서적 실존》, 한국 신학연구소, 1982). 그는〈창세기〉에 나오는 아담의 타락 이야기에서 모든 인간이 경험하는 실존적 삶을 보았고,〈출애굽기〉를 통해 유목민들의 탈향적脫向的 삶의 전형을 읽어냈다.

복음서에서 단편적으로 읽을 수 있는 예수의 삶에서 안병무는 고독한 실존자의 모습을 발견한다. 예수는 하루 종일 군중에게 둘러싸여 있다가 날이 저물자 무리를 해산시킨 다음 산으로 올라가 홀로 지냈다. 예수는 틈만 나면 인적을 피해 산으로 올라가 홀로 지냈다. 홀로 있음은 기도를 위해서였으며, 텅 빈 나를 직시하면서 자신과의 관계로 돌아가는 것이었다.

불트만은 교리주의적이며 관념론적 성서 해석에 맞서 역사 비평적 방법을 통해 성서를 해석했다. 불트만은 성서를 신앙 교리로 받아들이는 대신, 초대 기독교 신자들의 신앙 고백서로 보았다. 초대 기독교인들의 '실존에 관한 물음'이 예수라는 한 인물에게 투영되었다는 것이다.

불트만은 인간과의 관계성 속에서 현존하는 하느님을 내세워 "신학은 인간학이다"라는 선언을 하기에 이르렀다.

국민의 영토

안병무는 불트만에게서 많은 것을 얻었지만, 복음서 속 역사적 예수의 발자취를 탐색하는 작업의 소홀함에 대해서는 비판적인 입장을 견지했다. 특히 안병무는 불트만 신학의 결정적 한계는 불트만이 역사적 예수 사건보다 초대 기독교인들의 예수에 대한 부활 신앙을 더 우위에 둔 데 있다고 보았다. 안병무가 보기에 초대 기독교인들의 신앙 고백사건 이전에 예수의 민중사건이 있었다. 중요한 것은 이 민중사건이었다.

1965년 안병무는 신학박사 학위를 받고 10여 년 동안의 독일 유학 생활을 끝냈다. 2년 뒤인 1967년 '동베를린사건'이 터졌다. 안병무는 오로지 독일에서 유학했다는 이유만으로 중앙정보부에 끌려가 갖은 수모와 고생을 겪었다. 1969년 그는 중앙신학교 교장으로 있으면서 김재준·함석헌·장준하 등과 함께 박정희 정권의 3선 개헌 반대 범국민운동에 앞장섰다. 1969년에는 『현존』이란 월간 신학지를 발간, 한국교회의 개혁을 위해 새로운 신학운동을 전개했다. 1970년 안병무는 한국신학대학으로 자리를 옮겼다. 한신대 재직 중 전태일 사건이 일어났다. 안병무의 삶과 신학의 지형이 실존주의에서 민중신학으로 방향을 180도 바꾸는 계기가 된 사건이다.

1973년 11월 박정희 정권은 민주 회복을 위해 반정부운동에 가담한 학생들을 제적하지 않으면 한신대 교수들을 해임하겠다고 협박했다. 김정준 학장은 예배설교 도중 강단에 있던 교기校旗를 면도칼로 찢으면서 거세게 분노했다. 안병무와 교수·학생들은 삭발한 채 40일 동안 릴레이 기도회를 열었다. 민주화와 인간 회복을 위한 운동이었다. 때마침 흰 고무신에 흰 두루마기를 펄럭이며《논어》를 강의하러 왔던 함석헌도 삭발에 동참했다.

마르크스는 기독교를 "눈물의 골짜기인 이승에 대한 성스러운 가상"으로 보고, 이를 '민중의 아편'이라고 비판했다. 카우츠키는 예수를 프롤레타리아 해방을 위한 지도자로, 슈바이처는 철저한 종말사상가로 그렸다. 각자의 철학적 입장이나 시대적 상황에 따라 예수와 기독교에 대한 해석을 달리한 것이다.

안병무는 서구의 정통신학이 한국을 비롯한 제3세계 민중들에게 아무런 해답을 줄 수 없다고 생각했다. 정통신학은 그리스도를 세상 위에 군림하는 왕으로 고백하거나(신정통주의 신학), 성서를 해석할 때 신앙보다 인간 이성의 합리성에 더 무게중심을 두어 기독교가 공공성을 상실한 채 '개인의 사사로운 종교'(자유주의 신학)가 되어 버렸다고 비판했다.

전태일사건 이후 안병무는 한신대 학생들과 함께 소외된 민중들의 삶의 현장을 체험하는 현장 프로그램을 마련해, 그 일에 남다른 애정과 관심을 기울였다. 그는 틈이 나는 대로 청계천의 영세 피복 공장, 서울역 부근의 집창촌, 월곡동 달동네, 성남의 빈민촌, 인천과 안양·부평 등지의 공장노동자들을 찾았다.

주민등록이 말소된 채 '국민의 영토' 바깥으로 퇴출당한 이들의 뿌리 뽑힌 삶을 찾는 가운데, 안병무는 성서에 등장하는 예수의 민중들을 새롭게 만났다. 그들과의 만남을 통해서 그는 고난받는 '민중의 눈'으로 성서를 전혀 새로운 시각에서 읽기 시작했다. 그는 이를 두고 "민중이 내 눈을 뜨게 해 주었다"고 고백했다(안병무, 《역사 앞에 민중과 더불어》, 한길사, 1986).

〈마가복음〉에서는 예수를 둘러싼 '무리'를 '오클로스ochlos'라고 부른다. 오클로스는 유대 사회의 변두리로 밀려난 가난한 사람, 날품팔이, 실업자, 세리, 죄인, 병자, 불구자, 맹인, 창녀, 귀신 씌워져 고통받는 사람, 눌린 자, 포로된 사람들 등 슬퍼하고 통곡하고 박해받는 사람들이다. 예수는 이들 오클로스(민중)를 목자 없는 양처럼 불쌍히 여기며 이들을 "내 어머니와 형제자매"라고 선포했다('민족 · 민중 · 교회', 『기독교사상』, 1975년 4월호).

몰트만과 벌인
신학논쟁

1970년대에 들어오기까지 한국 신학계는 학문적 기반이 취약했고 세계 신학계와의 교류도 영성寥星했다. 안병무는 불트만을 이은 보른캄의 제자였다. 안병무와 함께 수학한 페르디난트 한 교수의 재정 지원과 신학적 뒷받침을 받아 1973년 안병무는 한국신학연구소를 설립했다. 여기에서 계간 『신학사상』을 펴냈으며, 외국의 신학 서적을 번역 · 출간해 세계 신학의 흐름을 국내에 소개했다. 신학과 사회과학과의 소통을 통해 신학의 인식 영역을 확장했으며, 신학의 대중화에도 앞장섰다. 특히 연구소에서 출간한 '국제성서 주석' 시리즈는 서구 신학을 한국에 소개하는 데 결정적인 역할을 했다.

몰트만Jurgen Moltmann은 1975년 《희망의 신학》을 발표, 세계적 명성을 떨친 신학자다. 몰트만은 독재 체제 아래서 민중의 편에 서서 민주 회복과 인권을 위해 고투하고 있던 한국교회의 민중 선교에 깊은 관심을 보인 인물이다. 그는 당시 민중신학을 주도하던 서남동 · 현영학 · 김용복 등과 교류하면서 민중신학적 논문들을 독일어로 번역, 세계 신학계에 소개하기도 했다.

몰트만은 연세대의 초청으로 한국을 방문했을 때 한신대에서 '민중의 희망 속에 있는 한국교회'라는 제목으로 강연했다. 몰트만은 이 강연에서 전태일사건을 비롯한 한국 민중의 고난과 희망을 예수의 십자가와 부활의 빛으로 해석, 청중들에게 깊은 감명을 주었다. 안병무는 강연이 끝난 후 몰트만과 첫 대면을 했다. 몰트만은 뒷날 안병무와의 만남을 이렇게 회고했다.

> 안병무 교수와 나는 빠른 시일 내에 서로를 깊이 이해하게 되었다. 그 후로 한국을 방문할 때마다 나는 그를 찾아 갔다. 귄터 바움과 함께 나는 1984년에 한국 민중신학자들의 논문들을 모아서 《민중, 한국에 있는 하나님의 백성의 신학》이란 책을 편집하여 (독일어로) 출판하였다.
> – 심원 안병무 선생 기념사업위원회 편, 《갈릴래아의 예수와 안병무》, 한국신학연구소, 1998.

몰트만은 안병무가 〈마가복음〉에서 '오클로스'를 발견, 민중을 신학의 주요 과제 가운데 하나로 떠올린 점을 높이 평가했다. 해방신학에 관심이 컸던 몰트만은 민중신학과 해방신학 사이에서 유사점을 발견, 민중신학을 남미 해방신학의 지점에서 재해석하기도 했다. 그러나 안병무의 민중 구원에 대해서는 이의를 제기했다. 민중 구원론이 자칫 민중을 우상화할 수 있음을 경계, "민중의 구원은 하나님의 선택적 사항이지, 결코 민중 자신의 선택 사항이 아니다"라고 했다.

몰트만의 이러한 주장에는 '외계인 그리스도' 사상이 전제되어 있었는지 모른다. 마치 우주의 어느 혹성에서 온 외계인이 인간을 구원하듯이, 민중을 구원할 분이 외부로부터 와야 한다는 생각이다. 이에 대해 안병무는 예수와 민중을 분리해서 보아서는 안 된다고 했다. 그는 예수 자신의 삶이 곧 민중의 고난과 해방의 삶이라고 주장했다. 민중 구원론에서 민중은 단순히 수동적이고 무력한 구원의 대상이 아니다. 민중들 또한 예수와 함께 역동적 구원의 주체가 될 수 있다. 몰트만은 혹시 안병무의 민중 구원론에 자율성과 타율성의 변증법적 통일성이 내재되어 있음을 간과했던 것이 아닐까.

안병무 자신은 민중의 개념 규정에 대해 입을 연 적이 없었다. 그에게 중요한 것은 '사건'이었다. 그 사건은 '수직적인 것과 수평적인 것의 교차'와 같은 '마주침'이었다. 특별한 어떤 시간과 공간 속에서의 찰나적 '만남'은 섬광과 같이 찾아왔다.

유언비어 예수사건

민중신학이라는 개념을 학문적으로 제기한 사람 가운데 서남동이 있었다. 서남동의 별명은 '신학의 안테나'였다. 그가 세계 신학계의 동향을 소개하는 데 남다른 열정을 보였다는 데서 붙여진 이름이다. 1960년대 이후 서남동은 본회퍼Dietrich Bonhoeffer · 불트만 · 테야르 드 샤르댕Pierre Teilhard de Chardin · 몰트만 · 판넨베르크Wolfhart Pannenberg 등 서구의 진보적인 신학자의 사상을 국내에 알리는 데 큰 역할을 했다.

서남동은 기독교의 민중 이야기와 한국 역사의 민중 이야기가 1970년대의 민중사건에서 합류한다는 상상력 속에서 전태일사건과 김지하의 옥중 구상인 '장일담'을 떠올린다. '장일담'은 1974년 민청학련 사건으로 사형선고를 받은 김지하가 옥중에서 구상한 극작으로, 이 작품을 통해 김지하는 민중과 종교의 혁명적 통일을 형상화했다.

장일담은 백정 아비와 성매매 여성 어미에게서 태어난 도둑으로, 어느 날 깨달은 바 있어 의적이 되고 혁명을 꾀한다. 그러나 결국 반공법 · 국가보안법 · 내란죄로 목이 잘린다. 장일담은 죽은 지 사흘 만에 부활, 억압받는 사람들의 구세주가 된다. 김지하에게서 발신된 이 민중사건의 메시아성性은 서남동에게 깊은 공명을 일으켰다.

1975년 대학교의 봄 학기는 학생들의 반정부 시위로 시작되었다. 그해 6월 안병무는 문동환과 함께 독재 타도, 민주화와 인권 회복을 위한 한신대 학생운동의 배후 조종자로 몰려 해직되었다. 이들 외에 서울대 한완상, 연세대 김찬국 · 서남동, 고려대 이문영, 이화여대 현영학 교수 등이 해직되었다. 교수직을 박탈당한 안병무는 '거리의 신학자'로 민중에게 한걸음 더 다가갔고, 해직 교수들과 함께 갈릴리교회를 세웠다. 갈릴리교회는 갈릴래아의 이름을 딴 것으로, 이 교회를 통해 신자들은 소위 '유비통신(유언비어로 퍼진 소식)'을 공유했다.

안병무의 대표적인 논문 가운데 하나인 〈예수사건의 전승모체〉(『신학사상』 1984년 겨울호)는 바로 예수의 십자가 처형사건이 2000년이 지난 오늘에도 민중 현상으로 나타나고 있음을 보여 주고 있다. 안병무는 이 논문에서 예수사건의 전승 양식이 유언비어를 통해 이루어졌다고 주장했다. 그는 경험의 유사성에서 기억의 유사성을 찾아 냈다. 안병무에 따르면 예수 처형 사실의 유포를 로마 식민지 지배 세력들은 '포고령'을 내려 금제시켰고, 〈마가복음〉의 오클로스들은 은밀하게 쑥덕이며 예수 처형 사실을 입에서 입으로 전해 그들이 본 예수와 그의 처형에 대한 이야기를 나누었다.

〈마가복음〉은 안병무가 보기에 오클로스가 기억해 낸 사실이 토대가 된 텍스트였다. 따라서 안병무는 예수를 역사적으로 연구하는 일은 예수 개인이 누구였는지 밝히는 데 있는 것이 아니라, 예수와 그 주변의 민중이 일으킨 사건이 과연 무엇인지를 규명하는 일이라고 주장했다. 사건을 통한 예수 이해는 역사적으로 가능하며, 이런 역사적 가능성 위에 안병무의 민중신학이 기반을 두고 있다.

종래까지 서구의 어떤 신학적 담론에서도 찾아볼 수 없는 독창적이고도 자생적인 신학 이론이 이렇게 해서 생성되었다. 신학적으로는 가히 전복적인 이론이었다. 하이데거는 언어를 '존재의 집'이라고 했다. 안병무는 성서에서 '민중'을 찾아 그들에게 '존재의 집'을 마련해 주었다. 그들은 '민중'으로 불림으로서 비로소 '꽃'이 될 수 있었다.

민중신학은
'사건의 신학'

민중들의 비공식적인 대화 나눔이나 귓속말을 유언비어로 볼 때, 이런 유언비어는 민중들의 동선을 따라 전파되었을 것이다. 한 사람이 기억을 말하면 다른 이가 이에 동조하거나 상반된 기억을 떠올리기도 했을 것이다. 얼마 되지 않아 그들의 이야기는 하나의 다듬어진 이야기 구조를 가지고 전개되었을 것이다. 이렇게 해서 형성된 서사는 집단적인 기억이 되며, 한 편의 예수 이야기 유형을 만들어 내면서 전승되어 갔을 것이다.

여기서 간과해서는 안 되는 것은 민중의 예수사건 이야기 전기 작가의 사실적인 묘사나 보고서 같은 것이 아니라, 이야기 속에 전달자의 절망과 꿈이 함께 담겨 있다는 점이다. 따라서 '예수 그리스도의 복음'은 '예수와 민중이 더불어 나눈 복음'이었다. 그 복음을 전파한 사람도 '예수와 민중'이었다.

마셜 매클루언Herbert Marshall McLuhan이 말했듯이 "미디어는 메시지다." 안병무는 예수사건의 전승모체로서 민중의 유언비어에 대해 상상력을 발동, 그것을 중심으로 해서 최초로 복음서를 펴낸 사람이 마르코(마가)라고 보았다. 안병무는 마르코에 인해 추상적인 복음 말씀의 배후에 은폐되어 있던 예수사건의 진실이 밝혀질 수 있다고 주장, 서구의 정통적인 신학체계를 뒤집는 대담한 도전적 선언을 했다.

안병무에게 민중신학은 이제 '사건의 신학'이 되었다. "태초에 말씀이 있었다"는 "태초에 사건이 있었다"로 전회되었다. "하나님은 사건으로 말씀하신다." 이것이 '하나님의 선교'이면서 '민중신학의 기초'라고 안병무는 종래의 신학에 대해 전혀 새로운 패러다임을 내놓았다. 급진적이고 혁명적인 선언이었다(안병무, 《민중과 성서》, 한길사, 1993).

> 민중신학이 탄생한 것은 물론 유신체제 하에서였고, 민중신학을 말하려고 하면 유신체제 하에서의 한국민중의 상황을 얘기하지 않으면 안되지요. 그렇지만 민중에 대한 가슴에 사무친 생각은 일제강점기로, 저 간도에서의 체험으로 거슬러 올라갑니다.……민중에 대한 나 자신의 관심은 그러한 뿌리를 가진 것이었고, 그것이 바로 1970년대 유신체제 하에서 신학적으로 개화한 것이라고나 할까요?
> ― 안병무, 《민중신학을 말한다》, 한길사, 1993

그런데 안병무에게 중요한 것은 민중이 누구냐 하는 것이 아니라 민중을 어떻게 만나느냐 하는 것이었다. '마주침'이 중요했다. 민중은 관조의 대상일 수 없다. 민중은 구경꾼에게는 가려져 있다. 민중은 민중 사건에 참여할 때만 비로소 그 실상을 보여 준다. 안병무는 전태일도, 김상진도 '누구냐' 혹은 '무엇이냐'고 묻지 말고 "보라!"고 할 뿐이다. "불타는 저들을, 저 몸을 보라!" 할 뿐이다(안병무, 《역사와 민중》, 한길사, 1993).

1978년 '역사 앞에 민중과 더불어'라는 글에서 안병무는 '어떻게 살 것인가'라는 물음으로 자신의 삶과 신앙, 그리고 과제를 고백적으로 기술했다.

'어떻게 살 것인가'라는 물음 …… 그것은 '역사 앞에 민중(이웃)과 더불어'다. 역사라고 쓴 말은 내가 믿는 '하나님'에 대해서다. …… 민중은 물론 바로 '역사'의 실체다. …… '민중과 더불어'는 그런 뜻에서 '역사 앞에'와 동의어일 수 있으나, '앞에서'와 '더불어'는 차이가 있다. 그것은 주객의 어느 한 입장에 서서는 안 되고, 역사적 연대성과 책임성에서 '나'라는 달팽이집 같은 것에 칩거해 버릴 수 없고, 오직 행동만이 있을 수 있는 숙명성을 나타내려는 것이다."

1976년 3월 1일 오후 6시, 명동성당에서는 천주교 사제단이 공동 집전하고 2000여 명의 신·구 교회 관계자와 신자가 참석한 가운데 3·1절 기념미사가 열렸다. 이어 윤보선·함석헌·김대중·정일형·문동환·윤반웅·안병무·이문영·서남동·이우정 등이 서명한 '3·1 민주구국선언'이 발표되었다. 선언은 민주주의 회복, 민중의 생존권 보장과 경제적 평등, 민족의 평화적 통일 등이 핵심이었다. 검찰은 이 선언을 '일부 재야인사들의 정부 전복 선동사건'으로 몰아 관련자들을 긴급조치 9호 위반으로 구속·기소했다.

유신체제의 암흑 한가운데서 터져 나온 이 사건의 파장은 국내외적으로 심대했다. 전직 대통령 윤보선과 제1야당 대통령 후보, 현역 정치인, 함석헌 등 재야 원로, 교수, 신·구 교회의 중심인물들이 망라된 사건이었으니, 당국에서 이 사건을 어떻게 대했을까는 짐작할 수 있다. 무엇보다 중요했던 것은 이 사건을 계기로 재야 민주 세력이 연합·연대하게 된 점이다(김정남, 《진실, 광장에 서다》, 창비, 2005).

함석헌은 재판 과정에서 하나님의 법정, 역사의 법정에 선다는 각오로 베옷을 입고 나왔다. 사건 관련 가족들은 보라색 옷을 입고 나오거나 입에 테이프를 붙인 채 침묵시위를 벌이기도 했다. 피고인들은 최후진술에서 적어도 학생들보다는 무거운 형을 달라고 요구했다. 1심 재판에서 3년형을 선고받은 안병무는 항소심 최후진술에서 "나는 금메달을 기대했는데 기껏 동메달을 주느냐?"고 항의(?)했다.

살림의 신학

1979년 박정희가 김재규에게 살해된 뒤 안병무는 한신대에 복직했다. 그러나 1980년 봄은 짧았다. 전두환의 신군부가 정권을 찬탈한 뒤 안병무는 소위 '김대중 내란음모죄'에 연루되어 한신대에서 다시 쫓겨났다. 그 후 서울 지역의 해직교수협의회가 결성되었는데, 안병무는 그 산파 역할을 했다. 그 무렵 해직 교수들은 수유리에 있던 그의 자택에서 자주 만났다. '전국 해직 교수 합동 시국선언문' 작성을 위해 안병무의 집에서 모일 때의 일이다. 지금은 고인이 된 김진균 교수는 안병무의 부인 박영숙의 음식 솜씨를 잊을 수 없다고 술회했다.

　해직 교수 가운데 한 사람으로 안병무와 가깝게 지낸 변형윤은 안병무와의 재밌는 대화 한 토막을 들려주었다. "기독교인들은 전능하신 하나님한테 기도를 하면 모든 문제를 다 들어줄 것 같은데 왜 기독교인들은 죽지요?"라는 변형윤의 다소 짓궂은 질문에, 안병무는 "그 양반 요즘 너무 바빠서 통화가 안 돼요. 통화만 된다면야 문제없지요"라며 유머러스하게 받아넘기더라는 것이다.

1987년 1월 14일 서울대학생 박종철이 남영동의 치안본부 대공분실에서 고문·치사됐다. 전국적으로 데모의 물결이 해일처럼 일어났다. 때마침 고려대 근처 한국신학연구소에서 서강대 정양모 신부와 함께 대학생들의 시위 물결을 보던 안병무가 말했다. "정 신부님, 보세요. 2000년 전 예수의 부활 사건이 재현되고 있어요." 전태일사건, 박종철사건, 이한열사건 등 독재 정권 아래서 장렬하게 희생당한 이들 속에서 안병무는 예수의 부활을 현재진행형으로 체험했다.

1987년 8월 안병무는 정년을 맞아 퇴임했다. 1988년 12월에는 전두환 정권 때 폐간된 『현존』을 『살림』으로 바꿔 재창간했다. '죽임을 넘어'라는 부제가 붙은 『살림』은 동시대의 사회구조적 위기가 자기 자신의 아픔으로 체감되지 않는 문화를 '죽임의 문화'로 보고, 그것을 반反생명이 은폐된, 생명 친화를 가장한 위선의 문화로 보았다. 안병무는 죽임의 문화에 대한 반신학으로 '살림의 신학'을 기획했다.

'유목민적 삶'을 살다 가다

만년의 안병무는 불교의 공空, 도가의 무위無爲사상 등에 깊은 관심을 가졌다. 그는 이들 동양사상에서 '존재의 침묵'을 깨달았다. 공이나 무위는 안병무에게는 하나님과의 만남에서 기초가 된다. 기독교의 창조신앙도 '비어 있음'에서 나오는 것이 아닌가.

안병무는 예수의 십자가형 앞에서의 침묵에 대해서도 골똘히 파고들었다. 그는 예수의 부활이 언어로 표현되지 않고 '빈 무덤'으로 상징되는 데 주목했다. 언어로 표현할 수 없는, 언어의 길이 끊어진 '언어도 단言語道斷'의 세계, 하나님 나라의 모든 일은 로고스의 신학에 갇혀 있을 수 없는 새로운 차원의 세계였다. 만년의 안병무는 동양사상의 지평에서 이러한 문제에 매달렸다.

1996년 1월 첫 주일, 안병무는 향린교회에서 '산상에서 만난 새로운 한 분'이라는 제목으로 생애 마지막 설교를 했다. 유언 설교나 다름없었다.

> …… 어쩌다 내 인생에 주어진 중심테마가 '예수만'이라는 것이 되었나 하고 생각하면 나는 참 행복한 사람입니다. 어떤 상황에 있든지, 사상적인 혼란이 왔을 때도, 어떤 현실적인 어려운 일이 있어도, '나는 예수만을 찾으리라! 그만 붙잡고 가리라!' 이것이 내 인생의 재산이었습니다. 여러분도 예수를 따르려면 본격적으로 그를 붙잡고, 그 산으로 올라가십시오. …… 예수 그리스도의 십자가만은 놓치지 마세요. 끝까지 이 십자가만은 붙잡아야 합니다.

1996년 여름 이승을 떠나기 두 달 전 안병무는 평생 그리워하던 간도 땅을 밟았다. 61년 만의 귀환이었다. 얼마 후 안병무는 하얀 세마포

細麻布 옷을 입고 천사처럼 하늘을 훨훨 날아가는 꿈을 꾸었다며 어린애처럼 즐거워했다. 그리고 그해 10월 19일, 그는 평생의 좌우명으로 삼았던 '공성이불거功成而不居', 평생 한 곳에 머무르지 않는 삶을 뒤로 한 채 세상을 떠났다. '유목민적 삶'을 살다 간 평생이었다.

진지한 구도자의 길을 통하여 / 무한한 내면성과 성실성을 추구한 사람 / 깊은 학문의 숲 속에서 사변의 세계로 도피하지 않고 / 담대히 현실의 진리를 붙잡은 사람 / 억눌린 민중들 속에서 / 고난당하는 예수를 만난 사람 / 성서의 중심광맥을 짚어 / 한국 민중신학의 토대를 놓은 사람

안병무의 추모비에 그려진 그의 생애다. 2004년 제3시대 그리스도교연구소와 한백교회는 공동으로 '안병무 다시 읽기' 작업에 들어갔다. 차정식 · 김진호 · 황용연 · 최형묵 · 이정희 등은 그들이 공유했던 이 기획을 이렇게 정리했다.

안병무 신학의 가장 중요한 특징은 자기 시대의 문제의식에서 신학적 사유가 출발한다는 데 있다. 이때 '자기 시대의 문제의식'이란 역사적 · 사회적 고통의 구조를 신학자 자신의 아픔으로 읽는 '실존적으로 번안된 고통'을 의미한다. 그러므로 '안병무 다시 읽기' 작업은 우리 시대의 구조를 아픔으로 읽는 '민중신학자의 눈'에서부터 사유를 시작한다.

05

역사의 길,
고행의 길
꼿꼿하게
살다 간
한국
언론의
'푸른 바위'

05.

송건호(1927~2001)

그는
'책벌레'였다

시대는 착실한 세대주를 / 지조의 사람으로 만들었다 / 시대는 속절없는 독서인을 / 거리의 사람으로 만들었다 / 시대는 조심스러운 언론인을 / 역사의 사람으로 만들었다

'시로 쓴 민족의 호적부'라 일컬어지는 《만인보》에서 고은이 묘사한 송건호의 모습이다. 1999년 기자협회보에서는 전국의 신문·방송·통신사의 편집·보도국장과 언론학 교수를 상대로 설문조사를 했다. 그 결과 '20세기 최고의 언론인'으로 위암 장지연과 청암靑巖 송건호宋建鎬가 선정되었다. 그러나 〈시일야방성대곡〉으로 너무나 유명한 장지연은 만년의 친일행적이 발견되어 2009년 민족문제연구소에서 발행한 《친일인명사전》에 이름을 올려 지울 수 없는 오점을 남김으로써 빛이 바랬으니, 송건호 홀로 한국 언론 명예의 전당에 이름을 남기게 되었다.

송건호는 이 나라의 소위 메이저 신문을 두루 거치면서 『동아일보』

의 편집국장을 마지막으로 제도권 언론에서 스스로 '해직'되었다. 신문은 그 자체가 역사가 되어야 하며 신문기자는 현대사회의 사관史官이어야 한다는 그의 신념이 지금의 언론인에게는 케케묵은 옛날 언론관이라고 조롱당할지 모르겠다. 어떻든 송건호의 이런 춘추필법春秋筆法 언론관은 오랜 군부독재와 언론 권력의 탄압 아래서 자신의 생애를 모진 가시밭길로 몰아넣었다.

송건호는 1926년 충북 옥천군 군북면 증약리 비야골에서 태어났다. "기차는 물론 자동차도 자전거도 심지어는 '신작로'라는 길조차 10여 리나 걸어 나가야 볼 수 있는, 삼면이 병풍처럼 산으로 둘러싸인 산골마을이었다." 1940년 상경해 한성상업학교에 들어갔고, 상경 이후 안국동·충무로·영천·아현동 등의 고서점을 뒤지는 데 취미를 붙이기 시작, 그 버릇은 1948년 서울대 법과대학에 입학해서까지 이어져 청계천변에서 꾀죄죄한 고서점을 뒤지며 독서에 몰두하는 것이 평생의 습관으로 굳어졌다.

> 학교에서 돌아와 가방을 하숙방에 던지고는 안국동 고서점가로 달려가 공짜로 헌 잡지 읽기에만 골몰하여 '종일 헌 잡지 읽고 돌아가는 중학생'으로 점원들 사이에 이미 낯이 익어 있었던 것이다.

송건호는 법과대학에 다니면서 분단된 나라에서 관리는 절대 안 한다는 결심 아래 1953년 대한통신 외신부에 들어가 언론과 인연을 맺었다. 이어서 그의 활동은 1954년 『조선일보』 외신부, 1958년에는 『한국일보』 외신부, 그리고 1959년에는 『자유신문』 외신부장, 1960년에는

『한국일보』 논설위원, 1963년에는 『경향신문』 논설위원, 1965년에는 『경향신문』 편집국장이 되는 등 순풍에 돛을 단 배의 항로였다.

이때까지 송건호는 이 나라 언론인으로서의 상식적인 역할에 충실한 평범한 언론인에 지나지 않았다. 그 무렵 언론인들이 술 잘 마시고 호방한 기질을 뽐냈음에 비해, 그는 술도 못 마시고 말수도 적었다. 지금은 다 작고했지만 홍승면·남욱·이목우 등 두주불사의 술꾼 언론인들 사이에 끼어 고작 주스나 우유를 홀짝홀짝 마시는 샌님과 같았다.

남재희의 기억에 따르면 이 무렵 송건호는 한마디로 '책벌레'였다. 월급을 받으면 상당한 액수가 책값으로 나가기 일쑤였다. 읽고 싶은 책을 사서 집에 갈 때는 부인 몰래 윗옷에 감추었다. 하도 주변머리가 없고 가난하게 살아 친구가 찾아와도 다방에 가기 어려웠고 교통편도 항상 버스를 이용했다. 점심은 도시락으로 해결했다.

> 20대에 신문기자가 되어 50대에 언론계를 떠났으나 30대 시절의 내 가정생활은 참 궁하게 살았다. 30대의 나는 소고기가 참 먹고 싶었다. 그러나 소고기를 살 돈이 없어 고기 소원을 못 풀고 40대가 되면서 점점 이름이 알려져 글도 쓰고 강연도 다니는 등 하여간 대외 활동이 넓어지면서 수입이 늘고 생활에 안정이 생겼으나……
> ─《청암 송건호선생 화갑기념논문집》, 두레, 1986

걸핏하면
연행되는 편집국장

그러나 세상은 차츰 심상찮아지고 먹구름이 뒤덮기 시작했다. 박정희가 5·16쿠데타 이후 1963년 혁명 공약을 뒤엎고 군정 연장을 발표하면서 정국은 험악해졌고, 그 여파는 언론에까지 몰아닥쳤다. 『경향신문』은 그때 권력층에게 눈엣가시였고, 송건호는 편집국장이란 중책을 맡고 있었다. 1966년 『경향신문』은 기어코 소유주가 바뀌었고, 그해 5월 송건호는 『조선일보』로 옮겼다가 1969년 『동아일보』 논설위원이 되었다.

1969년 3선 개헌을 자행, 장기 집권으로 줄달음치기 시작한 박정희 정권은 1970년대 초반부터 언론에 재갈을 물리기 시작했다. 1971년 벌어진 제7대 대통령선거는 3선 개헌 후 처음 치르는 선거이자 국민의 손으로 치르는 마지막 선거였다. 당시 중앙정보부 요원은 신문사 편집국에 무상으로 출입하면서 기사 내용을 놓고 '빼라, 넣어라, 줄여라, 키워라' 하면서 마음대로 편집권을 주물렀다. 오죽하면 대학생들이 '연탄가스에 중독된 언론' 화형식을 했겠는가. 마침내 기자들도 더 이상 여론의 질타를 참을 수가 없었다. 1971년 4월 언론자유 '선언'을 하기에 이르렀다. 그러나 1972년 10월 17일 소위 10월유신이 발표되고 기자실이 폐쇄되었다. 기자들은 길거리에서 헤맸다. 이런 상황에서 신문협회는 10월유신을 적극 지지한다는 치욕적인 성명을 내놓았다.

1974년 송건호는 편집국장이 되었다. 당시 언론사 간부가 되는 것은 출세의 지름길이었다. 그러나 언론인으로 20여 년을 살아온 그에게 언론은 그 자체로 삶이자 생명과 다름없었다. 정국이 소용돌이치는 가운데 긴급조치가 발동하고 언론기관에서는 자유언론을 선언하는 등 민주화의 물결이 거세게 일어났다. 언론계에서는 『동아일보』 노조 결성에 온통 이목이 집중되었다. 때마침 10월 23일 송건호는 대학생 시위 기사로 기관원에게 연행되었다. 그 자신의 말대로 "돈복은 없으면서도 관재 구설수는 그치지 않아 걸핏하면 연행되곤 했다."

언제 끌려가도 기분 나쁜 연행을 또 당한 것이다. 밤 12시가 되어 신문사에 돌아왔을 때 200여 명의 기자들이 편집국에서 농성을 하고 있었다. 송건호는 농성하는 기자들을 집으로 돌려보냈다. 이튿날인 10월 24일 출근하자마자 그는 심상치 않은 공기를 눈치챘다. '자유언론 선언'의 시발이었다.

나는 모른 척하고 내 방으로 들어왔다. 기자들은 벌써 여러 번 이와 비슷한 선언을 했으나 그때마다 선언에 그치고 실효를 거두지 못했다. 그래서 이번만은 단단히 각오를 하고 있는 것 같았다.

박정희 정권은 자유언론실천운동에 앞장서는 『동아일보』에 전대미문의 군사작전 같은 탄압을 자행, 언론의 숨통을 죄었다. 회사의 사주 측에서는 국민들의 열화와 같은 광고 지원이라는 '탄환' 공급에도 불구하고 무릎을 꿇었다. 1975년 3월 17일 『동아일보』 사주는 당치도 않은 이유를 달아 대량 해고를 서슴지 않았다. 『동아일보』의 기자, 동아방송의 프로듀서·아나운서·엔지니어까지 포함, 160여 명이 강제로 축출되었다.

이에 앞서 3월 15일 송건호는 회사에 사표를 냈다. 『동아일보』 사태가 벌어지자, 그는 "인사권을 다짐받지 않고 편집국을 맡은 것이 큰 실수였다"며, 부하 직원들의 목을 치면서 "더 이상 이 자리를 지킬 수 없어", 그리고 사주 측에 대해서는 "이렇게 하면 역사의 심판을 받을 것"이라고 했다. 제도언론의 자리를 박차고 나올 때 그가 남긴 이 세 마디의 명확한 거취 표명은 당대의 그 어느 누구보다도 분명한 태도며 언론인이 모름지기 취해야 할 가장 높은 자세가 아니고 무엇이겠는가. 그날 오후 송건호는 편집국 농성장에 가서 기자들과 작별 인사를 나누었다.

언론인을 천직으로 삼아 비가 오나 바람이 부나 끝끝내 그 자리를 지키던 송건호에게는 그 후 생활 리듬이 송두리째 깨졌다. 송건호는 당시 심경을 '고행 12년, 이런 일 저런 일'에서 이렇게 밝혔다. "며칠간은 할 일 없이 집 안에 앉아 있었다. 무엇인가를 잊어버린 사람 같았다. 해야 할 일을 하지 않고 게으름을 피우는 것도 같았다." 무엇보다 견디기 어려웠던 것은 생활에 대한 걱정이었다. 옆에서 이를 지켜본 소설가 이호철에게 송건호는 푸념을 하곤 했다.

고만고만한 6남매 어린 것들을 거느리고 직장 없이 살아갈 일이 참으로 아득하고 막막하고, 하루하루가 암울했다고 했다. 자기 평생에 이때만큼 감당하기 어렵고 우울했던 때는 없었다고 한다. 권력 측에서도 청암의 이런 처지를 모를 리가 없었다. 그리하여 권력 특유의 손길을 뻗쳐온다. 모모 장관 자리를 비롯, 그밖에도 요직을 두고 몇 번에 걸쳐 교섭이 온다. 그러나 청암은 일언지하에 거절을 한다. …… 이것은 청암 특유의 협기이기도 하지만 …… 그다운 깊은 자연스러움이고 동시에 그것은 그의 소위 형광등성의 절정의 모습이기도 한 것이다.

'형광등',
세상을 비추다

어느새 그는 이 시대의 한복판에 우뚝 서게 되었다. 어쩌다가 '이 별 볼 일 없던 사람'이 별안간에 이렇게 되었을까. 모름지기 원인 없는 결과는 없다. 비록 남들 눈에 별나게 띄지는 않았을지 모르지만, 청암은 그 나름의 피투성이 싸움을 치르면서, 어느덧 제도언론을 뛰어넘어 이 시대의 진정한 언론인으로 성큼 다가가게 되었다.

신문사를 떠난 송건호는 1975년 1월 창비에서 《민족지성의 탐구》를 내놓았다. 이곳저곳 잡지에 기고한 평론 중에서 주로 지식인과 언론 일반에 대한 평론을 모은 책이다. 이 책을 통해 그는 민족에 대한 긍지를 역설했고, 주체적이며 실천적인 지식인상을 모색했다. 언론 일반의 현실과 관련, 그는 사회과학적 인식이 토대가 되어야 올바른 현실 인식과 실천이 가능하고, 언론인에게 실천이란 올바른 현실 인식에 바탕을 둔 기사를 쓰는 것이다. 그는 또 올바른 현실 인식의 끝에 민주화가 놓여 있다고 주장했다. 냉전 논리에서 비롯된 분단과 그 고착화를 통해 자신의 권력을 유지하고 있는, 반민족적이고 반민주적인 독재 정권에 저항해 사회 내부적으로 민주화를 이루고 외세로부터 벗어나서 마침내 통일을 이루는 것, 그것이 송건호가 꿈꾸던 민족 언론의 사명이었다. 그는 언론인이 민족 언론의 사명을 다하기 위해서는 '지금 이곳'에 주목해야 한다고 강조했다.

지금 이곳의 입장에 서야 한다. '지금 이곳'의 입장이라는 것은 바꾸어

말해 하나의 '역사적 입장'에 선다는 것을 의미한다. '역사적 입장'이라는 것은 '주체적'이라는 뜻이며 동시에 '민족적 입장'이라는 뜻과 통한다. …… 뚜렷한 역사의식은 지금 생성하는 오늘의 사실에 대한 해석·평가·의미를 찾는 가치기준이 되고 시대에 대한 전망에 있어서도 방향을 제시한다.

– 송건호, 《민족지성의 탐구》, 창비, 1978

이른바 1970년대 '의식화의 교재' 가운데 하나가 된 《민족지성의 탐구》가 나오자 『동아일보』 주필을 역임했던 고故 천관우는 "이 책의 날카로운 비판정신은 좋은 지면을 제작하기 위한 그의 실천적 노력과도 무관하지 않은 것"이라 평가했고, 백낙청은 "현역 언론계 인사의 글 가운데서 송건호 씨의 경우만큼 옛 선비의 깐깐함과 매서움을 간직한 예가 드물지 않을까 싶다"고 했다.

《민족지성의 탐구》 발행 후 8년의 세월이 흐른 1986년 송건호는 《민족 통일을 위하여》에 '분단하의 한국 민족주의'를 발표했다. 이 평론을 통해서 송건호는 한국의 민족주의가 식민지 시기의 '자본형 민족주의'에서 파시즘적 침략주의 단계의 '병영형 민족주의'를 거쳐 민족주의의 제3단계로서 '민중형 민족주의'로 전개되었다고 압축했다. 강만길은 〈송건호의 한국 민족주의론〉에서 "송건호의 민족주의론은 이승만 정권을 객관적으로 평가하는 문을 여는 데 선구적인 역할을 다한 것"이라고 평가했으며, 통일이 민족사 발전의 필연적인 방향이라면 민주주의 발전과도 불가분의 관계가 맺어진다고 했다.
송건호는 분단 시대 한국 민족주의의 실
천 방향과 과제를 다음과 같이 간결하고
도 극명하게 밝혔다.

> 민주화운동이 즉 통일운동이요, 통일운
> 동이 즉 민주화운동이다. 이 두 문제는
> 떼어 생각할 수 없다. 직접 통일운동이
> 가능하면 통일운동을 하는 것이고, 민주화운동을 해야 할 상황에서는
> 민주화운동을 우선하는 것이다. 민주화가 안 되면 통일운동을 할 수 없
> 다는 상황에서는 민주화운동이 곧 통일운동이다.

현대사 연구에
개척의 삽질

제도언론에서 벗어나긴 했지만 여기저기에서 비정기적으로 글을 쓰면
서 밥벌이를 하던 송건호는 몇년 뒤 돌연 현대사 연구자로 세상에 나타
났다. 그때까지 이 나라 역사학자들의 태반은 눈치가 너무 빨라 해방 전
후부터 오늘에 이르는 현대의 역사 현실을 되도록 꺼리고 피했다. 송건
호는 특유의 고지식한 태도로 자신이 보고 겪은 대로, 그리고 고서점에
서 사 모은 자료를 활용, 오로지 사실에 입각해서 꼼꼼하고 성실하게,
그리고 부지런하게 현대사를 기술했다.

송건호는 한창 글쓰기에 정신이 팔려 있을 때 책상에 앉아 원고지 칸을 메우다가 펜을 든 채 그대로 엎드려 잠드는 경우가 많았다. 그렇게 해서 나온 책이《해방 전후사의 인식》을 비롯해《한국 민족주의의 탐구》,《한국현대인물사론》,《분단과 민족》,《민족 통일을 위하여》 등이다. 그중《한국 민족주의의 탐구》는 1980년대 대학생들에게 사상적 영향을 많이 끼친 도서 30여 권 가운데 대표 격이다. 당국에서는 송건호를 지식인과 대학생과 대중들을 의식화시키는 '원흉'의 하나로 꼽았다.

송건호는 어느새 현대사 연구 부문에서 빼놓을 수 없는 선구적인 자리를 차지했다. 그는 현대사 중에서도 분단 현실과 통일문제에 관한 권위자가 되었다. 그런 종류의 세미나나 심포지엄에 그는 거의 빠지지 않았고, 그런 쪽의 강연은 거의 그의 독무대나 마찬가지였다. '신생국으로서 낡은 식민주의를 청산하는 길은 무엇이며 만약 식민주의의 잔재가 오래도록 남아 있다면 그 이유는 무엇인가, 그리고 그 잔재와 싸우는 길은 과연 무엇인가'는 그가 씨름한 현대사 연구의 일관된 주제였다.

해방 직후 극우와 극좌의 대결 속에서 여운형 등 중도파의 공간이 너무 협소했다. 송건호는 이런 점을 지적하면서, 남한 정권의 정통성과 반공 이데올로기를 위해 걸핏하면 써먹던 반탁 투쟁에 대해 종래에는 그 누구도 생각지 못하던 주장을 던졌다. 반탁 투쟁이 사실상 단독정부 수립으로 귀결되게끔 되었다는 것이다. 아울러 반공 이데올로기는 친일파의 자기 보존을 위한 도구로서 기능한 것이었지, 정말 반공이 나라의 이데올로기가 될 수는 없다고 꿰뚫어 보았다. 그의 이런 견해는 그 시절에는 아무도 미처 짚어 보지 못한 탁견이었다.

역사학자 강만길은 송건호의 저서《한국현대사론》,《한국현대인물사론》 등은 "어느 강단 사학자들도 따를 수 없는 업적"을 남긴 것일 뿐만 아니라, 송건호는 "투철한 역사의식의 소유자로 한 시대의 사표로 길이 기려질 것"이라고 했다. 또 서중석(성균관대 사학과 교수)은 송건호는 언론인으로서 비중이 워낙 컸지만, "불모상태의 현대사 연구에 개척자로서 귀중한 소임을 다한 잊을 수 없는 분"이라고 평가했다.

송건호는 해방 후 친일파들이 단죄를 받기는커녕 사회 모든 분야에서 새 나라의 지도적 위치에 오른 것에 울분을 금할 수 없었다. 그는 또 분단 상황에 매몰되지 않고 눈을 부릅뜬 채 민족사의 높은 차원에서 현대사를 보고자 했으며, 항상 민중을 역사의 한가운데 놓고 역사를 성찰하고 전망했다. 송건호는 자신을 어떤 범주로 나누자면 굳이 '진보적 민족주의자'로 규정했다. 또 민족주의자가 되기 위해서는 기득권을 미련 없이 버리는 용기가 필요하다고 강조했다. 그의 글은 공정하고 객관적이며 날카로운 감각과 강직함을 지니고 있었다.

지식인 시국선언문

1979년 김재규가 쏜 총탄에 맞아 박정희가 절명함으로써 사람들은 민주화의 봄이 곧 찾아오리라 믿었다. 그러나 그해 12월 12일 신군부가 벌인 사실상의 쿠데타 이후 정국은 돌연 짙은 안개에 휩싸였다. 신군부 쪽에서는 새로운 집권 시나리오를 짜고 있었다. 이러한 위기의 시기에 때맞춰 학계·언론계·종교계·문인 등 여러 분야에서 뜻이 모아져 1980년 5월 15일 '지식인 134인 시국선언'이 발표되었다. 시국선언문은 송건호가 맡아 썼다.

선언문은 당시 시국을 근본적으로 타개할 몇 가지 당면책을 제시하고자 한다로 시작하는 한편, 최규하 과도정권이 민주 개헌에 관여하는 것은 명분 없는 개입으로 이를 반대한다는 주장을 폈다.

오늘의 난국은 기본적으로 19년간 독재정권의 반민중적인 경제시책과 철권정치의 소산이다. 이는 민주발전을 저해하는 비상계엄령의 장기화로 빚어진 필연적인 사태 악화다. …… 비상계엄령은 즉각 해제되어야 한다. 비상계엄령은 10·26, 12·12사태 등 전적으로 집권층의 내부사정에서 선포된 것으로서, 이는 분명히 위법일 뿐만 아니라 정치발전을 저해하는 가장 큰 요인으로, 최규하 과도정권은 평화적 정권이양의 시기를 금년 안으로 단축시키는 것은 물론 그 일정을 구체적으로 밝힐 것을 요구한다.
– 김정남,《진실, 광장에 서다–민주화운동 30년의 역정》

선언문을 작성할 무렵의 일을 송건호는 '고행 12년, 이런 일 저런 일'에 기록했다.

나는 비교적 짧게 썼다. 첫째는 민주일정을 밝혀 민심을 안정시킬 것과 그밖에도 그 당시 사회여론이 주장하는 몇 가지 요구사항을 썼다. 준비위원들의 요구사항을 반영시킨 것이다. 2백자 원고지 10여 매 정도의 분량이었다. 이 선언문 관계로 변호사·교수·문인·언론인·목사 등 15 내지 16명 정도가 어느 경양식집에서 수차 만났다. 그러나 이것이 계엄하에 허가 없이 정치집회를 한 죄가 되어 구속될 줄은 상상도 못했다.

선언문은 5월 15일 발표되었지만 계엄하의 살벌한 언론통제 때문에 단 한 줄도 신문에 실리지 못했다. 서울역에서는 이날 7만여 명의 학생이 운집했으나 신군부가 쳐 놓은 덫에 걸리지 않기 위해 각 대학 학생들은 각기 자기 학교로 일단 되돌아가 철야농성을 계속하는 것으로 결론을 내렸다. 신군부에서는 격렬한 시위를 오히려 유도, 학생 시위를 정권 찬탈의 호기로 삼는 음모를 짜놓고 학생들이 걸려들기만 노리고 있었다.

죽은피 두 사발과 파킨슨병

서울 도심이 온통 최루탄 연기와 학생들의 구호로 뒤덮인 이 날, 송건호는 심한 고문 후유증으로 초죽음이 된 백기완을 면회하려고 한양대 병원에 들렀다. 5월 16일에는 덕성여대, 17일에는 한글학회의 강연에 나갔다. 바로 그날 밤 10시를 기해 계엄령이 제주도까지 확대되면서 일제 검거가 개시되었다. 그때까지 민주화운동을 하고 다닌 지식인·청년·학생운동 지도자 등 수백 명이 체포되었다. 송건호는 사흘 만에 기관원에게 잡혀 아무 이유도 모른 채 악명 높던 남영동의 치안본부 대공분실에서 만 19일간 모진 고문을 당했다. 이때의 고문에 대해 송건호는 서중석과의 대담에서 비교적 구체적으로 밝혔다.

조작하기 위해서는 마구 때리지요. 막 두들기다가 자기들도 걱정되는지 '벗어' 하더니 팬티까지 까내리더라고요. 보니까 새까맣게 멍이 들었어요. 내가 그걸 보고 그냥 기절을 했지요. 그런데도 맞을 때는 아픈지도 몰랐어요. 불에 데면 화끈하잖아요? 그것처럼 화끈화끈하지 통 아프지는 않았어요. 공포에 떨고 독이 오르니까 도대체가 아픈 줄도 몰랐던 게지요. 서대문형무소에 있을 때는 도저히 아파서 못 견디어서 의사한테 얘기했더니 진통제를 주더군요. 그런데 10년이 지나니까 날씨가 궂을 것 같으면 아파서 견딜 수가 없어요. 한의사한테 갔더니 피를 빼내는데 새까맣게 죽은피가 나와요. 죽은피가 있었기 때문에 그런 모양이에요. 죽은피를 두 사발이나 뺐더니 그 다음부터는 통 아프지는 않습니다만, 다리에 마비증상이 생기더라고요.

– 송건호 · 서중석 대담, '송건호, 형극으로 지켜온 언론자유와 현대사 개척', 『역사비평』 1992년 겨울호

　신군부가 송건호를 체포한 것은 김대중 내란음모사건에 김대중과 동아투위를 연결하는 고리가 필요했기 때문이다. 50대 중반의 나이에 송건호는 남영동에서 허위 자백을 해야 할 정도의 심한 고문을 당했다. 김대중에게 안 받은 돈을 받았다고 했으나 도대체 얼마를 받았다고 해야 할지가 고민이었다. 송건호는 할 수 없이 수사관에게 얼마를 받았다고 쓸까 물었다. 그러자 수사관이란 자는 "야, 이 ××야, 돈 받은 ×이 알지 내가 어떻게 알아" 하면서 고함을 질러댔다. 그들은 인간이 아닌 짐승이었다.

　1980년 6월 7일 송건호는 또 다른 기관원에게 이끌려 어딘가로 갔

다. 지하 2층의 캄캄한 방에 수감된 후 7월 14일까지 거의 40일간을 보냈다. 그곳에서는 낮과 밤을 분간할 수 없었다. 밖에 비가 오고 있는지 해가 떴는지도 알 수 없었다.

침구 외에는 아무것도 없는 좁은 방, 한없이 외롭고 숨이 막히게 답답했다. 낮과 밤을 분간 못하니 날짜 가는 것을 알 수가 없었다. 나는 천정에 있는 무늬로 넣어주는 식사도수를 계산하며 날짜를 계산했다.

지하 감방에 있은 후부터 머리카락이 빠지는 정도가 점점 심해졌다. 머리카락을 움켜잡고 한번 훑으면 한줌씩 빠져나왔다. 이러다간 머리카락이 없어져 스님 머리가 될지도 몰랐다. 감방에서는 모두들 환자와 다름없었다. 송건호에게 제일 고통스러웠던 것은 불면증과 소화불량이었다. 불면증과 소화불량은 수감자들의 공통된 병이기도 했다. 그러나 수면제는 주지 않았다. 무슨 사고를 낼지 몰랐기 때문이다. 문제는 그 다음부터였다. 그는 평생 고문 후유증에 시달려야 했으며, 마침내 그로부터 파킨슨 병을 앓다가 세상을 떠나기에 이르렀다.

1980년 7월 14일 송건호는 서대문구치소로 이감되었다. 송건호를 본 교도관은 "책만 자주 들어오더니 이제는 아예 저자까지 들어오는구먼요"라고 했다. 9사 북방 하층 33호실에 그는 구금되었다. 9사는 1910년대 조선의 식민지 지배에 성공한 일제가 항일 투사들을 잡아 가두기 위해 세운 감옥이라고 했다. 한 평도 안 되는 좁은 방에 변기와 세숫물 담아 놓은 양동이, 음료수 담아 두는 주전자만 달랑 놓여 있었다.

공판은 8월 14일경부터 시작되었다. 송건호는 재판 끝에 3년 6개월

형을 구형받았다. 그 시절에는 구형과 선고가 일치하는 이른바 '정찰제' 시대였다. 9월이 되어 날씨가 선선해지면서 송건호는 9사 남쪽에 위치한 감방으로 옮겼다. 감방은 도산 안창호가 수감된 감방이라고도 했고, 박정희를 살해한 김재규 중앙정보부장의 부하였던 박흥주 대령이 사형 집행될 때까지 수감된 감방이었다고도 했다.

그때까지도 송건호는 자신이 관련되어(?) 형을 구형받은 광주항쟁에 대해 잘 모르고 있었다. 한번은 지하 감방에서 우연히 고려대학교의 이문영 교수를 만나 그로부터 자신이 광주항쟁과 관련, 내란음모죄 혐의를 받고 있음을 처음으로 알았다. 1980년 9월 전두환이 대통령으로 취임하고, 그해 11월 송건호는 2심에서 2년형을 선고받았다. 그 후 송건호는 육군형무소를 거쳐 생일 다음 날에 형집행정지로 석방되었다.

출옥 후 제일 신경이 쓰인 것이 건강이었다. 지독한 고문을 받은 터라 골병이 들었을 것은 틀림없을 것이나, 이런 병들은 엑스레이에 나타나는 것도 아니어서 의사들은 별 이상이 없다고 했다. 당시 송건호의 별명은 '고사리'였다. 무슨 모임이 있을 때마다 그는 꾸벅꾸벅 졸기 일쑤였다. 여러 차례 종합 진찰을 받았지만 역시 특이 사항은 없다고 했다. 막상 송건호 자신은 환갑 무렵까지 세수하기가 힘들 정도로 허리와 팔에 심한 통증을 앓아야 했다.

이호철이 때마침 그에게 산행을 권했다. '거시기 산악회'였다. 고서점 순례 취미에 일요일마다 서울 근교의 산을 찾아다니는 취미 하나가 덧붙여진 것이다. 참석 인원은 이돈명 변호사를 비롯, 백낙청 교수, 소설가 이호철, 경제학자 박현채와 변형윤·유인호, 화가 김영덕, 리영희, 민주화운동가 김정남 등 당대의 쟁쟁한 멤버들이었다. 이들 중에는 소문난 술꾼이 많았다. 송건호의 배낭에는 술 대신 같이 등산하는 사람들의 숫자만큼 요구르트가 들어 있었다. 그래서 붙여진 별명이 '요구르트'였단다.

송건호는 술을 안 마시는 대신 우유를 매우 좋아했다. 같은 산우회 멤버인 이돈명 변호사는 이 점을 두고 어릴 때 젖이 부족했던 모양이라고 우스갯소리를 하곤 했다. 송건호는 그런 때면 겸연쩍게 웃어넘겼다. 송건호는 나중에는 우유에다 밥을 말아 먹는 희한한 음식(?)을 개발하기도 했다. 1980년 초여름의 남영동 지하실에서의 2개월 동안 그는 이 독특한 '개발음식'(?)을 손수 만들어 보였다. 관계기관 수사관들은 너나 할 것 없이 희한하다는 듯 그 음식 조리의 '현장학습'에 관심을 보이기도 했다.

이호철의 《청암 송건호론》에는 어린애같이 호기심이 많고 매사에 순진무구했던 송건호의 모습이 그려져 있다. 가령 그는 길을 가다가 리어카 상인을 만나게 되면 손톱깎이가 붙은 이상한 칼이며 귀이개 같은 자잘한 싸구려 소품들을 사기 일쑤였다. 리어카 잡화상의 물건들을 기웃기웃 들여다보는 버릇 겸 취미는 한 나라의 소위 메이저 신문사 편집국장 타이틀을 단 사람의 생리와는 전혀 어울리지 않는 것이다. 생긴 모습으로 보자면 귀인풍인데 하는 짓은 이처럼 영락없이 비야골에서 갓 올라온 촌로의 모습 그대로인 것이 바로 송건호의 진면모였다. 6남매의 아버지인 송건호는 집에서도 '형광등'이란 별명이 붙은 사람이었다. 일상생활의 자잘한 구석에 대해서는 너무 모르는 것이 많았고, 눈치도 없었다.

교황 요한 바오로 2세가 우리나라에 왔던 1984년의 일이다. 요한 바오로 2세가 성당 초입으로 들어서자, 왠지 환한 햇살이 들이비치는 것 같았다. 그날 교황은 가능한 한 한 사람의 손이라도 더 잡으려고 애썼다. 김수환 추기경은 교황 옆에서 좀 상기된 표정으로 설명을 하면서 교황을 수행했다. 당시 명동성당 맨 앞쪽에는 재야인사 스무 명 정도가 초대되었다. 이돈명 변호사와 그 밖에 여럿이 "전『동아일보』편집국장, 편집국장" 하고 다급하게 그의 존재를 알렸다. 교황은 김 추기경에게 이 사람은 누구냐고 물었다. 추기경의 설명을 듣고서 요한 바오로 2세는 환하게 웃으며 백발이 성성한 학 같은 모습의 송건호에게 다시 한 번 악수를 청했다. 그러나 정작 송건호는 영광스럽게 여기고 대견해 하기는커녕 예의 그 꿔다 놓은 보릿자루처럼 앉아 있었다.

역사의 길,
현실의 길

1975년에 해직된 동아투위 · 조선투위 회원과 1980년 8월을 전후로 해직된 700명에 가까운 기자들을 중심으로 1984년 12월 '민주언론운동협의회(민언협)'가 결성됐다. 송건호는 의장에 추대되었다. '민언협'은 이듬해 6월 '민족 · 민주 언론의 디딤돌'을 목표로 『말』 창간호를 내놓았다. 『말』은 창간호 제언을 통해 "현재 전개되는 민중언론시대의 요청에 따라 새로운 언론기관의 창설을 제안한다"고 한 뒤, "새 언론기관은 기존 언론기관이 소수 또는 개인의 언론기업들에 의해 독점되는 것과는 달리 민주언론을 갈망하는 민중 스스로가 출자해 공동으로 소유하고 함께 움직이는 민중의 표현기관"이어야 한다고 주장했다. 훗날『한겨레신문』이 태동하게 된 씨앗은 이때 이미 뿌려졌다.

'민언협' 의장 송건호는『말』의 발행인도 겸했다. 창간호는 서점 판매 하루 만에 재판에 들어가는 힘찬 출발을 보였다. 폭발적인 반응을 보이자 당국에서는 사사건건 물고 늘어졌다. 1호가 나왔을 때는 사무국장이던 성유보가 29일 동안 구류를 살았고, 2호가 발행됐을 때는 편집인이던 성유보가 다시 구류를 살다 나왔다. 그 밖에 신홍범·최장학·김태홍 등이 번갈아 가며 구류를 살았다.

이듬해인 1986년 9월 송건호는 민언협 의장으로서 천주교정의구현전국사제단과 함께 이른바 '보도지침' 자료 공개 기자회견을 가졌다('보도지침-권력과 언론의 음모권력과 언론의 음모',『말』특집호, 1986). 기자회견장에는 송건호를 비롯, 동아·조선투위 위원장, 김승훈(고인)·함세웅·정호경·김택암 신부 등이 배석했다. 김정남은 보도지침 자료 공개 사건과 관련, 그 충격의 실상을 이렇게 밝혔다.

이로써 오랫동안 감추어져 왔던 제도언론의 추악한 가면이 벗겨졌다. 보도지침이 세상에 그 모습을 드러내자 국민은 '어찌 이럴 수가……' 하는 충격과 놀라움을 금하지 못했다. 보도지침이 실린『말』특집호를 처음부터 끝까지 훑어보는 것만으로도 언론통제의 실상을 그대로 통절히 깨닫게 되었다.
– 김정남,《진실, 광장에 서다–민주화운

동 30년의 역정》

이에 앞서 1985년 그간 송건호와 동고동락하던 해직 교수들이 복직되었다. 결국 그렇게 될 줄은 알았지만 그의 마음 한구석이 더 없이 쓸쓸했던 것도 사실이다. 언론을 독점하면 천하를 장악한다고 믿는 권력자들은 교수는 복직시켜도 언론인은 복직시키지 않았다.

언론의 독점은 권력자들이 마지막까지 틀어쥐고 놓지 않을 것이다. 따라서 언론자유 없는 민주화란 사상누각에 지나지 않는다. 교수들이 모두 현직으로 원상회복되어도 언론인은 아마 절대로 복귀하지 못할 것이다. 민주화가 되지 않으면 이대로 살다가 늙어 죽는 길밖에 없다.

신문사를 떠난 송건호에게 이제 더 이상 기사나 논설을 쓸 기회는 주어지지 않았다. 그 대신 현대사 연구와 집필에서 새로운 영역을 구축해 나갔다. 신문사에 있을 때와 마찬가지로 그는 자신의 사명을 다하기 위해 열심히 읽고 연구하고 썼다. 서재가 따로 없었다. 앉은뱅이책상에서 틈만 나면 원고를 집필했다. 거의 매년 책 한 권 분량 이상의 원고를 집필했고, 1960년대 후반부터 1990년대에 이르기까지 20여 종의 저술을 펴낸 것이다. 실로 언론인의 사명 이상의 역할을 다한 것이다.

당초 언론의 역사에서 언론인의 사명을 확인한 송건호의 연구는 차츰 그 방향과 범위를 넓혀 현대사에 이른다. 한국 현대사는 그때까지 금기의 영역에 속했다. 해방 이후의 역사는 말할 것도 없었고, 1930년대와 1940년대의 일제강점기사에 대한 서술조차 마음 놓고 할 수 없던 것이 그때의 현실이었다. 한마디로 절름발이와 외눈박이의 연구만 진행되던 한심한 풍토였다. 송건호는 엄정한 객관성을 가지고 현대사 연구에 발을 내디뎠다.

송건호는 현대사 중에서도 특히 해방 3년의 공간을 중시했다. 이 시기에 민족의 운명이 판가름 났다는 판단에서였다. 8 · 15해방 공간은 사실 한국인으로서는 백지와 같은 가능성의 공간이었다. 그 가능성의 영역을 짓밟은 것은 이승만 혹은 한민당 노선에 입각한 것으로, 송건호는 과거 반공 이데올로기적인 외눈으로 평가되고 기술된 한국 현대사를 전면적으로 수정하려 했다. 일찍이 1967년에 '한국 지식인론'을 발표한 것도 당시로서는 상당한 용기와 철학이 없으면 불가능했다. '한 사회과학도의 반성'이란 부제가 붙은 이 평론에서 송건호는 미국과 유럽 등지에서 연구하고 돌아온 학자들의 민족 현실에 대한 반역사성과 몰가치성을 신랄하게 공격했다.

> 학문세계가 현실을 무시하고 초연하게 따로 있는 것처럼 생각하고 막연히 선진 외국 학설을 소개 · 나열하는 것으로 자기의 권위를 찾고, 기껏 현실분석이라고 해야 외국 학설을 적용하여, 외국이론으로서 우리의 현실을 보는 것을 유일한 현실인식인 것처럼 말한다면, 이 땅의 위기상황은 도저히 객간적 분석이 될 수 없다.
> – 송건호, 《민족지성의 탐구》

송건호는 이 평론에서 한국의 지식인, 특히 사회과학도가 지녀야 할 기본으로 역사적 · 전체적 · 경험적이라는 세 요소를 지적했다. 그로

부터 10여 년 후 그는 이 세 가지 요소를 종합, 한국 현대사에 접근하기 시작했다. 그리하여 1978년 분단의 기원과 분단 시대의 성격, 그리고 냉전의식의 허구를 파헤쳐 《한국 민족주의의 탐구》를 출간했고, 1979년에는 일제강점기를 심층 분석한 《한국현대사론》을 출간했다. 《한국현대사론》은 그의 현대사 연구에서 하나의 신호탄이었으며, 이 책 발간 덕분에 1970년대 후반부터 1980년대에 이르기까지 현대사 연구가 폭발적으로 이루어지는 계기가 마련되었다.

《한국 민족주의의 탐구》 이후인 1979년 10·26사건이 일어나기 열흘 전쯤에 역사적인 책 한 권이 세상에 나왔다. 《해방 전후사의 인식》(이하 《해전사》)이다. 《해전사》는 『동아일보』 해직기자 출신이던 김언호가 거의 매일 송건호와 만나 기획한 책으로, 한국 현대사 관계의 책으로는 최초가 아닌가 싶다. 이 책은 '8·15해방이 되었건만 우리는 왜 자주독립을 못하고 남과 북으로 분단되어 전쟁까지 치르는 비극의 역사를 겪었는가? 분단되지 않고 자주독립을 할 수는 없었을까?' 하는 문제의식에서 출발했다. 다양한 분야의 필자가 대거 등장한 《해전사》는 출판되자마자 폭발적 반응을 일으켰다. 특히 대학가에서는 입학하면서 가장 먼저 읽는 의식화의 필독서였다.

송건호는 《해전사》의 총론격인 '해방의 민족사적 인식'을 썼다. 그의 글을 받아본 순간 김언호는 무릎을 쳤다.

감동적인 논문이었고, 이런 수준과 내용의 글들이라면 자신 있다고 생각하게 되었다. 나는 송건호 선생의 많은 논설·논문 가운데 '해방의 민족사적 인식'을 대표적인 글의 하나라고 평가하고 싶다.

– 김언호, '책의 탄생, 시대의 풍경 ⑦: 고단한 시대, 늘 희망을 말했던 송건호', 『오마이뉴스』, 2007

한평생 언론인으로 살리라 생각한 송건호는 이제 현대사 전공자가 부재하던 역사학계에 개척의 삽질을 하는 데 그의 정열을 쏟아부었다. 송건호는 식민주의 잔재가 왜 그토록 기승을 부렸으며 민족주의가 어떻게 왜곡되었는지를 뿌리에서 파고들어 갔다. 그리하여 일제강점기에 관해서도 중량감 있는 저술을 내었고, 통일과 관련한 책도 여러 권 발행했다. 근현대 언론사 연구에서도 주목할 업적을 남겼고, 특히 인물에 대한 저술에 관심이 많았다. 1984년에 발행한 《한국현대인물사론》은 우리 현대사에서 역사의 길을 걸었던 인물과 현실의 길을 걸었던 인물을 대비시켜 그리고 있다.

한 민족이 평화와 번영과 정의를 누리려면 민주주의를 확립해야 하고 자유를 위해 싸울 줄 아는 용기와 양심을 가지고 있어야 한다. 우리의 경우 한 인물에 대한 평가의 기준 내지 근거는 '민주주의'뿐 아니라 민족이 되어야 한다. 이 민족의 통일, 이 사회의 민주주의, 그리고 민족의 자주와 자유를 기준으로 하여 문제 삼지 않으면 안 될 것이다. 이것이 역사의 길이다. …… 현실의 길은 안락의 길이자 세속적 영화의 길이다. 그러기에 수난의 일제 식민 통치하에서 얼마나 많은 유위한 인재들이 역사의 길을 택했던가.

– 송건호, 《한국현대인물사론》, 1984

해방 후 이승만 독재에 저항했던 심산心山 김창숙金昌淑 편을 쓸 때는 원고를 쓰면서 많은 눈물을 흘렸다. 역사의 길을 걷는 것은 가혹한 가시밭길을 헤쳐 가는 것임을 자신의 삶에 비추어 동병상련으로 느꼈기 때문인지 모르겠다.

송건호는 평상시에도 "산다는 것은 어렵다. 어려운 역사적 상황에서 역사적 삶을 살아간다는 것은 참으로 어렵다"고 자주 뇌었다. 평생 부끄럽지 않은 사람이 되지 않기 위해 '푸른 대나무'처럼 살았던 송건호, 그는 학문적 입장에서도 당대의 주류 사학자들이 냉전 논리에 휩쓸려 독재 정권의 하수인 노릇을 하는 데 급급했을 때, 민족 입장에 당당하게 섰다. 분단 시대를 살아가는 우리에게 무엇보다 중요한 것은 민족이며 민족을 바로 세우기 위해서는 민주화가 급선무라는 것을 그는 언제나 강조했다.

재야운동에서 송건호는 특별히 폭발적인 힘을 발휘하지는 않았다. 그는 주로 언론을 천명으로 여겨 언론의 자유와 독립의 최전선에 섰다. 그러다가 1978년 한국기독교교회협의회(NCC)의 인권위원이 되었고, 『씨올의 소리』 편집위원이 되었다. 당시 편집위원으로는 계훈제·안병무·고은·김동길·김성식·김용준·법정스님 등이 있었다. 편집위원 일을 계기로 그는 뒤늦게 재야인사들과 폭넓은 교류를 하게 되었을 뿐만 아니라, 평생 존경하게 된 함석헌을 만나게 되었다.

1987년 6월의 민주화대항쟁 이후 '우리들의 언론'에 대해 갈증을 느끼고 있던 1970년대 해직 기자와 1980년대 해직 기자들이 한데 모였다. 이들은 그해 7월 송건호를 찾아갔다. 그들은 이 자리에서 국민주 모금 형식의 새로운 언론을 창간하기로 하고 창간 준비 작업에 들어갔다. 새 신문의 창간 소식이 알려지자 수많은 사람이 합류했다. 함석헌·문익환·김수환 등 각계의 원로 스물네 명이 지지성명을 발표하고 3000여 명이 창간 발기에 참여하겠다고 연락했다. 창간 기금으로 50억 원이 모금되었고, 신문의 제호는 『한겨레신문』으로, 창간발기위원장이던 송건호를 초대 대표이사로 선임했다.

『한겨레신문』은 1988년 5월 15일 세상에 그 모습을 드러냈다. 창간 당시 정치·경제·사회·문화 등 모든 분야에서 민주화를 추구하는 '민주언론', 민족자주와 평화통일을 추구하는 '민족언론', 이 나라의 소외되고 고난받는 민중적 삶의 향상을 추구하는 '민중언론'을 표방했다. 『한겨레신문』은 또 하나의 신문이 아니라 기존의 신문과는 전혀 다른 신문을 지향했다.

『한겨레신문』 창간은 우리 언론사는 물론 세계 언론사에도 유례를 찾을 수 없는 기록을 남겼으며, 우리 민주주의 발전사에 큰 족적을 남긴 일대 사건이었다. 이 기적적인 사건의 한복판에 송건호가 있어 튼튼한 버팀목이 되었다. 이로써 송건호는 1975년 이후 13년에 걸친 해직(?) 언론인의 빈 세월을 단숨에 다 채우고도 남았다.

『한겨레신문』의 윤전기가 돌아가면서

창간호를 찍던 순간을 최일남은 이렇게 회상했다.

그 날 나는 보았다. 윤전기 주변을 둘러싸고 있던 그들의 눈이 벌겋게 충혈되다가 마침내 서서히 젖어드는 것을. 그중에는 물론 백발이 성성한 송건호 사장의 모습도 있었으며, 리영희 논설고문의 얼굴도 끼어 있었다. …… 특히 리영희 고문이 손수건을 눈으로 가져가다 말고 무척 멋쩍어하던 광경을 지금도 지울 수가 없다.

평생 기자였고 기자 외의 다른 무엇도 원하지 않던 송건호는 『한겨레신문』의 대표이사가 되었다. 신문은 퇴근 시간에 맞춰 서울시내 가판대와 지하철 판매대에 올랐다. 총 36면에 50만 부가 발행되었다. 창간호는 삽시간에 매진되었다. 창간호 1면을 장식한 것은 백두산 천지연 사진과 송건호의 창간사였다. 그는 창간사를 통해 민족 · 민주 · 민중언론의 출생을 기뻐하면서 한국 언론계에 하나의 획기적 전기를 가져올 것이라고 결의를 밝혔다.

우리는 떨리는 감격으로 오늘 이 창간호를 만들었다. 세계에서 일찍이 유례를 찾아볼 수 없는 국민모금에 의한 신문 창간 소식이 알려지자 그간 수십 명의 외신기자들이 찾아왔고, 우리 역시 억누를 수 없는 감격으로 전혀 새로운 신문의 제작에 창조적 긴장과 흥분으로 이 날을 맞이하였다. ……

'역사 앞에
떳떳했던' 삶

1993년 송건호는 『한겨레신문』 발행인 자리에서 물러나 대표이사 회장
겸 고문이 되었다. 이에 앞서 그는 이미 1980년에 당한 고문 후유증으
로 육체가 무너져 갔다. 1980년에 겪은 끔찍했던 고문은 끝내 송건호에
게 온몸이 마비되는 파킨슨병을 안겼다. 이때부터 8년간 투병생활이 이
어졌다. 병석에 있는 동안 그는 건강이 더 나빠지기 전에 동안 모은 1만
5000여 권의 책들을 몇달에 걸쳐 정리, 『한겨레신문』에 기증했다. 『한
겨레신문』에서는 이 책들로 1996년 9월 '청암문고' 개소식을 가졌다.
그의 손때가 묻고 수해 때마다 물에 젖어 말리느라고 손질한 자국이 고
스란히 남아 있었다. 그의 삶 그 자체나 다름없던 책들이었다.

  '역사 앞에 떳떳한 사람이 되고 싶다'는 송건호의 일생을 관통한 정
신의 '멘토'였다. 과연 그 말 그대로 살았던 그는 2001년 12월 21일 세
상을 떠났다. 송건호의 장례식은 12월 24일 한겨레신문사 주관하에 사
회장으로 치러졌다. 우리나라 역사상 언론인의 사회장은 그때가 처음이
었다. 장지는 국립 5·18 광주묘역. 많은 조문객들이 그가 떠나가는 길
이 '더 하염없는 역사의 길'이 되기를 빌었다.

  송건호가 세상을 떠난 후인 2002년 리영희·강만길·백낙청·성
유보 등 열두 명으로 구성된 송건호 전집 간행위원회는 고인의 삶과 사
상을 담은 《송건호 전집》 20권을 간행했다. 이 전집은 크게 나누어 언론
관계와 한국 현대사, 그리고 인물론 등 그가 생전에 몰두했던 주제와 함
께, 살아가면서 고생스러웠을 때 신산스럽던 삶에 대한 단상과 에세이

등으로 구성되었다.

　　고인은 1986년에 '심산상'을 수상했으며, 1992년에는 '한국언론상' 본상, 1994년에는 '호암상 언론상', 1998년에는 '한겨레대상', 1999년에 '금관문화훈장', 2000년 '정일형자유민주상', 2001년에는 '국민훈장 무궁화장'을 받았다.

06

파란의
근대사,
생생한
인간 벽화,
총체소설의
장관

06

박경리(1926~2008)

'초저녁 범띠생' 사주

소설가 박경리의 장례식은 형식은 문인장이었지만 사실상 국민장과 다름없었다. 세속의 명예나 인기는 비속하고 허황된 것이라고 한사코 거부하던 그에게 세상은 진정성을 다해 존경과 예의를 바쳤다. 신문은 1면에, 방송은 첫머리에 작가의 죽음을 보도했고, 따뜻하고 융숭한 해설과 장례 진행 속보를 계속 내보냈다.

현직 대통령이 빈소로 찾아가 분향을 하면서 금관문화훈장을 직접 추서했다. 뒤이어 전직 대통령과 사회 각 분야 명망가들이 줄줄이 분향했고, 갓을 쓴 노인부터 젊은 대학생에 이르기까지 국민적 추모의 물결이 이어졌다. 생전 작가와 아무 면식도 없던 시민과 애독자들이 분향소를 찾아 눈물을 흘리며 애통해 하는 모습은 감동적이었다.

2008년 5월 8일 서울 아산병원 영결식장. 장례위원장을 맡은 소설가 박완서는 다문다문 조사를 읽어내려 가다가 끝부분에 이르러 끝내 울먹임을 감추지 못했다.

왜 이렇게 선생님이 거두신 건 야금야금 그저 얻어먹고 싶은지, 그걸 못 하게 된 게 왜 이렇게 서러운지 전 참 염치도 없지요. 선생님은 후배들이 평생, 그리고 대를 이어 자자손손 파먹어도 파먹어도 바닥나지 않을 거대하고 장엄한 문화유산을 남기셨는데도 불구하고 말입니다.

영결식 후 노제路祭가 열린 강원도 원주의 거리에는 근조의 플래카드가 걸렸고, 통영에는 어린 학생부터 햇볕에 탄 촌로에 이르기까지 수많은 시민이 몰려나왔다. 원주에서의 노제를 포함해서 발인부터 안장에 이르기까지 영구는 무려 여섯 차례의 행사와 제사를 치러야 했다. 그 어떤 한국인에게도 이처럼 간곡한, 국민장 아니면서 국민적 애도에 젖은 장례가 과거에 있었을까. 이는 평생을 통해 자신은 가혹하리만큼 인색하고 냉정하게 대하면서, 모든 생명 있는 것들을 베풀고 보살피고 거두는 일에 모성적 헌신을 다한 한 특별한 영혼에게 바치는 전 국민적 헌사였는지 모를 일이다.

나의 삶이 평탄했더라면 나는 문학을 하지 않았을 것입니다. 나의 삶이 불행하고 온전치 못했기 때문에 나는 글을 썼던 것입니다.

박경리가 문단에 갓 등장하던 시절, 그러니까 지금으로부터 50여 년 전 어느 문학의 밤 행사에서 그가 한 말이다. 작가 자신은 얼결에 떠밀려 나가 말했다고 했지만, 그 내용은 작가의 삶이 태어날 때부터 파란만장했음을 드러내고 있다. 박경리는 생전에 어느 강연장에서 "다시 태어나면 무엇이 되고 싶나"는 질문을 받은 적이 있다. 그의 미발표 유고

시 〈일 잘하는 사내〉는 그 질문에 대한 대답으로, 거친 풍파를 헤쳐 온 삶에 대한 아픔을 진솔하게 토로했다. 일부 청중은 당시 박경리의 대답을 듣고 흐느꼈다.

다시 태어나면 / 일 잘하는 사내를 만나 / 깊고 깊은 산골에서 농사짓고 살고 싶다 / …… 홀로 살다 홀로 남은 / 팔십노구의 외로운 처지 / 그것이 안쓰러워 울었을까 / …… 아니야 아니야 그렇지 않을 거야 / 누구나 본질을 향한 회귀본능 / 누구나 순리에 대한 그리움 / 그것 때문에 울었을 거야

작가 박경리는 1926년 10월 28일(음력) 경남 통영에서 태어났다. 훗날 문학적 자전(『한국일보』 1984년 7월 1일자)에서 밝혔듯이 그의 출생은 '불합리한 것'이었다. 그 자신의 사주 풀이에 따르면 박경리는 초저녁 범띠생. 초저녁은 배고픈 호랑이가 먹잇감을 찾으러 다닐 때이므로 여자 사주치곤 기가 아주 센 사주다. 아버지는 작가를 낳은 뒤 어머니를 곧 떠나갔고, 그는 "어머니에 대한 연민과 경멸, 아버지에 대한 증오, 그런 극단적 감정 속에서" 고독한 성장기를 보냈다.

진주여고 시절을 통해서는 "마치 동굴 천장에 매달린 박쥐처럼" 외롭게 지냈다. 다른 학과목에는 관심도 흥미도 없던 박경리가 유일하게 좋아한 과목은 역사였다. 특히 독서는 '야욕'스럽게 했고, 학교생활을 지탱한 것은 시를 쓰는 일이었다. 아궁이며 이불 속이며 노트를 감추어 가면서 매일매일 일기같이 시를 썼다.

묶여 있다는 의식이 종이에 소리 없이 폭발했다고나 할까.
– 박경리,《꿈꾸는 자가 창조한다》, 나남, 1994

전쟁미망인,
소설가가 되다

해방되던 해 진주여고를 졸업한 박경리는 이듬해 결혼했으나 6 · 25전쟁 중 남편을 여의었고 뒤이어 아들마저 잃었다. 어머니와 단 하나의 혈육인 딸을 부양해야 하는 작가의 삶은 가파르고 메말랐다. 전쟁은 분명 뒤틀린 현실을 낳았고, 그 시대를 산 모든 삶을 불구적으로 만들었다. 인간에 대한 존엄과 생명의 고귀함은 휴지처럼 구겨졌고, 삶은 몸서리쳐지는 고통과 불행의 늪이었다. 당시 전쟁미망인은 생존의 벌판에서, 또 사회적으로 따가운 눈총에서 아무런 바람막이가 없는 희생 제물 같았다.

박경리는 원래 몽상가였다. 그러나 현대사가 그를 긴장시키고 엎드리게 했고 균형을 잡도록 했다. 주어진 현실에서 소망이 무너지지 않게 하려면 세속적 욕망을 버려야 했고, 삶의 큰 울림을 주는 세계가 필요했다. 작가는 문학에 매달렸다. "넌더리가 날 정도로 집념에 가득 찬 도스토예프스키"의 고투에 작가는 감명을 받았고, 제임스 조이스James Augustine Joyce에게서는 예술가라기보다는 고도의 장인에게서 나올 법한 장인정신을 배웠다. 토마스 울프Thomas Clayton Wolfe의 〈그대 다시는 고향에 가지 못하리〉는 토마스 만Thomas Mann의 작품과 함께 박경리의 창작 활동에 직간접적으로 영향을 끼쳤다. 러시아의 문학은 세계문학의 태산준령泰山峻嶺이지만, 그 가운데서도 끊임없이 문학적 실험을 멈추지 않은 고골Nikolai Vasilievich Gogol'의 작가 정신에 공감했고, 〈고요한 돈강〉의 작가 숄로호프Mikhail Aleksandrovich Sholokhov를 통해서 박경리는 사실적 묘사와 도도한 서사시적 구성으로 시야를 넓혔다.

찬바람 몰아치는 신작로에 홀로 남은 듯한 소외감, 인간의 조건 속에서 튕겨져 나와 바닷가 모래알 하나가 된 듯한 절망감, 왜 사는지에 대한 끊임없는 물음을 반복하던 끝에 박경리는 1955년 8월 『현대문학』에 〈계산〉이 추천·발표되면서 본격적인 문학 활동의 길에 들어섰다. 그의 초기 소설에는 삶의 신산스러운 풍경이 자전적으로 용해되어 있다.

초기작 중에는 한국전쟁 때 남편을 잃고 사는 전쟁미망인을 주인공으로 한 작품이 많다. 1957년 『현대문학』 신인문학상을 안겨준 〈불신시대〉에는 가난과 고독 속에서 자아를 잃지 않으려는 주인공의 몸부림이 묘사돼 있다. 이 작품을 통해 작가는 인간에 대한 믿음을 잃고 세상에 대한 회의와 불신에 사로잡히다가, 마침내 "그렇지, 내게는 아직 생명이 남아 있었지. 항거할 수 있는 생명이"라고 독백함으로써 전쟁의 상처를 딛고 일어서는 생명력, 현실에 대한 각성과 세상의 부조리와 모순에 대해 치열하게 저항하는 의식 전환을 보여줘 장차 진화해 나갈 박경리 문학의 밑그림을 펼쳤다.

〈불신시대〉를 통해 작가는 '소설 쓰는 일'과 '사람 사는 문제'를 동일선상에 올려놓고 생각하는 문학적 경향을 보였다. 작품이 일기나 수필처럼 전후의 현실에 대한 고발과 증언을 하고 있음에도 불구하고, 폐쇄된 주관의 울타리를 벗어나지 못한 채 작가의 기구한 삶 속에 무의식적으로 유폐된 것 같았다. 그러나 1959년에 발표한 〈표류도〉에서 박경리는 전쟁미망인의 고통에 찬 삶을 주제로 다루면서, 자폐적 고립성에서 벗어나 현실을 냉정하게 인식하는 개방적 자세를 취하는 등 상당한 변모를 보인다. 세계와 타자를 고려하지 않고 자신을 절대시했던 종전의 주인공과는 달리, "내 피부에, 내 심장에 불행한 인간들은 다정한 친구처럼 자리하고 있는 것"이 되었다.

"나를 현실에 적응시켜야 한다. 내 생명이 있기 위하여 나를 변혁시켜야 한다"는 마지막 장면의 다짐은 외로운 '표류도'에서 벗어나고자 하는 강한 의지를 드러낸다. 이제 박경리는 "억울하고 괴로운 심경을 표현하기 위해 소설을 쓴다"는 진술의 의미를 뒤집었다. 세상 사람들의 꿈과 슬픔을 이해하고 담아내기 위한 공적 담론으로서 작품을 대하는 소설가로 한 걸음 뛰어오른 것이다.

1962년 박경리는 전작 장편소설 《김약국의 딸들》을 발표했다. 당시의 장편소설은 문예지나 신문에 연재된 다음 독자의 반응이 좋으면 이를 출판했는데 반해, 《김약국의 딸들》의 출판은 장편소설 출판 사정상 이례적이있다. 이 작품은 독자들로부터 열렬한 환영을 받았고, 박경리는 당시로서는 드물게 전업 작가의 위치를 굳힐 수 있었다. 그뿐만 아니라 1960년대의 작품이 1990년대에도 꾸준히 독자들의 사랑을 받아 1995년에 나온 《김약국의 딸들》은 1993년 1쇄 발행 이후 2년 동안 무려 42쇄를 거듭했다.

《김약국의 딸들》을 읽으면 우선 어딘가 '낯익은 이야기'란 느낌을 받는다. 어릴 적에 할머니가 들려주는 옛 이야기 속 어떤 불행한 집안의 이야기일 수도 있다는 느낌 아니면 내 고향 어느 대가大家의 몰락 과정을 보는 듯한 느낌을 받는다. 박경리 자신도 2004년 마산 MBC가 특집 프로그램으로 마련한 송호근 서울대 사회학과 교수와의 대담에서 "《김약국의 딸들》은 솔직히 말해 통영의 떠도는 얘기를 모아서 재편집했다"고 말한 것처럼 설화적 요소가 짙다.

《김약국의 딸들》 전체를 지배하는 주술적 모티프는 "비상 묵은 자손은 지리지(번식) 않는다"다. 김약국과 그의 딸들은 이 언어적 모티프처럼 비극적인 운명을 맞는 것으로 일관한다. 리얼리즘적 관점에서 보면 우연적인 것이 일관성을 갖는 것은 비과학적일 뿐만 아니라 신비하다. 그런데도 이 작품은 나름대로의 논리를 가지고 개연성을 지탱한다. 역사적·사회적 배경이 아니라 운명적 배경과 그 원인을 밝혀내기 어려운 신비한 장치들이 작품 곳곳에 나타난다. 언어의 주술성과 폐가를 중심으로 한 장치적 모티프, 그리고 곳곳에 나타나 작품의 주제를 암시하는 삽입 가요, 뚜렷한 설화적 구성 원리 등이 이 작품의 성격을 잘 보여 주고 있다.

작가는 자신의 소설이 토속적인 것과 도시적인 것으로 나누어지고, 이 두 계열은 《토지》에서 융화된다고 한 적이 있다. 《김약국의 딸들》이 전자에 해당한다면, 1964년에 나온 《시장과 전장》은 후자에 해당한다. 《시장과 전장》은 박경리의 1960년대 대표작으로, 사적 담론의 수준을 사회 현실에 대한 관심으로 돌파한 작품이다. 작품의 한 축을 구성하는 여주인공은 6·25전쟁을 겪으면서 감상적이고 결벽스러운 인물에서 억척스러운 아내이자 어머니로 변신한다.

작품 속 '전장'은 더 이상 주관적이고 단편적인 체험의 공간이 아니라 삶에 개입하고 작용하는 사회적 환경이 된다. 또한 여주인공에게 전쟁은 이념으로 포장된 헛된 구호에 불과할 뿐 인간의 실존을 규정하는 본질적 요소도 아니었다. 전쟁의 와중에서 사람들이 그 어느 편에도 손을 들어주지 않은 것은 전쟁이 어느 한편에 가담할 수 있는 어떤 명분도 주지 못했기 때문이다. 사람들은 차라리 '생존을 위한 신중함'으로, 또는 '현실을 좇는 현명함'으로 전쟁을 관망했다. 그런데도 전쟁은 인간의 삶을 총체적으로 파괴했음을 작가는 실감나는 묘사를 통해 고발했다.

《시장과 전장》은 6·25전쟁을 이데올로기 측면에서 문제 삼은 작품 중에서 단연 돋보이는 소설이다. 그때까지 무수하게 나온 그 어느 작품보다 6·25전쟁을 가장 가까이서, 그리고 정면에서 다룬 작품이다. 그리고 전쟁이 지니고 남긴 상처, 가령 사회악, 인간성의 타락 내지 상실, 개인적인 비극과 빈곤, 인간적인 본능 등의 문제를 커다란 캔버스에 적나라하게 담아냈다.

작가는 좌우 대립의 철저한 희생자였다. 6·25전쟁 중 투옥된 남편을 만나러 서대문형무소를 매일 기웃거렸고, 작가 자신과 가족은 일상화된 위험과 공포에 노출되어 있었다. 그런 가운데 사회주의에 대한 호감이 차츰 손상되고 그들이 권력욕에 사로잡히고 재물을 탐하는 모순을 접하면서 이데올로기의 허망을 보았다. 그에게는 생존이 더 급했다. 그가 보기에 남한의 공산주의자들은 기본적으로 낭만주의자였다. 노동자가 아닌 인텔리겐치아를 통해 수용된 사회주의는 로맨티스트적·계급

적 한계를 가졌다. '맑스 보이'·'엥겔스
걸' 같은 유행어가 나올 정도였다.

　이런 탐구와 함께 박경리는 '생명사
상'에 대한 모색을 계속한다. 여주인공은
전장의 한복판을 살아가는 인물임에도
불구하고, 그와는 전혀 무관한 채 사랑을
위해서 자신의 모든 것을 다 바친다. 마치
'전장' 속에서 '시장'의 세계를 살아가는
인물이다. 작가가 그녀에게 깊은 애정을 보인 것은 헌신적이고 가식 없
는 사랑을 통해서 인간 구원의 가능성을 추구하려 했기 때문이다.

　박경리 문학의 뛰어남은 시대와 사회의 한계를 넘어 서사적 비약을
보여주는 데 있다. 무정부주의와 공산주의, 자본주의와 제국주의, 좌익
의 평등 열망과 우익의 자유 열망, 각 이념을 대변하는 인물들 간의 설
전이 소설의 등줄기를 타고 앙상블을 이룰 때, 이미 박경리는 당시 어느
작가도 흉내 낼 수 없던 이데올로기에 대한 예리한 통찰을 보여 주었다.
최인훈의 〈광장〉은 인텔리 주인공과 농부를 대면케 하지 않는다. 그러
나 인민군 장교가 되어 내려온 남자 주인공을 박경리는 농부와 대면시
킨다. 누가 이것을 행동주의자의 로맨티시즘적 한계라고 하겠는가?

《토지》는 소설로 쓴
한국 근대사

박경리의 삶은 생명을 향해 열려 있었다. 인천에서의 짧은 신접살림, 연안에서의 짧은 교편생활, 전쟁과 남편의 죽음, 용공 혐의, 아들의 돌발적 죽음, 사위인 김지하의 출현, 유신과 폭력, 그리고 새롭게 다가온 생명에의 연민. 이런 한국 현대사의 얼룩 속에 홀로 내던져진 작가는 처절한 고독 속에서 한의 근원을 캐어 생명사상을 잉태하는 크고 넓은 모성이 된다. 《토지》 탄생의 전경前景이 여기서 펼쳐진다.

　《토지》는 한국문학사에서 가장 긴 호흡을 자랑하는 본격 대하장편소설이다. 동학운동에서 해방까지의 파란 많던 한국 근현대사를 관통하면서 한반도와 중국·일본 등 동아시아 전체를 무대로 삼아 펼쳐진 작가의 상상력은 소설을 넘어 한민족의 방대한 역사 기록으로 남는다. 오로지 작가가 염두에 두었던 하나의 주제를 가지고 사반세기 동안 완성도를 높여간 것은 우리 문단에서는 찾아보기 어렵다. 세계 문단에서도 아마 이런 식의 작가적인 투혼은 달리 찾아보기 어려울 정도다.

　박완서는 박경리의 영결식에 바친 추모사에 못 다한 이야기를 보태 『현대문학』 2008년 6월호에 쓴 '신원伸寃의 문학'에서 《토지》를 "이 작은 나라에서 그런 큰 강이 존재할 수 있다는 건 문학이니까 가능한 축복이요 기적"이라고 높이 평가했다.

　선생님이 평생의 업적으로 남기신 《토지》에는 우리의 파란만장한 근대사의 모든 국면과 모든 직업, 고귀한 인간성으로부터 바닥 상것의 비천

함까지 천태만상의 인간군상이 총망라되어
있습니다. 그것도 박제를 만들어 모자이크
한 게 아니라, 그 많은 사건과 인생들이 생
생히 살아 움직이면서 비천한 것들이 존엄
해지기도 하고 잘난 것들이 본색을 드러내
면서 비천해지고 하는 게, 마치 지류支流가
맑고 탁함을 가리지 않고 받아들인 큰 강이
도도히 흐르면서 그 안에 온갖 생명들을 생
육하는 것과 같은 장관입니다.

1973년 봄 《토지》 1부를 읽고 김병익은
"아마도 춘원의 〈무정〉 이후 가장 탁월한 작
품 중 하나"이며 "박경리의 《토지》는 소설로
쓴 한국 근대사"라고 평가했거니와, 그로부
터 30여 년이 지난 2008년에도 《토지》가 '가

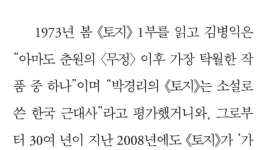

장 뛰어난 작품'이라는 생각에 변함이 없다고 했다. 《토지》는 일제강점
기에 벽초 홍명희가 쓴 《임꺽정》 이후 맥이 끊긴 대하소설의 맥을 되살
려 이후 김주영의 《객주》, 황석영의 《장길산》, 조정래의 《태백산맥》 등
뛰어난 성과를 거둔 작품들이 잇달아 나왔다.

그러나 김병익이 《토지》에 대해 '가장'이란 최상급의 수식을 고집
한 것은 이 작품이 그 유례를 찾을 수 없이 3만 1200매라는 방대한 양
적 규모를 자랑한다거나 50년의 가장 긴 역사를 소설 공간으로 재현하
고 있다거나 우리 민족사를 재구성하고 대작 붐을 선도해서 획기적이었

다거나 한 것 때문은 아니라고 주장한다.

《토지》야말로 우리 문학에서 대표적으로 볼 수 있는 총체소설이라고 그는 평가했다. 《토지》는 개인사 · 가족사 · 생활사 · 풍속사 · 역사 · 사회사 등을 포괄하고 있다. 여기에는 농민과 중인을 중심으로 양반부터 노비에 이르기까지의 사회 모든 계급을 망라한 우리 민족 전체의 삶의 모습이 재구성되어 있으며, 별의별 인물과 성격을 재현하고 창조함으로써 인간사의 모든 것을 모아들여 거대한 실존적 벽화를 그리고 있다.

소설의 시대적 배경도 구한말부터 일제강점기를 거쳐 해방에 이르는 가장 험난한 역사적 흐름을 폭넓게 조망하고 있으며, 그 서사적 공간도 한반도 남단의 하동 평사리에서 시작해 진주 · 통영 · 경성과 만주의 용정 · 신경 · 하얼빈과 일본의 동경 등으로 확대되며, 언어가 창조할 수 있는 삶의 세계의 실제를 파노라마적으로 전시해 소설의 거대성을 담보하고 있다.

따라서 《토지》는 마땅히 최상급으로 존중받아야 할 우리 소설문학 최대의 자산이라는 것이 김병익의 주장이다. 사실 많은 대하소설이 규모가 크고 내용이 풍부하며 이야기가 박진하다 하더라도, 그 전체는 부분사적 로망으로 그치고 있고, 세계는 한 측면으로 서술되어 있는데 반해, 《토지》는 수백 가지의 이야기 마디들을 총체성으로 엮어 우리 문학사의 어떤 작품도 이르지 못한 경지에 도달했다.

1970년대 근대성에 대한 치열한 비판을 달성한 〈난장이가 쏘아올린 작은 공〉의 작가 조세희는 《토지》를 이렇게 평가했다.

우리가 이 모순의 세계에 빠져 있을 때 우리 영혼의 슬픈 밑뿌리를 보호해 이 땅에 묻는 작업을 한 선배가 박경리다. 나는 거대한 중화학공장 몇백 개보다 《토지》에 더 큰 가치를 둔다. 세금으로도 생산해낼 수 없는 것이 예술작품이다. 《토지》가 올려준 것은 우리 정신의 GNP이다.

《토지》는 6·25전쟁 이전부터 박경리의 기억 언저리에 자리잡았던 이야기다. 거제도 외갓집 할머니가 어린 시절 들려주었던 얘기가 작가의 뇌리에 선명하게 빛깔로 남아 있었다. 거제도 어느 곳, 끝도 없이 넓은 땅에 누렇게 익은 벼가 그냥 떨어져 내릴 때였는데, 호열자(콜레라)가 창궐하여 수확할 사람들을 죽음으로 몰아갔다. 외가 사람들이 다 죽고 딸 하나가 남아 집을 지켰는데, 나중에 왠 사내가 나타나 그녀를 데리고 어디론가 사라졌다. 그 후 어느 객주집에서 설거지하는 그 아이의 지친 모습을 본 마을사람들이 있었다 한다. 삶과 생명을 나타내는 황금빛과 호열자가 번져오는 죽음의 핏빛이 젊은 시절 내내 작가의 머릿속에 짙은 잔영을 드리웠다.

글기둥 잡고 눈먼
말처럼 연자매 돌리며

《토지》는 매우 조용히 시작되었다. 1부가 연재되기 시작한 『현대문학』 1969년 9월호에는 "오랫동안 외부와의 접촉을 끊으며 오직 이 작품에만 심혈을 기울였다"는 작가의 말과 함께 작가의 사진이 실렸을 뿐이다. 이 침묵을 깬 것은 1부 단행본 발간이었다. 2부를 연재하던 『문학사상』에서 1부가 단행본으로 발간되자 "문단의 괄목할 만한 수확"(김동리), "문학사 희유稀有의 대작"(백철), "뼈 속에 스미는 아픔"(황순원), "한국 최초의 본격적인 대하소설"(이어령) 같은 평가가 나왔다.

3부는 『독서생활』·『한국문학』·『주부생활』을 거쳤으며, 1980년에 작가는 아예 원주시 단구동으로 거처를 옮겨 자신을 외부와 격리한 채 4부를 『정경문화』·『월간경향』에 발표했다. 5부는 그 후 4년여의 공백 끝에 1994년 8월까지 『문화일보』에 연재함으로서 길고 긴 장정을 마감했다. 작가의 나이 43세에서 68세에 이르는 25년을 "내가《토지》를 쓰는 것이 아니라《토지》가 나를 몰고" 갔다고 작가는 회고했다.

그야말로 구절양장九折羊腸, 무수한 덤불과 가시밭길, 세찬 파도와 폭풍의 언덕을 넘어간 세월이었다.《토지》1부를 연재 중이던 1971년 8월에는 죽음의 공포 속에서 암과 피나는 사투를 벌여야 했다. 3시간의 수술을 끝내고 입원 보름 만에 퇴원한 바로 그날부터 작가는 가슴에 붕대를 감은 채《토지》를 썼다. 악착스런 자신에게 무서움을 느낄 정도였다 한다.

"어찌하여 빙벽氷壁에 걸린 자일처럼 내 삶은 이토록 팽팽해야만 하는가. 가중되는 망상의 무게 때문에 내 등은 이토록 휘어들어야 하는가. 나는 주술呪術에 걸린 죄인인가." 작가는 전신에 엄습해 오는 통증과 시력 감퇴 등 붕괴되어 가는 체력과 맹렬하게 싸웠다. 오죽하면 '구약'의〈욥기〉를 떠올리며 위안을 받았을까.

전쟁 중에 남편을 잃어 청상이 되었고, 그런 몸으로 기른 딸의 지아비로 맞아들인 사위 김지하는 1974년 군사재판에서 사형선고를 받은 확신범이었다. 1974년부터 신문기자로 밥벌이를 한 소설가 김훈은

1975년 2월 15일 김지하가 형집행정지로 영등포교도소에서 출감하던 어둑한 시간, 교도소 광장 건너 언덕에서 웬 허름한 여인네가 포대기에 아기를 업은 채 추위 속에서 웅크리고 있는 모습을 보았다. 그가 바로 손자를 업은 박경리였다. 그날 밤 김훈은 신문사로 돌아가 마지막 기사를 작성했으나 박경리에 관해서는 한 줄도 쓰지 않았다 한다. 어쩐지 그 모습은 말해서는 안 될 일인 것 같았다(박완서, 《수정의 메아리》, 솔, 1994)고 한다. 춥고 어두운 겨울이었다.

상황은 어려웠고 쌓이는 한의 뭉치는 더 커져만 갔다. 그 와중에도 박경리는 거실에서 포대기에 손자를 업은 채 원고 쓰기를 멈추지 않았다. 현실에 대한 원한이 오기가 되어 그를 자존의 삶으로 끌어올렸다. "글기둥 하나 잡고 눈먼 말처럼 연자매 돌리며" 운명처럼 작가는 《토지》를 썼다.

영험한 산자락이 지란芝蘭을 숨기듯

작가는 원주 집 텃밭에서 한 세대에 가까운 세월 절대고독을 천명으로 견디며, '생명주의' 삶과 사상을 일구어냈다. 그는 땅처럼 후한 인심은 없다고 했다. "뿌린 것에다 백배 천배의 이자를 붙여서 갚아 주는 게 땅의 마음"이라고 했다. 그러면서 "본전 까먹지 말고 이자로 먹고 살아야 한다"고 했다. 박경리가 아침 일찍 텃밭을 기다시피 엎드려 김을 매는 모습은 땅에 대한 경배와 같았다고 그를 만난 이들은 회고했다.

원주의 단구동 집에는 황토빛이 밴 수많은 면장갑이 베란다 난간에 널려 있었다. 그곳을 찾아오는 문단의 후배나 지인들은 누구나 작가가 텃밭에서 손수 가꾼 채소나 대추·오가피·두릅·취나물·고들빼기 등을 구메구메 싸주던 작가의 모습에서 언제 꺼내 보아도 싫증나지 않는 그리운 고향집의 흑백사진을 보는 것 같은 느낌이었다.

소설이란 박경리에게서 삶과 생명의 문제였다. 그러나 소설이 인생보다 크고 소중한 것은 아니었다. 그는 아무리 위대한 예술도 그 터전으로서 삶을 능가하지 못한다고 했다. 삶 속에서 이루지 못한 소망, 그것이 삶에 대한 연민이며, 그것이 다시 한의 언어로 승화되어 《토지》가 탄생했다. 작가 자신의 삶을 지탱해 주던 자의식의 언어가 타他자아의 언어로 발전한 것이다.

당초 《토지》 1부를 구상할 때 작가는 '타他자아'와 '객관적 거리'로 삶과 죽음을 포용하는 정도로 생각했다. 그러나 등짐장수부터 몰락하는 귀족에 이르는 인생을 두루 섭렵하면서 초기의 꿈은 우주관으로 발전한다. 마침내는 한반도의 문화 역량이 러시아대륙과 중국대륙에 버금갈 수 있음을 깨달아 갔다. 일상적 삽화를 통해 전개되는 작품이 한민족의 서사시처럼 다가오는 것은 작가의 원숙해진 '모신母神의 시선'에 있다.

다른 대하소설에는 계급과 이데올로기 등의 어떤 중추 계통이 있다. 그런데 《토지》는 600, 700여 명에 이르는 수다한 계급과 수많은 인물이 등장한다. 봇짐장수와 시장 거리의 할머니도 나온다. 그들 모두는 총체적 존재로서 등장한다. 생명이 그 핵심이고, 탄생과 죽음, 긍정과 부정이 부딪히는 모순, 그 한을 덩어리째 받아들인다. 작가는 《토지》에서 영험한 산이 지란芝蘭을 자락에 숨기듯이 수많은 등장인물이 살아

움직이는 모습으로 우리 앞에 다가오게 했다.

《토지》라는 제목과 관련, 작가는 소유의 출발로서 문서를 생각했고, 문서화된 토지로부터 인간의 비극이 시작되었음을 꿰뚫어 보게 되었다. 소유 개념은 인간의 비극뿐만 아니라 개인의 비극, 국가와 민족 간 비극을 불러일으켰고, 오늘날 자본주의로 지구를 파괴하는 환경과 생태계 문제에까지 그 영향을 확장시켜 나간 것으로 작가는 사유를 확대·심화시켰다.

《토지》에는 또 그 위에 존재하는 모든 생명의 비극이 담겨 있다. 잘난 사람이나 못난 사람, 개인이거나 영웅이거나, 혁명가이거나 등짐장수, 심지어는 작부에 이르기까지 토지는 생명을 담아내는 거대한 호수와 같다. 어느 시대 어떤 장소에서도 생명들이 무수하게 흘러가고, 그러면서 만약 죽지 않는다면 살아 있는 것을 인식하지 못하게 되는 유한성을 안은 채, 토지는 비극이면서 축복이고, 운명이면서 사랑이고, 삶에 대한 연민이면서 다른 세계와 교신하려는 간절함이 담겨진 삶의 젖줄이다.

작품 《토지》를 한과 민족과 생명사상이라는 주제를 식민지 자본주의의 전개 과정 속에서 형상화한 작품으로 이해하는 비평가도 있다. 《토지》의 주제와 사상, 작품의 형식에 대해서는 다양한 시각에서 분석된 바 있지만, 김성수(연세대 국문학과 교수)는 일제의 식민지 자본주의에 대한 총괄적 대항 서사로 읽는다. 《토지》의 서사적 깊이와 공간적 범위가 보여 주듯, 우리 근대사가 포착할 수 있는 한민족 삶의 소망스런 형태에 관한 염원을 가장 포괄적인 서사를 통해 복원해 내고 있다는 것이다.

김성수는 작품의 서장으로부터 종결부에 이르기까지 토지는 땅·농토·소작료·지주(제) 등 농민들의 생존 문제를 포함해 식민지 자본주의의 유입과 그에 따른 근대화 과정에 대한 비판적 성찰을 작품 전체의 기조로 삼고 있다고 보았다. 《토지》는 단지 자연 상태의 대지나 소유 개념이 불분명한 땅에 얽힌 생존의 문제만이 아니라, 근대적 의미의 소유 개념이 당대를 사는 사람들의 삶과 의식과 제도를 어떻게 변화시켜 갔는지에 대한 작가의 정치경제적 상상력을 총괄적으로 보여 주고 있다는 것이다.

요컨대 《토지》를 자본의 자기 확장이라는 목적이 가장 폭력적으로 구현되는 식민지 자본주의의 역사적 장을 서사 구성과 전개의 주요 모티프로 삼아 '한과 민족주의와 생명사상의 고양'이라는 주제를 생성한 작품으로 평가한 것이다. 그런 의미에서 《토지》는 작품에 내장된 일제강점기의 여러 현상, 즉 지식인과 일본 문화 · 한국 문화의 변별성 문제, 일제강점기의 도시화 과정과 풍속 등에 관한 미시적인 분석과 해석을 세밀하게 탐구할 필요성을 보여준다고 했다.

버리고 갈 것만
남아 홀가분

《토지》를 통해 전개하고 있는 작가의 생명사상은 그의 문학적 본질이면서 문학을 뛰어넘는 인간에의 깊은 통찰에서 잉태되었다. 작가가 《토지》를 쓰던 한 세대 전만 해도 공해나 생태문제는 사회문제의 관심권 밖이었다. 작가는 청계천 복원을 촉구한 선구적 제창자이기도 하지만, 중요한 것은 환경론 수준을 넘어 자연의 위대함, 그것의 가치와 삶과의 조화를 고양하는 생명론자로서의 우주적 사유다.

박경리란 작가에 대해서 어느 평자는 그 정신의 도저함에서 비롯되는 감동을 말한다. 그는 현실과 권력으로부터 수많은 억압과 피해를 당했지만, 전혀 굴복하지 않고 당당하게 맞서고 버텼다. 그는 인기를 혐오했고 명예를 사절했다. 그는 사람들이 비굴하고 천박한 것을 단연 싫어했다. 예술원 회원이 되기를 끝내 거부한 것도, 언론을 한사코 기피한 것도 그런 생래의 체질이었다.

그러나 1999년 토지문화관을 만들고 재단을 구성한 것은 젊은 작가들에게 창작의 산실을 마련해 주려는 배려에서였다. 그는 역사를 따뜻하게 관찰했고, 상황을 냉정하게 직시했으며, 자연과 공감하며 소통했으며, 생명을 보듬어 안았다. 무엇보다 인간적 품위를 우선적 가치로 삼았다.

일대 장엄한 서사 《토지》는 그래서 가능했고, 독자들은 작품을 존중했으며, 작가는 정상의 평가를 받았다. 이 같은 사실은 1980년대에서 2000년대까지의 각종 설문조사 결과에서도 확인된다. 1980년대의 한 조사에서 《토지》는 한국문학 30년의 최대 문제작 세 편 가운데 하나로 꼽혔고, 1990년대의 한 조사에서 《토지》는 광복 이후 한국을 대표하는 소설 또는 건국 이후 가장 뛰어난 작품으로 꼽혔다. 또 2000년대 들어 작가 박경리는 세계에 알리고 싶은 문인 1위, 노벨문학상 가능성 후보 1위로 꼽히는 등 박경리와 《토지》는 최고의 찬사를 받았다.

1989년 9월 한 신문은 《토지》가 20년 동안 통산 판매 1위의 작품으로 당시까지 120여만 부가 판매되었다는 종로서적의 집계 결과를 발표했다. 《토지》 5부작 16권은 2002년 나남출판사에서 전 21권으로 재출간되자마자 1주일간 4000질(8만 4000부)가량의 판매량을 기록했다. 출판계에서는《토지》에 대해 "한국의 현대문학은 박경리의 《토지》로 인해 풍요로울 수 있었다"며 찬사와 존경을 표했다.

박경리는 "모진 세월 가고 / 아아 편안하다 늙어서 이리 편안한 것을 / 버리고 갈 것만 남아서 홀가분하다"는 시 한 편을 남긴 채 2008년 5월 5일 홀연 이 세상을 떠났다. 5월 9일에는 한산도가 내려다보이는 미륵산 기슭 별이 가득한 하늘의 대지에 몸을 뉘었다.

1971년 암 수술을 받기 바로 전날 동대문 쪽으로부터 남산에까지 길게 걸린 무지개를 보면서 죽음이 자기를 데려가려나 보다고 여겼던 박경리, 그로부터 37년이 흐른 뒤 박경리는 수만 리 장천을 날갯죽지 하나로 날아갔다. "책상 하나 원고지, 펜 하나"에 자신을 지탱해 가면서 진실만을 기록했던 사마천司馬遷의 그 '멀미 같은 시간'을 앓은 뒤, 작가는 마침내 영혼을 육신에서 빼내 나비처럼 전혀 다른 세상으로 훨훨 날아오른 것이다.

07

냉전의
우상에
맞서 싸운
이성의
역정

07

리영희(1929~2010)

하늘이 무너지는
충격을 받았다

자유롭게 생각하고 판단하는 재량을 지니는 자율적인 인간의 창조를 위하여, 당시 사회를 지배했던 광신적 반공주의에 대해 저항적 입장에서, 군인통치의 야만성·반문화성·반지성을 고발하기 위하여, 시대정신과 반제·반식민지·제3세계 등에 대해 폭넓고 공정한 이해를 위하여, 남북 민족 간의 증오심을 조장하는 사회현실에 반발하면서 두 체제 간의 평화적 통일을 위한다는 입장에서 글을 썼다.
– 권영빈, '책과 시대/저자를 찾아', 『중앙일보』 1993년 2월 28일자

어느 시대에도 궤변은 필요한지 모르겠다. 리영희는 1974년 6월 '창비신서' 제4권 《전환시대의 논리》를 내놓으면서 머리말에 자신의 글을 '가설'이라고 '궤변(?)'하는 구절을 넣었다. 코페르니쿠스의 지동설이 발표된 때로부터 500여 년이 더 지난 1974년까지도 '가설'들을 묶어책으로 내놓다니, 2000년대도 훌쩍 지난 지금 시점에서 보자면, 이게

도대체 어느 시절의 케케묵은 이야기인가 싶다. 그러나 그때는 '정치적 신학'의 도그마가 지배하던 때였고, 가설로라도 지적 굶주림을 채워야 할 만큼 우리 사회는 허기져 있었다.

훗날 리영희는 《전환시대의 논리》(이하 《전논》으로 약칭)를 내놓은 이유와 배경에 대해 이렇게 설명했다.

지동설을 증명한 코페르니쿠스의 '천체의 회전에 관하여'라는 책의 출판을 위탁 맡은 신학자 오리안더는 교회권력과 신학 도그마와 그에 사로잡혀 있는 민중의 박해 때문에 그 책을 '사실'로서가 아니라 '가설'이라는 궤변을 서문에 삽입하여 출판했다.

《전논》은 출간되자마자 우리 독서계에 엄청난 파장을 몰고 왔다. 특히 대학생들을 비롯한 젊은 지식인 사회에 미친 영향은 폭발적이었다. 김동춘이 "하늘이 무너지는 충격을 받았다"고까지 한 《전논》은 과연 어떤 책이었나. 1970년대 중반의 암울한 시기에 대학 초년생이던 조희연은 "유신교육 아래서 이미 나 자신의 일부가 되어 버린 냉전적 의식 및  사고의 깊은 중독 상태에서 벗어나는 지적 해방의 단비를 나는 이 책에서 맛보았다"고 하면서, "유신 말기 젊은 지식인들의 비판의식의 세례 현장에 언제나 이 책이 있었다"고 했다.

밤새 《전논》을 읽고 또 읽은 김세균은 자신이 만나는 동료나 후배들에게 《전논》

을 권했다. 《전논》이 그에게 전해 준 메시지는 "네 머릿속에 들어 있는 상식을 버려라. 네가 진실로서 믿고 있는 많은 것들은 허위의식·미신들이다. 그런 것들을 네 머릿속에 주입한 이 우상들의 세계의 본질을 꿰뚫는 새로운 눈으로 이 세계를 다시 보라"는 것이었다. 김세균은 그런 메시지를 받아들이려면 "먼저 내가 진실로 믿고 있던 것, 내가 나의 '건강한 상식'에 비추어 의문을 제기하지 않았던 것을 먼저 깨뜨리지 않으면 안 되었다"고 했다. 그러나 진실에 관한 최초의 반응은 기쁨이 아니라 '두려움'이었다. 진실을 받아들이려면 괴로움을 받아들여야 하고, 그런 괴로움 속에서 종전의 사고방식과 삶의 방식을 깨부술 용기를 필요로 했기 때문이다.

1974년 그해는 긴급조치가 1호에서 9호까지 줄이어서 발동된 해였다. 문인 간첩단 사건, 민청학련 사건, 인혁당 사건 등으로 사회는 꽁꽁 얼어붙었다. 서슬이 퍼랬고 흉흉했던 그해 초여름에 리영희의 첫 저서가 간행되어 단박에 베스트셀러가 되었다는 것은 아이러니가 아닐 수 없었다. 소설가 이호철은 그러나 그렇게 될 만한 충분한 까닭이 있었다고 했다.

바로 그 전환시대의 전환시대적 요소에 주로 서슬 퍼런 칼을 들이댄 것이 그런 일련의 사건들이었고, 끝내 1975년 초봄, 황사 불던 날 무더기 처형까지 감행되는 속에(민청학련 및 인혁당 사건 관련자 8명 전원에 대해 대법원이 사형 확정판결을 내린 지 18시간 만에 사형 집행. 이들은 지난 2007년 재심 끝에 전원 무죄 판결을 받고, 이어서 사상 최고액의 국가배상판결을 받음), 정작 바로 전환시대의 논리를, 그 불가피성·불가역성을 정정당당하게 논파한 저서는 시중을 휩쓸고 있었으니, 이것이 아이러니가 아니고 무엇이란 말인가.

— 이호철, 《산 울리는 소리: 이호철 문학비망록》, 정우사, 1994

흥미롭게도 당시 학계의 떠오르는 별이던 노재봉은 리영희의 《전논》 뒤표지에 이런 추천사를 썼다.

가설의 증언이라는 형식에 담은 이 책의 내용은 기실 증언에 의한 시대의 심판이다. 여기에 우리는 혼탁한 정치의 기류를 고발하는 양식과 지성의 용기를 본다.

위에서 언급된 인물들은 모두 지적 작업에 종사하는 전문적 교양인이었거니와, 이들보다 훨씬 많은 청년·대학생·샐러리맨·노동자 등에게 리영희가 준 충격은 더 컸고 심층적이었다. 한국사회의 기득권적 또는 상투적 의식 세계의 덫에 갇혀 있던 신념 체계가 일제히 붕괴되면서 그들은 모두 아찔한 현기증에 사로잡혔다.

의식화의 원흉

해방 후 30여 년, 오로지 반공·냉전·극우 논리가 휩쓸고 있던 우리의 정신풍토에서 광기어린 국가권력과 미국 중심의 세계 질서에 리영희가 날카로운 비판의 면도날을 들이댄 것이다. 1974년 유신의 한복판에서 리영희는 《전논》을 통해 인간 해방, 사상과 언론의 자유, 권위에 대한 저항, 이성의 승리 등 일관된 신념을 보여 주고 있다. 그는 대부분의 지식인이 체념에 빠졌을 때 중국의 부상, 베트남전쟁, 한미·한일 관계 등 당시 가장 민감한 주제들에서 비켜서지 않고 당당하게 맞섰다.

리영희는 베트남전쟁이 최고조에 이른 상황에서 냉전의 신화·우상의 실체를 인식해야 한다면서 전쟁과 국가의 기만성을 비판했다. 한국 국민이 닉슨의 중국 방문에 대해 하늘이 무너질 듯 놀라는 것을 보고 그는 탄식했다. 그는 《전논》을 통해 남한적 가치관과 이데올로기의 허구성과 진실을 위장했던 굳고 딱딱한 '가면'을 벗기려고 했다. 가치 의식의 총체적 해체를 의도한 것이다. 극우 반공 정권이 그 책과 저자를 '의식화의 원흉'으로 단정한 것도 무리는 아니었다.

《전논》은 중국에 대한 새로운 시각과 지식을 담고 있다. 저자 자신은 중국 문제에 관한 한 '해설자' 이상을 자처해 본 일이 없다고 했지만, 이 책은 당시로서는 충격적인 중국 종합 보고서였다. 중국은 우리의 영원한 적일 수밖에 없다고 확신하던 1970년대에 이 책은 정치·외교·역사 등 거의 모든 부분에 걸쳐 중국의 전혀 새로운 모습을 보여주었다.

당시 중국은 4000년에 이르는 전통적 정신문화의 토양에 서구적 전통과 사상을 접목시키는 거대한 실험을 전개하고 있었다. 중국의 지도자들은 자본주의의 물질적 요소들에 과감하게 문을 열어젖히고 있었다. 리영희는 이 책을 통해 중국 화교의 역할, 무역·군사대국화, 동북아시아 국제정치에서의 위상 등을 내다보았다. 30여 년이 지난 오늘의 시점에서도 이 중국 종합 보고서는 사실관계의 현실성에서뿐만 아니라 전망에서도 전반적으로 분석이 일치한다.

《전논》에서는 1970년대의 동북아 국제정치의 격변기에 일본 재등장의 현실을 냉정하게 직시했으며, 일본의 정치대국화·군사대국화의 본질을 정확하게 투시하고 있다. 미국의 대리자로서 중국을 견제하는 역할을 떠맡은 일본이 과거 역사를 되풀이할 수 있음을 리영희는 일찌감치 경계했다. 일본 자위대의 역할이 방위력에서 공격력으로 변질되고 일본 산업의 군사화와 평화헌법의 개헌 가능성 속에 아시아를 위협할 일본의 미래를 리영희는 그 시절 이미 구체적으로 예측한 것이다.

리영희는 베트남전쟁도 베트남 인민의 80년 동안의 반외세 투쟁, 반민중적 권력에 대한 민중항쟁의 연장선상에서 파악되어야 한다고 보았다. 리영희는 2차 대전 이후 1972년까지 베트남전쟁의 배경과 전개 과정, 성격 등을 날카롭게 분석했다. 한마디로 베트남전쟁에서 미국은 거대한 국가권력으로 제3세계 국가와 그 국민들의 의지와는 아무 상관없이 개입했음을 해부했다. 미국의 베트남전쟁 개입 논리는 30여 년이 지난 오늘, 크게 보아 아프가니스탄전쟁과 이라크전쟁 개입 논리로 연장되고 있다.

우상에 대한
이성의 도전

1975년 4월 30일 베트남이 패망하자 한국사회는 완전히 병영체계로 돌변했다. 1972년부터 한양대 신문방송학과 교수로 있던 리영희는 1976년 제1차 교수재임용법에 의해 교수직에서 강제 해임되어 실업자가 되었다. 리영희는 해직 6개월 만인 1977년 9월 창비에서 《8억 인과의 대화: 현지에서 본 중국대륙》을 펴내며 서문에 이렇게 썼다.

이유로 하여 우리 정부도 중공을 '비적성국가'로 규정하고, '중화인민공화국'이라는 공식명칭도 사용하며, 종래의 제한조치의 일부를 해제하는 등 이해성 있는 정책으로 전환한 지도 몇 해가 되었다. …… 체제가 다르고 살아온 배경이 다르다 하더라도, 거기도 사람이 사는 곳이다.

중국은 우리와 역사적으로 가장 관계가 오래고 깊은 나라였다. 그런데도 미국 · 프랑스 · 영국 같은, 중국 땅에서 가장 먼 곳 사람들이 잘 알고 있는 사실들을 정작 바로 이웃인 우리는 까마득히 모르고 있었다. "알면 재미없다"는 음험한 편견이 그때까지 우리를 겹겹이 에워싸고 있었기 때문이다. 공산 중국의 이데올로기와 정치 · 경제 · 사회체제, 문화정책이나 홍위병이 어떻고 하는 얘기는 숱하게 들어왔지만, 대개는 관념적인 것들이어서 장님 코끼리 만지는 식이었다.

정작 8억 · 이라는 인구가 와글거리는 실체에 대해서 우리는 접해 볼 기회가 없었다. 그런 미망과 금기를 깨고 리영희는 사실 자체에 정직하고 간명하게 다가갔다. 세계 인구의 6분의 1을 차지하고 있던 중국에 대해 사실 자체를 사실대로 알리려 한 것이다. 《8억 인과의 대화》가 일으킨 지적 파동은 《전논》이 나갔을 때 못지

않게 컸다.

출간 3개월 후인 1977년 11월 1일 리영희는 한길사에서 《우상과 이성》을 냈다. 훗날 『한국일보』의 평가에 따르면 이 책은 "한번도 의심받지 않았던 당시 한국사회의 도그마(우상)들에 대한 '이성'이란 이론의 도전장"이었다. 저자의 표현대로 "지식인들의 자기부정적 직무유기의 시대"에 출판된 이 책이 지식인 사회, 특히 대학가에 미친 영향은 대단했다. 대학가 서점에는 《우상과 이성》을 찾는 대학생들이 줄을 이었고, 도서관에 틀어박혀 있던 대학생들이 거리로 쏟아져 나오기 시작했다. 리영희는 《우상과 이성》 서문에 다음과 같이 썼다.

나의 글을 쓰는 유일한 목적은 진실을 추구하는 오직 그곳에서 시작되고 그것에서 그친다. 진실은 한사람의 소유물일 수 없고 이웃과 나눠져야 할 생명인 까닭에 그것을 알리기 위해서는 글을 써야 했다. 그것은 우상에 도전하는 이성의 행위이다. 그것은 언제나 어디서나 고통을 무릅써야 했다. 지금까지도 그렇고 영원히 그러리라고 생각한다. 그러나 그 괴로움 없이 인간의 해방과 발전, 사회의 진보는 있을 수 없다.

리영희는 중국 지식인 노신魯迅(루쉰)을 자신의 정신적 스승으로 생각했다. 노신의 글 가운데 진실을 안다는 것은 괴로운 일임을 토로한 대목이 있다. 리영희는 이렇게 전했다.

빛도 공기도 들어오지 않는 단단한 방 속에 갇혀서 죽음의 시간을 기다리는 사람에게 벽에 구멍을 뚫어 밝은 빛과 맑은 공기를 넣어주는 것이 옳은 일인지 아닌지를 궁리하면서 고민하는 상황의 이야기가 있다. 방속의 사람은 감각과 의식이 마비되어 있는 까닭에 그 상태를 고통으로 느끼지 않을 뿐더러, 자연스럽게까지 살아(죽어)가고 있다. 그런 상태의 사람에게 진실을 보는 시력과 생각할 수 있는 힘을 되살려 줄 신선한 공기를 주는 것은 차라리 죄악스러운 일일 수도 있지 않느냐 하는 말이다.

《우상과 이성》이 나온 직후 리영희는 남영동의 대공분실에 끌려가 조사를 받고 검찰에서 다시 조사를 받은 뒤 1977년 12월 27일 반공법 위반으로 기소됐다.《8억 인과의 대화》와《우상과 이성》이 모두 "해외 공산집단을 고무·찬양한" 것으로 반공법 위반이라는 게 이유였고, 그전에 낸《전논》까지 문제가 되었다.

리영희가 기소된 바로 그날 리영희의 어머니는 86세로 사망했다. 그는 감방 이불에다 어머니 빈소를 마련, 사과·건빵·관식과 김지하가 준 사탕을 차려 놓고 임종도 못한 불효자가 되어 소리 죽여 울었다. 리영희는 2심에서 징역 2년에 자격정지 2년을 선고받았다. 한심한 것은 2심 판결문이 검사의 기소장을 글자 하나 바꾸지 않은 채 검사 이름을 판사 이름으로 바꿔서 나왔다는 것이다.

그해 겨울 매서운 추위 속에서 2심 기소장과 똑같은 판결문의 내용을 기억력만으로 떠올리며 리영희는 공중에서 구름 잡듯이 대법원에 제출할 상고이유서를 썼다. 리영희는 추위에 얼어붙은 손가락으로 참고할 단 하나의 자료도 없이 일주일 동안 갖은 고생 끝에 200자 원고지 121

매 분량의 상고이유서를 썼다. 글자 수로 2만 4200자였다. 옥중에서 쓴 글로는 가장 긴 글이었고 논리 정연한 내용이었다. 이 글은 1987년 두레출판사에서 나온 《역설의 변증: 통일과 전후세대와 나》에 실렸다.

1979년 대법원의 최종 확정판결도 2심과 다름없었다. 확정판결을 받은 후 리영희는 다른 죄수들과 굴비처럼 엮인 채 광주로 이감되었다. 빨간 딱지를 왼쪽 가슴에 붙이고 용산역에서 일반객차의 한구석에 탔다. 비타민 결핍증으로 머리에서는 진물이 줄줄 흘렀다. 시베리아의 죄수들이 혹형을 사는 것과 다를 바 없었다.

1979년 10월 26일 박정희가 김재규의 총탄에 맞아 사망했다. 박정희의 사망 소식을 광주형무소에서 전해 들었을 때, 리영희는 너무나 감격에 벅차 자신에게서 눈물과 함께 웃음소리가 터져 나왔다고 뒷날 술회했다. 그때 리영희는 자신이 역사를 선취하고 살았다는, 새로운 역사가 바야흐로 실현된다는 감회에 젖었다.

'사상의 은사'

리영희는 1980년 1월 광주교도소에서 나왔지만, 5월 17일 신군부에 끌려갔다. 바로 이틀 전 비상계엄령 해제와 민주화를 요구하는 '지식인

134인 선언'에 참여한 것뿐이었는데, 어찌된 영문인지도 모른 채 남산 중앙정보부 암굴 지하 3층 감방에 들어간 것이다. 거기서 두 달가량 감금되었다가 7월에 석방되어서야 리영희는 자신이 '김대중 내란음모사건'에 관련되었다는 사실을 알고 기가 막혔다. 그가 지하실에 감금되어 햇빛도 보지 못하던 바로 그 기간에 이른바 제5공화국의 틀과 구도가 완성되고 있었다.

석방된 리영희는 대학에서 이미 해직된 상태였다. 그러나 리영희의 분신이던 책들은 판금조치로도 결코 가둬지지 않았다.《전논》은 1979년부터 불온서적으로 지목돼 시판이 금지되었으나, 학생운동권에서는 '필독서'가 되어 비밀리에 읽히고 있었다. 초판 발행 당시 정가 1300원짜리가 헌책방에서 1만 원 이상에 불티나게 팔렸을 정도다. 웃지 못할 일은 당시 검찰 관계자들까지 출판사에《전논》을 단체로 주문하는 일이 벌어졌다는 것이다.《우상과 이성》도 금서 목록에 올랐지만 1986년 7월 초까지 7만여 부의 판매량을 기록했다.

1980년대 초 중앙정보부에서 한국 학생운동의 맥락을 다룬 연구보고서를 낸 적이 있다. 그 보고서에 따르면 당시 대학생들에게 사상적 영향을 미친 30권의 책 중 1위가《전논》, 2위가《8억 인과의 대화》, 5위가《우상과 이성》으로 나타났다. 프랑스의 유력지『르몽드』는 리영희를 한국 젊은이들의 '사상의 은사'로 평가했다. 그러나 군사정권과 그들의 추종자들은 '의식화의 원흉'으로 리영희를 '사상의 시장'에서 제거하려고 비열하고 폭력적인 온갖 올가미를 만들어냈다.

지식인의 삶 앞에 던져진 과제들을 회피하거나 상황과의 관계 설정을 얼버무리는 태도를 경멸했던 리영희에게는 그 후 많은 고통이 뒤따랐다. 1980년부터 4년여의 세월을 리영희는 호구지책을 위해 주로 번역일로 보냈다. 이 기간 중 그는 주로 '편역' 작업을 했고, 그 결과 1982년에《중국백서》, 1983년에《10억 인의 나라: 모택동 이후의 중국대륙》(두레) 등을 잇따라 펴냈다. 그중《10억 인의 나라》는《8억 인과의 대화》속편이라고 볼 수 있다.

해직 중이던 1984년 1월 리영희는 '기독교사회문제연구소 각급학교 북한 찬양모임' 사건으로 반공법에 위반되어 또다시 구속·기소되었다. 리영희에게는 이 사건이 정말 황당무계하고 어처구니없는 일이었다. 결국 리영희는 기소유예로 두 달 정도 만에 석방되어 해직 4년 2개월 만인 1984년 7월 한양대에 다시 복직할 수 있었다. 전두환 정권의 이른바 유화정책 덕분이었다.

반골 투사가 되다

1980년대 리영희는 그 밖에도 1984년《분단을 넘어서》(한길사), 1985년《베트남전쟁: 30년 베트남전쟁의 전개와 종결》(두레)을 출간했으며, 1987년에는《역설의 변증: 통일과 전후세계와 나》(두레)를 내놓았다. 《역설의 변증》에 실린 '우상과 이성 일대기'라는 글에서 그는 노신의 글에는 현학적인 요소가 없고 자신이 사는 시대에 한정된 역할로 만족하는 소박한 태도가 보여 좋다고 했다. 리영희는 이에 앞서 『신동아』 1977년 7월호 '명사를 감동시킨 119권의 책'에서《노신선집》을 들면서, 자신의 글쓰기 철학을 넘어서 삶의 궤적에 이르기까지 노신은 자신의 스승이면서 자신의 삶 속에 녹아 있다고 했다.

작품에서 나는 구체적 상황 속 개인의 삶을 배운다. 변혁의 사상을 배운다. 그리고 앞으로는 질타하면서 뒤로는 울고 있는 그의 따뜻한 마음을 느낀다. 노신은 55년간의 길지 않은 인생을 유감없이 살다 갔다. 혹독한 권력의 탄압과 병고에 시달리면서도, 불굴의 정신으로 '5억의 우매한 머리'를 깨우쳤다. 그는 해군사관, 광산 · 철도 기사, 의학도, 생물학 교사, 문학교수, 문학가, 사상가의 길을 걸었다. 꽤나 우여곡절이 많은 인생이다. 나와 비슷한 인생 궤적 때문에 더욱 타인 같지 않다.

리영희는 1987년 8월부터 1988년 2월 말까지 한 학기 예정으로 미국 버클리대학의 초청을 받아 아시아학과에서 '한민족 현대정치운동사'를 강의하고 귀국했다. 귀국 후 1988년 3월 리영희는 창비에서 《역정: 나의 청년시대》란 자전적 에세이를 출간했다. '책을 내는 변명의 말'에서 리영희는 '자기에 관한 이야기'를 내놓으려니 독자들에 대한 도덕적 의무감에서 한마디 하지 않을 수 없다고 했다.

나는 1960년대부터 활화산처럼 타오르는 이른바 '의식화의 원흉'으로 몰아치는 권력에 의해서 60년대 · 70년대 · 80년대에 각기 한 차례씩, 그에 대한 정권의 보복으로 세 차례 반공법에 의한 옥고를 치러야 했다. …… 70년대와 80년대의 민주화혁명의 과정에서 무수히 많은 이 나라의 젊은이들이 국가보안법과 반공법으로 권력에 의한 탄압을 받는 법정에서 《전환시대의 논리》를 비롯한 나의 저서들이 문제의 발단이라는 사실을 확인할 수 있었다. 국가권력의 대리인인 검찰의 논고는 사건마다 나의 저서들을 열거하며 매도했다. …… 그로 인해서 나는 수많은 재판의 증인으로 지정되고 또 증인대에 서야 했다.

"권력의 핍박을 받는 그들 정의감에 넘치는 고결한 정신의 소유자들"이 자신의 저서에 처음으로 접한 뒤부터 겪은 내면적 변화에 따르는 희열과 갈등, 그로 인한 실천적 삶의 과정에서 당한 시련과 고통에 관해서 리영희는 무한한 기쁨과 동시에 무거운 도의적 부담을 느꼈다. 그들의 삶의 질과 내용과 방향에 일어난 변화에 일단의 책임을 느낀 리영희는 자신의 삶과 살아온 과정을 고백하기에 이르렀다. 글을 쓰기 시작한 것은 1980년 광주민중항쟁의 '배후 조종자' 가운데 한 사람으로 땅속에 갇혔다가 풀려 나온 1982년 겨울부터였고, 이 책에 나온 리영희의 인생역정은 소년시절부터 1963년까지였다.

리영희의 삶을 반골로 '전향'시킨 계기로는 주로 군대 생활의 체험이 언급되고 있다. 6 · 25전쟁의 무의미에 대한 회의, 국민방위군 사건과 거창 양민학살 사건, 후방에서 겪은 한국이라는 국가의 실체, 무엇보다 군 복무 중 일어난 동생의 사망이 리영희를 그렇게 몰고 간 것으로 되어 있다. 또 다른 계기로는 합동통신과 『조선일보』 기자 시절 겪은 체험을 들 수 있다. 국제정세에 대한 신속한 정보를 접하면서 1960년대에 알게 된 베트남전쟁과 중국의 문화혁명 등이 리영희의 세계관을 바꾼 또 다른 계기가 되었다는 것이다.

그러나 군 생활을 하면서 군대의 부정과 부패, 민간인 학살사건, 가족의 사망(소식)을 접한 사람은 리영희만이 아니다. 같은 논리는 리영희의 기자 생활에도 적용된다. 그 무렵 같은 정보를 접하고 일하면서도 전화에 자동차까지 구입하고 '섰다판'을 벌이면서 호화로운 생활을 한 기자가 훨씬 더 많았다.

그렇다면 리영희는 언제 무슨 계기로 반독재 · 반냉전 · 민주화의 투사가 되어 갔는가? 언제 반골정신이 형성되었는가? 리영희는 1929년 12월 평북 운산군 북진면에서 출생, 그 후 삭주군 외남면 대관공립보통학교를 졸업하고, 1942년 경성공립공업학교에 입학했다. 해방 1년 뒤인 1946년 혼란과 절망, 고학의 어려움, 우유부단한 성격 속에서 "학비 면제, 숙식 · 제복 국가부담"이라는 해양대학의 공고는 그에게 '구세주'라 할 만한 혜택이었다. 중학교와 대학 시절을 통해 리영희는 소심한 면이 많던 평범한 학생으로 뒤늦게 민족의식에 눈뜨기 시작했다.

분단과 전쟁을 체험하면서 리영희는 민족의식과는 다른, 민족 분단에 대해 느렸지만 분명하게 눈떠 갔다. 군대는 리영희에게 '의식화'의 중요한 계기가 되었다. '지리산'이 리영희에게도 서서히 다가왔다. 1950년 지리산의 '공비토벌'에 리영희는 두려움 없이 끼어들었다. 지리산에서 《태백산맥》의 염상진과 리영희가 서로 적으로 대면할 수도 있었다는 말이고 보면 민족적 비극이 아닐 수 없다. 이 시기를 통해 리영희의 의식에 이데올로기적 당파성이나 충성심은 없었다. 그러면서도 "순진하고 직선적인 정의감에 불타는 애국주의자였던 것 같다"고 그 무렵의 자신을 되돌아보았다.

후방에 배치된 뒤 리영희는 본격적으로 '현장체험 학습'을 했다. 리영희는 한국 군대의 무원칙하고 비효율적이며 즉흥적인 인사 배치에 놀랐다. 그는 미국 군대가 사용하다가 철수하면서 남긴 재산을 접수하며

'군사 원조'의 실체를 똑똑히 목격했다. 예컨대 "이 전기 소켓은 신품이 1달러짜리인데 인계인수 서류에서는 중고품 가격으로 30센트, 콘크리트 보도는 거의 무상"이라는 식이 미군의 군사 원조 계산법이었다. 미군 장교의 복장이 바뀌어 그때까지 입고 있던 폐품을 지급하면 한국 군대는 덥석 받아들고 '한국군의 장교 정복'으로 만들어 버렸다.

리영희가 7년간 지낸 군대는 인간에 대해 '근원적으로' 아무런 인식이 없던 사회였으며 본질적으로 반민중적이었다. 이북에서 내려온 한 청년의 내면에 끊임없는 회의와 질문, 허위와 가식으로 가려진 진실을 밝혀내려는 종교적인 신념이 자리잡아 갔다. 리영희에게 '코페르니쿠스적인 대전환'이 일어난 것이다.

소심하고 착하며 유순하고 순응적인 리영희가 이러한 모순과 부패 속에서 '돌아 버리지' 않고 살았으니 그 가슴속에 쌓인 것이 무엇이고 얼마만큼이었을까. 마침내 포화 상태에서 분출의 기회가 왔다. 군대에서 익힌 영어로 통신사에 입사한 것이다. 거기서 리영희는 '미친 듯이' 공부하고 일했다. 체험이 토대가 되고 지식과 관찰을 통한 인식이 덧붙여져 그의 내면에는 엄청난 변화가 일어났다. 반공주의의 비이성적인 색맹 상태도 극복되었다.

뒤늦게나마 역량이 발휘되는 대기만성형의 리영희는 30대 말까지 이론과 실천의 결합을 위해 공부하며 자신의 생각을 글로 썼다. 리영희의 해직과 투옥의 역사는 리영희의 실천의 증언이다. 1964년 『조선일보』 기자로 있을 때 '아시아·아프리카(AA) 외상회의에서 남북한 동시 유엔 가입안 검토 중'이라는 제목의 기사를 써서 리영희는 반공법 위반 혐의를 받아 구속·기소되었다. 2심에서 선고유예판결을 받고 풀려났다.

1960년대 리영희는 베트남전쟁과 한국군 파병에 대한 반대 입장 때문에 신문사 안팎으로부터 거센 시달림을 받다가, 1968년 결국 『조선일보』에서 쫓겨났다. 1970년에 합동통신 외신부장으로 있었으나, 이듬해 '64인 지식인 선언'으로 합동통신에서 다시 해직되었다. 1972년에 한양대학에 들어간 리영희는 1974년 '민주회복국민회의'에 가담, 1976년 교수재임용법에 의해 교수직에서 강제 해직당했다. 리영희는 언론사에서 두 번, 대학에서 두 번 해직당했다. 그리고 박정희 정권 아래서 두 번, 전두환 정권 때 두 번, 노태우정권 때 한 번 등 모두 다섯 번에 걸쳐 구속되어 세 번의 유죄판결을 받고 총 1012일을 감옥에서 보냈다.

리영희는 1989년 12월 환갑을 맞았다. 그때 그는 "아무리 의로운 일도 어떤 선에서 멈출 줄 모르면 오만이 된다"(《자유인, 자유인: 리영희 교수의 세계인식》, 범우사, 1990)고 하면서 "지나온 생의 한 장을 접고, 새 삶의 장을 열기에 앞서 잠시 자신을 성찰해야 할 건널목"에 섰다. 리영희의 성찰은 1990년대 내내 침묵으로 나타났다.

한국의 지식인은 대개가 솔직하지 못하다. 권력의 탄압에 굴복하거나 오직 '공부'로만 얻은 기존의 사회과학 이론에 숨어 한국 현대사의 온갖 현실 해석과는 담을 쌓거나 고답적인 알레고리 속으로 잠수해 버리기 일쑤다. 한국사회를 지배하고 있는 서구 사회과학은 학문의 세계 속에서 일종의 우상이 된다. 법칙상의 효용에 묻혀 현실적인 사회 환경의 변화에 대해 이들은 속수무책이거나 외면하기 일쑤였다.

1991년 1월 리영희가 강연 아닌 간담 형식으로 술회한 '지적 고민의 고백'은 지식인 사회에 상당한 파장을 몰고 왔다. 그는 '사회주의의 실패를 보는 한 지식인의 고민과 갈등: 사회주의는 이기적 인간성을 변화시킬 수 없는 것인가?'를 통해서 공산주의·사회주의의 패배를 솔직히 인정했다. 그는 이 간담에서 지식인 집단의 환경예측 능력 상실의 시대를 고백했다. 이 날의 간담 내용은 『신동아』 3월호에도 게재되었다. 수많은 리영희의 제자들이 아우성쳤다.

리영희로서는 곤혹스러운 일이 아닐 수 없었다. 리영희가 『사회평론』 1991년 6월호에서 서중석과 인터뷰한 대화의 한 대목에 리영희의 그런 곤혹스러움이 잘 드러나 있다.

나는 지금 거대한 역사적 변혁 앞에서 지적·사상적 그리고 인간적 겸허의 무게에 짓눌려 있는 심정입니다. 그와 동시에 주관적 오류나 지적 한계가 객관적 검증으로 밝혀질 때, 부정된 부분을 '사상적 일관성'이라는 허위의식으로 고수할 생각은 없습니다. 더 공부해야겠다는 생각이 간절합니다.

새는 좌우의 날개로 난다

진실은 균형 잡힌 감각과 시각으로만 인식될 수 있다. 균형은 새의 두 날개처럼 좌와 우의 날개가 같은 기능을 다할 때의 상태다. 이 자연의 법칙은 인간 사유에서도 가장 건전한 상태다. 진보의 날개만으로는 안정이 없고, 보수의 날개만으로는 앞으로 갈 수 없다. 좌와 우, 진보와 보수의 균형 잡힌 인식으로만 안정과 발전이 가능하다. 리영희는 1994년 7월 두레출판사에서 출간한 《새는 좌우의 날개로 난다》에서 이런 이치를 역설했다. 이 책의 제목은 리영희의 1990년대에 걸친 대표적 화두였다.

『역사비평』 1995년 여름호 인터뷰 '리영희-냉전 이데올로기의 우상에 맞선 이성의 필봉'에서 '새는 좌우의 날개로 난다'라는 그의 화두는 좀 더 상세하게 설명되었다. 김동춘이 리영희의 책을 통해 리영희가 반공체제라는 거대한 우상을 무너뜨리는 효과적인 무기로서 냉전 논리를 부수기 위해 중국이나 베트남의 경우를 끌어들인 것 같고, 그러다 보니까 중국이나 베트남 사회가 지나칠 정도로 이상화된 측면이 있지 않느냐고 질문하자, 리영희는 거기에 대해 대체로 인정했다.

우리의 상황에 직접적으로 사상의 칼을 들이대거나 대항할 수가 없어서 외부의 유사한 상황에서 투쟁이나 대안을 비추어줌으로 해서 같은 효과를 얻으려다 보니, 마치 시계의 추가 균형을 잡기 위해서는 이쪽 끝과 저쪽 끝을 맞추어야 하는 것과 같은 의미에서 그렇습니다. 그 후 더 많은 정보가 자유롭게 들어오면서 지난날에는 밑에 깔려서 밝혀지지 않고 숨겨지고 잠재해 있던 그런 일면의 사실들을 보게 되는 것 같아요. …… 그런 측면은 분명 시인합니다.

1998년 리영희는 시민적 유대를 통한 계몽적 사회개혁운동이 필요하다고 역설했다. 그 운동을 관통하는 이념은 폭력 · 제도 · 계급 · 이데올로기가 아니라 인간의 행복, 생명의 존중을 동기와 목적으로 하는 아주 일상적이고 구체적인 문제여야 한다고 했다. 이어서 1999년 "휴전선 남과 북에는 지옥도 없고 극락도 없다"면서 《반세기의 신화》를 출간했고, 그해 말 고희 기념선집으로 《동굴 속의 독백》을 냈다.

『연세대학원신문』은 1999년 12월 '20세기 인문과학분야에 가장 영향을 끼친 학자의 저작'을 위해, 교수와 대학원생을 대상으로 설문조사를 했다. 리영희는 그때 국내 학자 가운데 첫째로 꼽혔다.

1990년대 리영희는 30여 년 동안 사회현실과의 끊임없던 긴장 관계, 자신과의 내면적 싸움을 반납하고 소용돌이의 시대 상황에서 한발 물러나 휴식을 취하고 싶어 했다. 그러나 세상은 그를 내버려두지 않았다. 그러던 2000년 말 리영희는 느닷없이 닥친 뇌출혈 때문에 쓰러졌다. 너무 혹독하게 시대와 역사 앞에 자신의 기를 다 소진한 탓이리라. 그 후 한동안 사고와 행동과 언어의 장애 속에서 건강을 회복하기 위해 힘겨운 싸움을 벌였다. 그러던 2003년 미국이 이라크를 침공했을 때 리영희는 파병 반대 시위 현장에 다시 모습을 드러냈다.

《전논》을 집필하던 때 리영희는 제기동의 대지 26평에 건평 13평짜리 허름한 집에 거처했다. 당시 그의 서재는 여느 지식인 또는 독서인의 그것과는 판이하게 달랐다. 그의 서재에서 주위의 시선을 사로잡은 것은 손때 묻고 낡은 스크랩북과 파일들이었다. 국제정세 관계 기사를 오리고 붙여서 만든 스크랩북은 누런 포장용지를 접고 자르고 구멍을 뚫고 풀로 붙여서 만들었다. 거기에는 미국·중국·베트남·제3세계 등 국제정세에 대한 사실이 만재되어 있었다. 특히 미 국무성·국방성·의회의 비밀문서와 공청회 기록 등은 좀처럼 개인이 입수하기 어려운 고급정보였다.

진실주의자

'단순한 생활, 드높은 정신'은 리영희의 생활신조다. 물질에 집착하면 도덕적 · 정신적 성숙도에 반비례한다고 리영희는 보았다. 리영희는 글을 쓸 때 통계수치 하나를 찾기 위해 자료실을 뒤져 20년 전 그 날의 관련 보도자료를 찾아내고 항상 새로운 발상, 새로운 근거자료를 찾아 헤맨다. 그는 또 새로운 지식과 정보, 독자들의 판단을 위한 가장 균형 잡힌 자료 제시, 자료에 대한 관점 · 의미 · 사실성에 특별히 공력을 들인다.

리영희는 글을 쓸 때 '난해하게 꼬아 트는 문화주의적 세련'을 혐오한다. 그런 허영의 지적 논리 대신 글 한 편 한 편에서 이유와 근거를 분명하게 제시하고 이론적 틀을 단단하게 구축한다. 그는 연구를 하거나 학문을 추구하는 점에서 형이상학적 사변에 의한 이론 조작을 중시하지 않는다. 무슨 문제든지 치밀하게 구성하는 것, 문제의 구조를 통계나 보고서 등 실증적으로 분석하는 데 집중했다. 중요 문제를 족집게처럼 정확하게 짚어내는 현실 분석의 탁월함이 이로부터 나왔다.

글을 쓸 때 리영희가 바치는 에너지는 자료수집에 70퍼센트, 나머지 10퍼센트는 구성에, 20퍼센트는 쓰는 데 할애되었다. 그는 200자 원고지 몇 매를 쓰기 위해 예닐곱 권의 책을 뒤적이는 일이 보통이며, 칼럼 한 편을 쓰기 위해 미국 상원의원 회의록 1200쪽을 읽어 겨우 한두 가지 통계자료를 찾아낼 때도 있었다. 독한 기자 정신이며 실증 정신이다.

언로가 폐쇄되고 사실과 진실의 발설에 억압이 가해지는 상황에서 리영희의 글쓰기는 그 자체가 지식인의 실천이었다. 변화무쌍한 한국사회, 그것도 추상이 아닌 현실의 세계를 실증적으로 다룬 지식인 중 리영희처럼 오랜 세월 인구에 회자된 인물은 드물다.

리영희와 평소 허물없이 대하던 이호철은 인간적 정을 듬뿍 담아 리영희를 "꼼꼼하고 쫀쫀하고 깐깐한 좁쌀영감"이라고 했다. 그를 두고 무슨 '주의자'라고 규정하고 싶은 이들도 있겠지만, 현상을 분석할 때 이론이나 법칙이 아니라 사실과 진실에서 출발한다고 볼 때, 리영희는 차라리 '무無주의자' 또는 '반反이데올로기주의자', 아니 '진실주의자'일지 모르겠다. 혹시 그런 '주의자'도 있다면 말이다.

08

'분단시대'
패러다임
만든
원로
역사학자의
실천적
학문 역정

08

강만길(1933~)

역사는 직선으로만
가지 않는다

2009년 11월 28일 친일반민족행위진상조사위원회(이하 친일진상규명위)
의 성대경 위원장과 상임위원 그리고 일부 위원들이 진해시 봉하 마을
을 찾았다. 이들은 이날 오후 故 노무현 대통령 영전에 4부 25권 총 2
만 1000여 쪽 분량의 〈친일반민족행위진상규명조사결과보고서〉를 봉
정하고 분향했다. 친일진상규명위는 일제강점기를 제1기(1904년 러일전
쟁~1919년 3 · 1운동)와 제2기(1919년 3 · 1운동~1937년 중일전쟁), 제3기(1937
년 중일전쟁~1945년 해방)로 나누어 친일반민족행위대상자를 조사, 1005
명의 최종 명단과 그 행적을 발표했다.

　1 · 2기에 이은 3기 명단에는 여성계에선 고황경 · 김활란 · 모윤숙
· 박인덕 · 송금선 · 황신덕, 문화예술계에선 김은호 · 심형구 · 홍난파
· 현제명 · 이능화 · 정만조, 언론계에선 김성수 · 방응모, 종교계의 권
상로 · 장덕수 등이 포함됐다. 이들을 옹호하는 입장에 선 사람들은 이
명단 발표가 대한민국의 정통성을 갉아먹었다고 분노하면서, '신친일반

민족청산위원회' 구성까지 제안하고 나섰다. 주로 우익 진영 인사, 친일 명단에 낀 당사자와 직·간접적으로 얽혀 있는 혈연관계나 단체 또는 재단 그리고 뉴라이트 계열에서 문제를 부풀려 마치 전선을 형성하는 듯한 형국이었다.

강만길 초대 위원장은 앞선 보고서에 실은 축사에서 "노 전 대통령이 당선인 시절 '취임하면 과거청산을 해야겠으니 그때 도와달라'고 했다"고 밝혔다. 위원회는 2003년 노 전 대통령이 취임한 직후 첫 3·1절 기념사에서 "대한민국 역사는 정의가 패배하고 기회주의가 득세한 역사"라고 규정한 뒤 만들어졌다. 2004년 3월 22일 '일제강점하친일반민족행위진상조사규명에 관한 특별법'이 공표되고, 이듬해 초 광복 60주년을 맞아서 강만길은 이해찬 국무총리와 함께 광복 60주년 기념사업 공동추진위원장 자리를 떠밀리다시피 해서 맡게 되었다. 곧이어 친일반민족행위진상규명위원회가 만들어지게 되었으니, 이 위원회의 위원장 자리야말로 강만길이 있어야 할 자리였다. 강만길은 민족과 역사 앞에 마지막 봉사를 하는 기회로 여기면서 그 직을 수락했다. 과거사 청산은 한국 현대사 최대의 숙제로 60여 년이나 미루어져 온 민족사의 암세포였다.

일찍이 이승만 정권하에서 한때 반민족행위특별조사위원회(반민특위)가 결성되었으나, 그들은 걸핏하면 정권의 핍박을 받다가 끝내 해체되고 말았다. '반공', '반일'을 국시처럼 부르짖던 이승만 정권은 오히려 친일분자들을 비호해서 이들을 건국 후 각계의 요로에 앉혔다. 5·16쿠데타 세력은 기본적으로 일제강점기 일본군에서 복무, 사무라이 정신과 일본 군국주의 정신에 깊숙이 침윤된 정신적 식민지인들이었다. 더구나 박정희 정권은 한일회담을 통해 과거 일본의 그 엄청난 죄악을 몇억 달러에 팔아먹은 뒤 미·일 동맹 체제의 종속 체제 속에 한국을 끼워 넣어 이른바 한·미·일 삼각체제를 형성하는 데 매달렸다.

결국 과거 청산은 노무현 정부로 이월되었고, 2005년 5월 해방 후 환갑에 가까운 세월이 지나서야 '제2의 반민특위'가 결성되기에 이르렀다. 그러나 위원회의 활동에 대해서 일각에서는 처음부터 딴죽을 걸었다. 앞으로 할 일도 많은 터에 새삼 무슨 과거 청산이냐, 지금은 미래로, 세계로 나아가는 데 박차를 가할 때라는 것이었다. 얼핏 들으면 공자 말씀이다. 그러나 친일·반민족 행위가 역사의 파도 속에 묻혀 버리는 한 한반도 분단과 냉전 세력의 뿌리를 뽑아낼 수 없다는 문제에 바로 맞닥뜨린다. 오늘 우리 사회의 지도층 또는 기득권층의 지형은 이들에 의해 이지러질 대로 이지러져 있다. 이들에 대한 단죄야말로 잘못된 역사를 위한 씻김굿이며, 다가올 민족 통일의 날을 위한 걸림돌 치우기 작업이다.

2007년 5월 위원회 업무가 어느 정도 궤도를 잡은 뒤 강만길은 위원장 자리에서 물러나 동해안의 조그만 공간에 머무르면서 세상사와 사실상 몌별袂別, 독서와 여행으로 소일했다. 그러나 타고난 부지런함과 역사에 대한 책임감은 그를 잠시도 쉬게 하지 않았다. 1985년에 나온 《한국민족운동사론》과 1990년에 나와 절판된 《통일운동시대의 역사인식》의 증보판을 2008년 서해문집에서 내놓았다. 앞의 책엔 일제 식민지 지배 청산 과제에 대한 글이 새로 실렸고, 뒤의 책엔 역사학자로서 유일하게 참여한 2000년 '6·15남북공동성명'과 관련된 부분을 추가했다.

이어서 2009년에는 1999년에 처음 출간된 《20세기 우리 역사》의

뒷부분에선 김대중 정권의 출현에 두 장을 할애했다. 강만길은 김대중 정권이 들어선 것은 우리 정치 현실에서 최초의 수평적 정권교체가 이루어졌다는 것, 그리고 6·15남북공동선언은 민족 통일의 신기원을 개척한 역사적 사건이라고 평가했다.

2008년 8월 『한겨레』의 안수찬 기자는 오랜만에 강만길을 만났다. 한사코 인터뷰를 피하려는 그에게 이명박 정부 출범 이후 보수의 독주가 너무 일방적으로 이루어지고 있지 않은가 하는 문제를 제기했다. 강만길은 이렇게 대답했다.

역사라는 게 꼭 직선적으로 가는 것은 아니다. 지그재그가 있기 마련이다. 지금은 역사 흐름이 오른쪽으로 방향을 바꾼 때다. 이제 어느 시기가 되면 또 왼쪽으로 바뀔 수 있을 것이다. 그러나 좌건 우건 방향을 바꿀 때 그 포용의 각도가 넓어야 한다. 그래야 역사가 앞으로 나아갈 수가 있다. 오른쪽으로 틀더라도 너무 오른쪽으로 흐르지 말라고 말하고 싶다. 진 보세력도 너무

불안하게 생각할 필요가 없다. 언젠가는 또 진보 세력이 정권을 쥔다고 생각하고 거기에 대비해야 한다. 그래야 앞으로 나아가는 길이 더 넓어진다.

지금 내가 역사를 보고 있구나

2008년 뉴라이트 지식인을 중심으로 8월 15일을 건국절로 기념하자는 주장이 제기되었고, 또 얼마 전에는 한국현대사박물관 건립 계획이 발표되어 상당한 논란이 있었다. 결국 정부에서 국립대한민국관으로 계획을 변경함으로써 문제는 일시 사라지는 듯했으나 어디까지나 일시적 봉합일 뿐, 언제든 내연의 불씨를 안고 있다. 이에 대해서도 강만길은 답답한 심정인 것 같았다.

1945년이 없었다면 1948년 8월 15일이 가능했겠는가. 민족이 해방되지 않으면 건국은 있을 수 없는 일이다. 1948년 8월 15일은 1945년 8월 15일의 부속물이다. 만약 그 사실을 부정한다면, 해방을 가져온 우리 독립운동 세력의 희생과 노력을 무시했다는 이야기다. 독립운동을 벌인 임시정부의 법통을 밝힌 헌법도 부정한다는 이야기다. 일제로부터 해방되는 것과 패전한 일본이 물러간 뒤에 정부를 세우는 것 가운데 무엇이 더 어려운 일이었겠나. 정말 그렇게까지 역사를 뒤집을 생각을 한다는 것인가.

강만길은 2000년 6월 14일 밤 평양의 백화원 초대소 연회장에서 김대중 대통령과 김정일 국방위원장이 남북공동선언에 합의한 순간을 평생 잊을 수 없다고 했다.

남북 두 정상이 굳게 손을 치켜들고 6 · 15공동선언을 발표하던 현장에서 …… 동갑내기 고은 시인과 서로 붙들고 '우리 지금 죽어도 여한이 없다'고 절규했던 일이 지금도 어제 일같이 생생합니다.

1999년 그는 30여 년간 몸담아 온 고려대 교수직에서 정년퇴직했다. 김대중 정부가 출범한 후 민족화해협력범국민협의회가 결성되자, 강만길은 이 협의회의 공동의장이 되었으며, 그 대표 자격으로 남북정상회의에 초대되었다. 역사학자로서는 유일했다. 그는 역사의 현장에 있으면서 '지금 내가 역사 그것을 보고 있구나'를 실감했다. 한반도가 하나되는 그 날을 민족 최대의 과제로 생각하고 살아온 강만길에게 6 · 15공동선언의 그 자리는 분명 역사의 자리였다. 또 민족 분단을 넘어 통일에 이르는 과정을 우리 시대 역사의 최고 · 최대의 테제이며 민족적 명제의 제1과 제1장으로 여겨 온 실천적 지식인 강만길에게 그 자리는 역사가 현재진행형으로 이루어지는 생생한 현장의 한 페이지였다.

학문적 죽비

'분단시대', 좀 더 엄밀하게 말하자면 '분단극복시대'는 강만길이 1970
년대 후반 분단체제 속에 안주하던 우리 역사학자들의 의식에 내려친
'학문적 죽비'였다. 오늘에 와서 분단시대에 대한 인식은 정치 · 경제 ·
사회 · 문화 전 영역으로 그 외연을 확산하기에 이르렀고, '분단시대 사
학' 또는 '분단극복 사학'은 강만길의 학문적 브랜드가 되었다. 분단시대
란 용어는 강만길이 천관우에 대해 '한국사의 재발견'이란 서평을 창작
과 비평에 실음으로써 세상에 첫선을 보였다. 천관우는 해방 후에 배출
된 탁월한 언론인이자 제1세대 역사학자 중 대표적인 인물이며 그의 역
사학은 따라서 한 시기의 특징을 고스란히 지닌다고 강만길은 생각했다.

　서평을 쓰면서 강만길은 책의 내용에 대한 평가도 중요하지만, 앞
으로 우리 근현대사가 정리되는 경우 '천관우 사학'이 어떤 위치에 있게
되겠는가 생각하면서 글의 한 대목에서 이런 구절을 넣었다.

> 1945년이 시기구분의 커다란 분수령이 되리라 짐작할 수 있으며, 1945
> 년 이후의 사학사가 어디에서 시기구분의 근거를 구할 수 있을지 의문
> 이지만, 앞으로 통일된 민족국가를 수립하는 때가 바로 1945년 이후 사
> 학사 시기구분의 또하나의 분수령이 되리라 쉽게 짐작할 수 있다.

> 1945년 이후부터 민족 통일이 이루어질 앞으로 어느 시기까지를 사학
> 사적 입장에서 이름 붙인다면 '분단시대 사학'이라 할 수 있을 수 있을
> 것이다.

이름 붙인 분단시대란 말이 앞으로 일반사적 시대구분에 있어서도 그대로 적용될 수 있을 것인지는 장담할 수 없지만…….

강만길은 '천관우 사학'을 1945년 이후 우리 역사학계의 대표적 존재 가운데 하나라고 생각하면서, 그의 역사학을 '분단시대 사학'이라 표현했는데. 이것이 아마 '분단시대'란 말이 글로 쓰여진, 특히 역사적 의미로 쓰인 최초의 경우가 아닌가 한다.

역사학계는 그때까지 1945년 이후를 '해방 후 시대'로밖에 인식하지 못하고 있었다. 그렇다고 해서 1945년 이후를 막연하게 '해방 후 시대 사학'이라 함은 아무 의미가 없다는 것이 강만길의 그때 생각이었다. 우선 그 명칭이 너무 몰가치적이고 비학문적인 것 같아서 영 마음에 들지 않았던 것이다. 8월 15일 이후 시기에 대한 역사성 있는 명칭이 반드시 있어야 하겠는데, 그것은 이 시기의 전체 민족구성원의 염원인 민족 통일문제와 연관되는 것이어야 한다는 생각에 차츰 다가갔다. 결국 강만길은 통일을 전망하고 지향하면서 반드시 극복해야 할 시대로서의 '분단시대'란 명칭을 창안했다. 이름 속에도 역사가 담겨 있다.

현대사는 '분단의 감옥'

한국 사학계가 식민사관의 잔재인 정체성론을 되풀이하고 다분히 후진적인 실증주의에 빠져 있을 때, 매운 죽비로 등장한 분단극복 사학은 현실 직시의 학문이 구체적으로 무엇인지 선구자적으로 보여 주었다. 이 이론의 태생적 성격은 특정한 '이론'이라기보다는, 기존의 학문이 구성되는 무의미한 방식에 제동을 건 일종의 사고전환의 기폭제였다는 점을 기억해야 한다. 따라서 그 역사적 전개를 체계적인 이론화의 과정으로 보기보다는, 열린 시각에서 민족사의 현안들과 대화하며 성장한 일종의 역사철학으로 파악하는 것이 이 사관의 순기능들을 평가할 수 있는 객관적 전제가 될 것이다.

한국 현대사는 소용돌이의 역사였고, 음울하고 고통에 찬 시대고의 세월이었다. 이 시기를 겪은 개인에게는 학살 · 암살 · 처형 · 투옥 · 고문 · 불법연행 · 사건날조 · 부당해고 · 강제헌납 등이 다반사였고, 정치 사회적으로는 좌우익의 대립과 민족적 · 진보적 세력에 대한 탄압, 친일파 · 친미파의 득세, 한국전쟁, 군사독재, 장기집권, 권위주의, 지역주의의 극성 등 이루 헤아릴 수 없는 문제로 뒤덮인 세월이었다.

한마디로 한국 현대사는 민족적 어둠의 골짜기였다. 그리고 그 한가운데에 남북한의 분단의 고착화가 괴물처럼 버티고 서 있어 남과 북의 연결신경은 일체 끊어진 상태였다. 해방 후 우리의 민족 모순은 민중의 삶을 짓누르는 질곡이었으며, 민족문제는 분단과 통일문제로 압축할 수 있다. 1960년대부터 고려대에서 한국사를 강의하기 시작한 강만길은 한국 현대사를 '분단의 감옥'으로 파악, 이를 해방시키는 것이 오늘의 우리 역사학에 안겨진 책무라고 생각했다. 1945년 이후의 시대는 그로부터 '해방 후의 시대'란 무의미성에서 벗어나 '분단시대'로 그 내용의 속살을 드러내었다. 1980년대 초 각 대학에 대자보가 붙을 때마다 분단시대란 말은 단골 용어로 쓰였다. 심지어 1990년대까지 운동권에서는 '분단 몇 년', '통일 원년 몇 년' 식의 연도 표기법이 공공연하게 사용되었다.

30대의 소장학자 시절 강만길은 주로 '조선 후기의 상공업사' 연구에 전력을 다했다. 조선시대의 사회경제사에 대한 연구 성과는 그때까지 불모의 땅이나 마찬가지였다. 강만길의 동반자격으로 우리 민족사 내부에서 자생적 발전의 싹을 찾았던 연구자가 《조선 후기 농업사 연구》를 내놓은 김용섭이었다. 이들의 연구 성과를 바탕으로 강만길은 1960년대 이후의 자본주의 맹아론이나 내재적 발전론 등 식민사관의 정체성·타율성론 극복이라는 문제를 둘러싼 논쟁에서 중심의 자리에 우뚝 섰다.

1970년대 들어 강만길은 역사 연구의 주제와 시기를 현재와 가까운 과거 그리고 민족 분단과 통일문제로 성큼 옮기면서 오늘날의 문제의식에 다가갔다. 당시의 역사학계는 겨우 일제의 식민사학을 극복하려는 연구 선상에 머무르고 있었다. 현대의 문제에 대해서 역사학계는 언제나 비켜 가려 했고 애써 피했다. 그러면 강만길은 왜 남들이 그렇게 피해 가던 '현재진행형'의 문제에 그토록 가까이 다가갔을까. 강만길 자신이 자기에게 쏘았던 비판의 화살의 내용을 통해 그 심경의 일단을 볼 수 있다.

특히 1972년의 7·4남북공동성명이 결국은 유신을 위한 멍석 깔기임을 알았을 때 이루 말할 수 없는 배신감을 느꼈습니다. 이러한 배신 앞에서 역사학은 왜 말이 없는가. 우리는 지금 어떤 시대에 살고 있는가를 골똘히 생각했습니다. 해답은 의외로 쉽게 나왔지요. '지금의 우리 역사학이 이 배신을 눈감고 있는 것은 민족 분단주의에 빠져 있기 때문이다.

…… 우리가 살고 있는 이 시대가 반드시 극복해야 할 반민족적 분단 시대임을 철저히 인식시키는 것이 우리 역사학의 최대 과제다' 이런 대답이었습니다.

우리나라 역사학자는 주(註)가 붙지 않는 글을 꺼려한다. 원 자료 속에서 특정 기사를 뽑고, 거기에 꼬박꼬박 주를 달면서 논리를 세워나가는 글쓰기를 모범답안처럼 여겨왔다. 그러나 강만길은 역사학자가 대중과 마주하기 위해서는 주가 없는 글을 주저 없이 써야 한다고 했다. 역사학계에서는 이런 글들을 흔히들 '잡문'이라고 폄하했지만, 그는 이런 통념을 과감하게 깨부수었다. 그와 가깝게 지내는 동료학자는 역사학자가 현실문제에 너무 바짝 다가가는 것은 위험하다고 말렸지만, 강만길은 내친걸음을 거둬들이지 않았다.

학계에서는 '뜨거운 감자'

강만길의 분단극복사학에 대해 학계에서는 상당히 조심스런 반응을 보였다. 역사 전문지에서는 서평으로 다루는 것도 부담스러운 기색이었다. 마치 뜨거운 감자를 대하는 듯했다. 이윽고 나온 첫 반응은 역사에서 현재성을 다루는 것은 주관성이 개입할 여지가 많으므로 삼가야 한다는 것이었다. 또 다른 반응도 있었다. 강만길에게 "차라리 휴전선에 가서 살아라"는 식의 원색적인 비판이었다.

이에 비해 일반 지식층에서나 대학생 측에선 대단한 반향이 나타났다. 먼저 민주화운동과 통일운동에 뛰어들었다가 감옥살이를 하고 나온 운동권에서는 한결같이 강만길의 책에서 많은 가르침을 받았다고 찬사를 보냈다. 대학 신입생들에게는 단연 필독서의 목록에 올랐다. 강만길은 이에 대해 자신은 해방 후 '야만의 시대'를 통해 인간답게 살 수 있는 세상을 위해 눈물겹게 살아온 고결한 정신의 소유자에게 말로 표현하기 어려운 부채를 안았다고 부끄러워했다.

역사학계에서는 시간이 한참 흐른 뒤 반응이 나타나기 시작했다. '강만길의 역사관'에 대해 가까이에서 접한 조광 교수(고려대)는 강만길의 분단극복사학이 "분단사학에 기생하던 권위주의적 정권에 대항하는 역사이론"으로 창안되었으며, 실증주의라는 명목으로 역사학을 골동품화하려던 시도에 대한 제동 작업으로 제시되었다고 그 역사적 맥락을 풀이했다. 조광은 특히 민족사의 정통을 좌우에 두지 않고 좌우합작에 두는 통합적 시각을 제시한 점, 식민사관의 잔재인 정체성론의 타파를 상업사 분야에서 구체적으로 실증한 점, 역사를 왕조사 중심에서 민중 중심으로 보면서 역사의 대중화 · 민주화를 성취한 점을 높이 샀다.

안병욱 교수(가톨릭대)는 분단극복사학이 "민족의 분단문제를 역사학에서 다룰 수 있도록 기초공사를 한 점"을 강만길의 공로로 지적하면서, "냉전과 반공의식이 짓누르는 속에서 현실문제를 회피하지 않고 정면으로 다룬 한 역사학자의 책임감과 용기가 분단극복사학의 정신을 이루고 있다고 덧붙였다.

김기봉 교수(경기대)는 강만길의 분단극복사학이 우리의 역사 현실을 과연 분단시대로 규정할 수 있는가, 분단극복사학의 근대주의는 극복해야 할 대상이 아닌가, 그리고 분단극복사학은 결국 역사의 단선적 발전, 곧 진보로서의 역사를 신봉하는 근대주의에 속하는 것이 아닌가 하는 의문을 제기했다. 그러면서도 그는 강만길의 분단극복사학이 젊은 역사학자들에게는 사막에서 오아시스를 발견한 것 같았다는 긍정적 평가를 했다.

> 실증사학을 유일한 과학적 역사로 여기고 역사학의 현재적 문제의식을 상실했던 시대를 질타하기 위해 나타난 강만길의 분단극복사학이 포스트모던 시대에서도 여전히 후배 역사가들의 역사의식을 일깨우는 학문적 죽비로서의 역할을 할 것이라고 나는 믿는다.
> – '오늘의 우리 이론 어디로 가는가', 『교수신문』, 2003

박명림 교수(연세대)는 "강만길의 사학은 기존의 전통적인 한국사학과 크게 다른데, 우선 그는 역사학을 과거사에 대한 먼 이야기가 아니라 살아 있는 오늘의 문제를 다루는 학문이라는 점을 최초로 보여 주었다"면서 높이 평가했다.

그에게 역사학은 그 학문 본령 그대로 실천학문이자 현실학문이고 해석의 학문이었으며, 밑으로부터의 시각을 통해 근·현대 역사상 전체를 재구성하려 시도했다. 우리 역사가 이 점을 짚어내지 못한 것은 큰 안타까움이다. 분단사학, 민중사학은 그의 이러한 이론적 깊이의 한 측면일 뿐이다.

'분단시대'로 강만길은 군사독재정권하에서 '페르소나 논 그라타

persona non grata'(기피인물) 리스트에 올라 적잖은 고초를 겪기도 했다. 책이 나온 지 얼마 안 되어 소위 '남산'(국정원의 전신이던 중앙정보부의 속칭)에 끌려가 조사를 받은 일이 있었고, 남영동의 그 악명 높던 대공분실에서 빨갱이로 몰리기도 했다. 그의 책 여기저기에는 밑줄이 잔뜩 쳐진 것으로 봐서 어용 사학자나 전문가의 사상검증, 아니 법망에 걸리는 부분이 있는지가 아주 면밀하게 검토되었다는 것을 그는 직감적으로 느꼈다.

귀양살이

1970년대의 마지막 해에 박정희가 총탄에 맞아 숨지고 서울의 봄이 왔다. 봄은 왔으나 봄이 아니었다. 강만길은 1980년 지식인 시국선언에 참여했다. 이어서 황지우 시인 등이 계획한 광주항쟁 선언문 기초자로 내정되어 성북경찰서에 감금되었으며, 그해부터 4년간 교수직에서 쫓겨나 궁핍한 시대의 지식인으로 살아야 했다.

1983년에는 기독교사회문화연구원의 초청 강연을 받아 강의를 하던 중 리영희 · 조승혁 목사 등과 함께 '남영동'에 끌려가 조사를 받은 뒤 2개월간 서대문구치소에서 옥살이를 했다. 강의 내용은 남북이 서로의 존재를 인정하는 바탕에서 통일을 모색해야 된다는 것이었다. 지금으로 보자면 아무것도 아닌 내용이었다.

대학교에서 쫓겨난 강만길은 어쩔 수 없이 실업자가 되었다. 옛 선현들도 그러했거니와, 강만길 역시 '유배 생활'을 통해서 '분단시대'의 속편이라 할 수 있는 《한국민족운동사론》(1985년)을 펴냈고, 1990년에는 《통일운동시대의 역사인식》을 펴냈다. '분단시대'에 뒤이은 작업으로, 책 내용은 '분단극복사론'이며 '통일사론' 정립을 위한 모색을 담았다.

작업은 두 방향에서 진행되었다. 하나는 식민지 시대의 민족 해방운동이 좌와 우의 노선으로 분립되어 있었지만, 결국은 하나의 통일전선으로 나아가기 위한 절차나 과정이었기에, 그 과정의 이론적 전개를 발굴·추적·정리하고 분석·평가하는 방향으로 진전되었다. 다른 하나의 길은 통일민족국가 수립운동으로서의 통일전선운동의 추진 과정을 실증하기 위한 본격적인 작업이었다. 그는 이 두 작업의 접점을 조선민족혁명당의 통일전선운동에서 찾았다. 기성 역사학계의 동료학자들은 우정 어린 만류를 했다.

당시 시국상황으로 봐서 강만길이 택한 주제는 '위험수위'를 넘어서는 것이었다. 그러나 강만길은 결국 자신의 목표를 돌파해냈다. 그 결과물이 1991년에 간행된 《조선민족혁명당과 통일전선》이었다. 이 책은 2003년 증보판이 간행되었다. 강만길은 이러한 연구가 곧 1945년의 건국준비위원회 활동, 1946, 1947년의 좌우합작운동, 1948년의 남북연석회의에 대한 연구로 이어질 때, 해방 공간을 통한 통일민족국가 수립운동 연구가 한 줄기로 엮어지리라 내다보았다. 학계에서는 그 누구도 이런 발상과 연구를 한 예가 없었다. 참으로 신선한 착안이었다. 역사는 어떤 눈으로 어떤 사건을 어떻게 해석하느냐에 따라 그 결과가 전혀 새

롭게 펼쳐질 수 있음을 실증하는 케이스라 할 수 있다.

강만길은 해직 이후의 '귀양살이' 기간 동안 아침밥을 먹은 뒤에는 곧바로 이층 서재로 매일같이 '출근', 하루의 작업량을 정해놓고 한국 근·현대사를 "미친 듯이 써내려갔다". 어디서 그런 정력과 오기가 생겨났는지 정말 "제정신이 아니었다"고 했다. 군부독재의 야수적인 폭압 아래서 쌓이고 쌓인 원한이 원고지에 쏟아 부어졌는지 모를 일이다. 그렇게 해서 1984년 《한국근대사》와 《한국현대사》가 생산되었다. 편년체적인 역사 서술 대신 분류사적인 방법으로 쓰인 이 책들은 역사의 현재성과 대중성을 위해 시대의 하한선을 최대한 현재에 맞춰 조준함과 동시에, 누구나 쉽게 읽을 수 있게 서술되었다. 또 책의 큰 줄기는 민족 해방운동에서의 통일전선적 흐름에 맞추어졌다.

강만길의 근·현대사는 한국 근·현대사 연구 수준을 단숨에 끌어올렸으며, 독자들의 잠자던 역사 의식을 흔들어 깨웠다. 이로써 현대사 연구가 비로소 '시민권'을 획득했고, '민중'이 역사서술의 주체로 등장했다. 역사학 분야에서만이 아니라 인접 사회과학 분야에서까지 이 책이 미친 영향은 광범하고 막강했다. 그로부터 10년이 지난 1994년 강만길은 두 권의 책을 증보해 《고쳐 쓴 한국근대사》와 《고쳐 쓴 한국현대사》를 내놓았다. 10여 년 사이에 온축된 역사학계의 성과와 북한학계의 연구 성과까지 두루 섭렵함으로써 원저를 대폭 손질한 책은 일층 진전된 모습을 보여 주었다.

이들 책에서 강만길이 시·공간을 조선 후기로부터 김영삼 문민정부 등장까지로 잡은 것은 역사의 '현재성'에 대한 그의 관심을 반영하는 것이었다. 그가 현대사 부분에서 일제강점기의 민족 해방운동사를 보완한 점, 또 8·15 이후 통일민족국가 수립운동과 1980년대 통일운동에 대한 궤적까지를 추적한 것은 다른 역사책이 소홀히 취급하거나 통째로 외면한 당대사에 대한 강만길의 관심과 진정성을 돋보이게 했다. 시대의 흐름과 호흡을 일치시키려는 강만길의 이런 노고와 충정에 화답이라도 하듯, 두 권의 책은 2005년을 기준으로 21쇄와 26쇄를 발간하는 등 뜨거운 관심의 대상이 되었다. 그해의 '2005년 프랑크푸르트 도서전 주빈국 한국' 행사를 기념하기 위한 '한국의 책 100' 프로젝트에도 강만길의 《고쳐 쓴 한국현대사》가 선정되었다.

한국의 저자들은 대개 글을 쓸 때 어깨에 잔뜩 힘을 주는 경우가 많다. 그 결과물 또한 힘이 잔뜩 들어가 문장이 현학적이거나 고답적인 경우가 많다. 강만길은 그들과는 달리 독자들에게 쉬운 문장으로 이야기하듯 풀어나간다. 중국의 작가 노신이 자신의 글을 일컬어 '잡문'이라고 했을 때의 자세도 이와 비슷했으리라.

강만길은 1997년 국내 최초로 개설된 사이버대학에서 한국 근·현대사를 1년여간 강의했다. 한일병합에서 5·18광주민중항쟁까지의 70여 년간을 다룬 이 강의안은 1999년 창비에서 《20세기 우리 역사》라는 이름으로 발간, 2005년까지 22쇄를 찍어내는 기록을 세웠다. 한국 현대사에 대한 쉬운 접근법과 현대사에 대한 독자들의 목마름이 결합하여 만들어낸 '수요의 폭발'이었다. 앞서 말했다시피 이 책이 발간된 지 10년이 지난 2009년 강만길은 그의 현대사 강의에 김대중 정권 시기의 내용을 추가, 그의 현대사 연구와 대중에 대한 깊은 애정을 표현했다.

내일을 여는 역사

강만길은 1967년 고려대에서 조교수로 출발, 1999년 정년퇴직을 했으니, 고려대와의 인연은 도중 몇 년간의 해직 기간까지 포함할 경우 32년이 된다. 온갖 풍상을 겪은 캠퍼스를 떠난 뒤 그는 젊은 제자 몇 명과 '여사서실黎史書室'을 열었다. 검을 여黎는 서민민중이란 뜻과 함께 '동트기 직전'을 가리킨다. 따라서 '여사'에는 '민중의 역사' 또는 '여명의 역사'란 뜻이 깃들어 있다. 2000년 그해, 그러니까 앞으로의 천년을 여는 해에 강만길은 역사의 현재성과 대중성을 바탕으로 역사를 새롭게 보는 인식을 깨우친다는 시각에서 사재를 털어 역사 계간지『내일을 여는 역사』를 창간했다.

　대학에서의 정년퇴임 후 강만길의 저술과 강연 활동 등은 오히려 왕성해졌다. 오히려 시간적인 제약에서 해방되어 전국 어디에고 그를 필요로 하는 곳이면 사양하지 않고 발품을 팔고 다녔다. 퇴임 전인 1997년 그는 구 소련 지역으로 강제 이주한 고려인의 통한의 역사를 기행, 1999년《회상의 열차를 타고》를 간행
했다. 또 같은 해에 식민과 분단 그리고
그로 인해 '뒤틀린 근·현대'가 20세기 우
리의 자화상임을 살펴보면서, 같은 해에
《21세기사의 서론을 어떻게 쓸 것인가》라
는 담론집을 내놓았다. 강만길의 이런 노
고에 대해서 우리 사회는 1999년에 단재
상을, 2000년에는 한겨레통일문화상을
수여함으로서 그에게 헌사를 바쳤다.

21세기가 막 시작된 2000년 6월 14일 남북정상회담 자리에 강만길
도 동석했음은 앞서 이미 밝혔지만, 고은은 그의 인물연작시집《만인보
萬人譜》에서 강만길에 대해 "안경알을 닦는 역사학자"로 묘사했다. 안
경을 벗고 흐르는 눈물을 닦는 강만길을 그린 것이다. 2002년에 간행된
《역사는 이상의 현실화 과정이다》는 저서의 제목은 강만길이 그의 이상
이 현실화되는 바로 그 역사적 현장에 있었기 때문에 바로 표출되어 나
올 수 있던 역사철학이 아니었을까 싶다.

　　남북통일을 위해서는 역사의 동질성이 필요하다. 그러기 위해서는 남
　　북 학계 사이에 역사 인식의 자유로운 교류 또한 이루어져야 한다. 한
　　걸음 더 나아가 남북이 함께 역사교과서를 쓸 수 있다면 통일을 앞당기
　　는 촉매제가 될 수 있다. 특히 1945년 8월 이후의 역사를 남한사·북한
　　사가 아니라, 한반도 전체의 현대사로 공유하는 것은 완전통일을 추동
　　하는 에너지가 될 것이다.

남북 학술교류의
산파

강만길은 생각만 하고 실천에서는 뒷짐을 지는 그런 학자가 아니다. 그는 자신의 이상을 실천화하는 일에 발 벗고 나섰다. 무엇보다 분단 이후 처음으로 남북한 공동의 학술교류단체를 결성하는 일에 산파를 자임했다. 2004년 4월 남측의 역사학자 200여 명은 서울에서 모임을 갖고 남북한이 함께 하는 상설 학술조직으로 남북역사학자협의회 남측위원회를 발족했다. 초대 위원장으로 강만길이 선출되었다. 이 날의 총회에는 북측 준비위원장인 허종호 조선역사학회 회장이 인사말을 보내와 남측 역사학자협의회의 창립을 축하했다.

2000년 6월의 남북정상회담에 민간인 자격으로 참가한 것이 계기가 되어 강만길은 그 후 20여 차례 북한 땅 이곳저곳을 다녔다. 그러다가 2005년 6월 남북공동선언 5주년 기념행사에 다녀온 것이 그로서는 마지막 북행이 되었다. 강만길은 그 후 남북역사학자협의회 남측위원장 자리를 사임했고, 국내외적 환경도 많이 변했다. 그러나 지금까지의 과정만 보더라도 그가 남과 북 사이에 뚫은 교류의 터널은 앞으로 점점 넓어지고 회수도 잦아질 것이 틀림없어 보인다. 이 모든 일의 처음부터 끝까지에 강만길은 의연 뿌리 깊은 나무처럼 버티어 있었다. 젊은이들도 손사래를 치면서 도망갈 일을 강만길은 마다 않고 도맡았다. 민족 통일 그 날을 위해 자신을 제단에 올려놓는 심정이 아니고서는 선뜻 결행하기 어려운 선택이며 용기가 아니었을까.

2004년 강만길은 개인장서 중 중요한 책만 골라 8200여 권을 북한의 사회과학원에 기증했다. 남한에는 조선총독부 관보 등 일제강점기를 연구하는 데 도움이 될 자료가 풍부한 데 비해, 북쪽에는 관계 자료가 너무 빈약하다는 북한 역사학자들의 애로를 들은 강만길이 책들을 기꺼이 기증한 것이다. 개인이 소장한 자료를 북측에 보낸 것은 이때가 아마 최초였을 것이다.

남북 사이에 가로놓인 장벽은 장서를 운송하는 데도 감내해야 할 상당한 어려움으로 작용했다. 자료를 북한에 반출하려면 까다로운 절차와 시간이 필요했다. 게다가 정부 차원이 아니고 개인 차원으로 하는 일이고 보니, 책의 포장에서 운반에 이르는 모든 과정과 절차가 복잡한 데다, 노력과 비용 또한 만만찮았고 전적으로 개인이 짊어져야 할 부담이었다. 만약 제자들이 그 어렵고 힘든 일을 시간과 몸으로 때워 도와주지 않았다면 힘들었을 것이다. 어떻든 그해 가을 금강산에서 남북역사학자협의회가 열렸을 때 허종호 북측 위원장 등 북한학자 60여 명이 기립해서 큰 인사로 강만길에게 감사를 표했다.

30년 뒤 잊힐 역사를 위해

고려대에서 은퇴한 후 강만길은 2001년 상지대 총장직을 맡았다. 상지대는 당시 심각한 재단 분규를 안고 있었다. 한국사학의 비리를 통째로 안고 있던 재단을 정상화한 뒤 강만길은 꼭 4년의 임기를 채우고 총장직에서 물러났다. 연임을 강권하는 교직원들은 그의 소매를 붙들고 늘어졌지만, 강만길은 이제야말로 지식인의 사회적 책임을 반납하고 초야에서 자신만의 삶을 설계하고 싶었다. 그에게도 노후의 휴식과 여유로운 공간이 필요했던 것이다. 이후 강원도 바닷가에서 대양을 바라보면서 심호흡을 하는 한편, 틈나는 대로 소설책을 읽거나 평소 생각나곤 했으나 시간이 없어 접어두었던 구상을 집필에 연결해 보려 하고 있다.

그러던 중 광복 60주년 기념사업회 공동위원장 일을 맡고 뒤이어 초대 친일진상규명위원장 자리를 맡아 1차 임기를 다하고 물러났다. 사실 친일파에 근거를 둔 세력을 청산하기에는 물리적으로나 법적으로나 이미 그 시효가 지났다. 따라서 친일 세력을 오늘에 와서 실정법으로 다스리자는 것이 아니라, 친일·냉전 세력이 서식해 온 음습한 토양을 한번은 갈아엎는 작업을 거쳐야 한다는 것이다. 그래야 잘못된 '역사의 표준시간'을 제자리에 맞출 수 있게 된다.

강만길은 타고난 건강을 지녔고, 신념은 꼿꼿하되 성격은 소탈하고 대범하다. 강만길은 제자들에게 일을 시키면 반드시 대가를 챙겨주는 자상함을 보인다. 물질적 이해관계에는 어두운 편이지만, 사회의 공동선을 지키는 데서나 역사의 길에 대해서는 추상같은 저울질을 한다. 그럴 때는 한 치의 오차도 허용하지 자기 엄정성의 잣대가 자신도 모르는새 작동하는 기제를 생래화한 것 같다. 뜻이 맞는 제자들과는 옛 청진동 시절 빈대떡집에서 스스러움 없이 소주나 막걸리 잔을 기울이면서 호쾌해진다.

분단시대는 지금 해체 단계로 접어들었다. 적어도 한반도의 평화를 보장하기 위한 분단 극복 상황은 앞으로 더욱 힘차게 전진해 나갈 것이다. 자신에게 내려진 현실상황을 회피하거나 현실과의 관계설정에서 이해를 넘어서는 역사의 서릿발 같은 정신으로 살아온 강만길에게 우리의 현대사는 상당한 짐을 떠안겼고, 그는 그 책임을 회피하거나 직무를 유기한 채 슬그머니 꼬리를 빼는 그런 인물은 결코 아니다.

어느 역사학자는 말했다. "가장 훌륭한 역사가는 30여 년 후에는 더 이상 읽히지 않을 만큼 동시대의 문제와 치열하게 씨름을 하는 역사를 하는 역사가다." 그렇다면 강만길의 분단극복사학은 앞으로 얼마나 유효할 것인가. 강만길 자신은 지금도 자신의 분단극복사학이 폐기되는 날을 위해 고투하고 있을 것이고, 그것이 10년이 걸릴지, 30년이 걸릴지는 역사에 대한 간사스러울 만큼의 뛰어난 지혜와 우리 민족의 통일에 대한 뜨거운 에너지 그리고 세계사의 보편적인 합법칙성을 관통하는 통찰력이 종합되어 결정될 것이다.

09

'성장
신화'에
길항한
'민족
경제론'의
우렁찬
목소리

09

박현채(1934~1995)

《태백산맥》의
소년전사

박현채는 그의 생애 속에 시대가 가로질러간 우람한 산봉우리 같은 존재다. 그는 재야에서 강단을 훌쩍 뛰어넘은 민족경제론의 주축이며 실천적 지식인의 대표적 인물이었다.

　1980년대 후반 이후 국내적으로는 '87년 체제'라는 획기적 전환이 일어났다. 바깥으로는 동유럽 사회주의권 몰락이 '도미노 현상'처럼 진행되고, 소련연방 해체, 중국 천안문 사태가 이어지는 등 세계대국에 변화가 소용돌이쳤다. 안으로 억압과 저항이 동반상승했는가 하면, 밖에서 불어온 바람으로 이른바 진보 진영 전반이 깊은 수렁에 빠져든 채 방향감각을 상실한 시기였다. 박현채 역시 엄청난 역사의 격랑 속에서 그 강건하던 정신과 육체에 고뇌가 암세포처럼 증식했는지 모를 일이다. 1993년 홀연 병상에 누운 지 3년 만에 기어코 눈을 감고 말았다.

　박현채의 이론과 사상은 그의 실천적 활동과 치열했던 삶의 궤적과 떼어 놓고 생각할 수 없다. 그는 해방 이후 남북 분단과 6·25전쟁에 이르는 현대사의 파란 속에서 불과 16세의 어린 나이로 빨치산 소년중대 문화부 중대장으로 '발탁'되었다. 조정래의 대하소설 《태백산맥》에 등장하는 소년전사 조원제의 이야기는 '박현채 평전'의 소년기에 해당한다.

생전에 박현채와 가까웠던 송기숙은 조정래와 함께 박현채의 10대 후반 시절로 역사기행을 한 적이 있다. 박현채가 활동하던 전남 화순군 백아산 등이 대상이었다. 그때 빨치산 동지들이 달 밝은 밤 산마루에서 주고받은 얘기며, 허름한 주막에서 술잔을 기울이며 늘어놓던 땀 냄새 물씬 나는 얘기는 박현채의 놀라운 기억력으로 《태백산맥》 후반부에 생생하게 재현되어 있다. 지리산 세석평전 드넓은 분지에 가을 달빛이 교교하던 날의 추억을 조정래는 지금도 못잊어 한다. "소주잔에 담긴 달빛까지 마시며 선생님의 슬프고 안타까운 이야기는 자정을 넘기고 있었다"고 그는 회상했다.

생사를 건 '산 생활' 중 박현채는 총을 직통으로 맞아 죽을 뻔했으나 기적적으로 살아나기도 했다. 바지 뒤 호주머니 속 어머니가 넣어준 지폐 뭉치에 총알이 박혔는데, 실탄이 지폐 뭉치의 거의 마지막 장에 멈추었다. 간신히 살아남은 박현채는 1952년 '하산', 전주고등학교를 거쳐 서울대 상과대학에 입학했다.

1959년부터 1964년까지 박현채는 '한국농업문제연구회' 간사로 있었다. 당시의 활동을 그의 회갑기념논문집인 《민족경제론과 한국 경제》(창비, 1995)에 실린 '박현채 연보'에서 엿볼 수 있다.

농지개혁의 실패와 잉여농산물 도입, 한국 경제와 농업에 관한 연구에 주력하고 실천적으로는 전근대적 생산양식을 극복하기 위해 협업농업의 양성을 주장함. 한국농업문제연구회는 농업문제뿐 아니라 아시아적 생산양식의 문제, 원조경제의 본질, 자본주의 세계경제 하의 국민경제의 독자적인 존재 가능성 등을 검토함으로써 새로운 이론의 온상지 역할을 하였음. '한국농업문제연구회'는 주석균(회장), 유인호, 김병태, 김낙중, 박현채 등 비판적 농업경제학자들로 구성되었음.

지식산업사에서도 1995년 박현채의 회갑기념논문집《한국 경제: 쟁점과 전망》을 발행했다. 지금은 뉴라이트 계열의 좌장격으로 있는 안병직은 이 논문집의 서문에서 박현채를 일컬어 "그는 나의 인생을 크게 바꾸게 한 유일한 스승이었다"고 술회했다. 그러나 세월이 지난 지금 안병직은 그때와 180도 다른 길을 가고 있다.

"박현채 그 사람 수상감이야"

1964년 박현채는 도예종 · 정도영 · 김병태 · 김금수 등과 주한 외국군 철수, 남북한 서신교환, 문화 · 경제교류를 통한 평화통일을 목표로 '인민혁명당'을 결성한 혐의를 받고 검거되었다. 세칭 '제1차 인혁당사건'이었다. 박현채 등은 처음 무죄를 선고받았으나, 항소심 선고공판에서 도예종(제2차 인혁당사건으로 사형선고 후 바로 집행. 2008년 무죄선고)을 은닉시켜 준 혐의로 징역 1년형을 선고받았다. 이로써 박현채는 제도권과 학계에서 '페르소나 논 그라타'(기피인물)가 되었다.

인혁당사건은 한일회담 반대 투쟁이 대학가에 요원의 불길처럼 번져나가는 것을 차단하기 위해 중앙정보부가 연출한 첫 '작품'이었다. 북한과 연계되어 있던 인혁당이 배후에서 한일회담 반대 투쟁을 조종했다는 것으로 조작, 정치적 위기에서 빠져나오려고 한 각본이었다.

참여정부 시절 노사정위원장을 지낸 김금수는 박현채와 인혁당사건 공범자로 몰려 한 오랏줄에 묶여 취조를 받았다. 김금수의 회상에 따르면 고문 사실과 조작 시비 때문에 사회적으로 큰 파문을 불러일으켰던 상황 아래서도 박현채는 전혀 주눅 드는 기색이 없었다. "좀 과장해서 표현한다면, 마치 자기 집 안방에서처럼 행동했다." 어찌 보면 거대 권력과의 대결이 마치 신나는 일처럼 행동했다. 검찰 취조가 끝날 무렵 담당 검사가 혼잣말처럼 했다. "당신들이 정권을 잡는다면 박현채 그 사람이 수상이 될 거야."

출감 후 박현채는 '예약'된 전임 자리는 물론 '보따리 시간강사' 자리마저 '몰수'당했다. 그에게 이제 밥줄로 이어진 통로는 글쓰기 작업밖에 없었다. 그나마 처음에는 남의 이름을 빌리거나 가명 또는 편집자 명의로 발표되었다. 당시 잡지 편집자에게 박현채는 무슨 내용이든지 제때에 시원시원하게 써주는 '척척박사'였다. 예산문제든, 재정이론이든, 경제이론이든 박현채는 사통팔달이었고, 만능 해결사였다. 야구로 말하자면 특급 구원투수감이었다.

1978년에 나온 《민족경제론》은 『신동아』를 비롯, 『창작과 비평』,

『대화』, 『세대』, 『정경연구』에 발표한 평론 열여덟 편을 모은 책으로, 『신동아』에 발표된 글만도 '쌀의 반세기', '경제발전과 농업발전의 제문제', '차관과 경제발전', '자원민족주의의 역사와 현실', '다국적기업의 논리와 행태' 등 다섯 편이나 실려 있다.

애당초 박현채의 삶 자체가 대학이나 특정 학문 집단에 둥지를 트는 것과는 생리상 맞지 않았는지 모른다. '산 생활'로부터 비롯된 역마살은 학문의 세계에까지 고스란히 연장되었다. 박현채는 학문 세계에서도 유격전의 전사처럼 활약했다. 그의 활동은 겉으로 보기에 지식운동가의 그것에 국한된 것처럼 보였지만, 실천에 대한 의지는 여느 사람보다 강력했고, 시선은 잠시도 운동의 현장을 떠나본 적이 없었다. 특히 주체적 · 민중적 삶의 현장에서 그는 한 치의 오차도, 흐트러짐도 없이 살려 했다. 말이 필요한 자리에는 주저하지 않고 연사로 나섰고, 글을 요청받았을 때는 사양치 않고 쓰고 또 썼다. 글을 쓰되 원고지 칸이나 메꾸기가 아니었다. 혼신의 힘을 다해 썼다.

박현채는 삶을 통해 사회운동에 관심을 보였지만, 섣부르게 조직을 만든다거나 뛰어드는 일은 매우 경계했다. 그러면서도 1960년대 이후의 사회운동치고 그와 무관한 경우는 드물었다. 그는 조직을 만들지 않고도 대중운동을 지도하는 남다른 묘법을 체득했다. 살아 있는 운동을 형식의 틀 안에 가둘 때 운동 자체가 질식사한다는 사실을 그는 어느 누구보다 유연성 있게 해석했다. 자유로운 형식 안에 생명력을 불어넣는 독특한 사회운동방식이 그에 의해 창안되었다.

인혁당사건 이후 옥고를 치른 것은 후배들의 조급증, 이론과 현실의 변증법적 통일성에 대한 이해 부족, 대중성과 현실 적합성에 대한 판단오류 등에 따른 무리수에 말미암은 것으로, 실제 박현채와는 아무런 관련도 없었다. 어쨌든 박현채가 1960년대 이후 한국 '사회운동의 대부'였다는 사실에 이의를 제기할 사람은 없을 것이다.

'우리 시대의 고전'

1960, 1970년대의 우리 경제학계는 박정희식 경제개발정책에 직접 · 간접으로 참여 · 동조하는 일반 경제학자나 관변의 평가교수단 등이 한 축을 이루었다. 이에 반해 박현채를 비롯한 비판적 경제학자들은 외자에 의한 경제개발계획에 비판적인 입장을 견지했다. 비주류 진영이었다. 앞의 진영은 선진국이 겪은 과정을 똑같이 경험함으로써 우리도 근대화라는 지점을 통과할 수 있다고 믿었다. 그러나 박현채 등은 한국처럼 선진 경제권의 피식민지 경험을 한 후진국은 외연적 성장이 아니라 내포성 산업화를 지향해야 한다고 주장했다. 그 중심에 박현채가 수문장처럼 버티고 있었다. 유인호 · 조용범 · 김병태 · 전철환 · 정윤형 · 안병직 · 이경의 · 이대근 등이 조금씩 입장차는 있었지만 동심원을 그렸다.

식민지 지배가 우리 민족에게 남겨 준 모순은 분단과 빈곤(혹은 불평등)이었고, 국가형성 프로그램은 이 두 가지 문제를 극복해야 했다. 박정희 시대에는 '개발독재'로 표현되는 근대화 프로젝트가 국민경제 형성의 기본논리였다. 그러나 개발독재는 분단체제에 의존한 대외지향적 근대화였으며, 국가에 의해 하향적으로 동원된 근대화 논리였다.

'민족경제론'은 현실의 근대화 프로젝트와 대척 지점에 섰다. 민족경제론은 국민경제 형성의 이론이다. 실천적으로는 국가형성 프로그램이다. 민족경제론에서 민족경제란 자주적·민주적·민족적인 국민경제를 지향한다. 민족경제론은 1960년대 후반 이후 한국 자본주의가 종속적 메커니즘 속에서 파행적으로 전개되어 가던 과정에서 민족적 자주성과 민주적 의사 결정성과 민중적 삶의 건강성을 회복해야 된다고 역설했다.

박현채는 《민족경제론》을 통해 "경제 이론에서의 인간복권, 특히 광범한 직접 생산자의 참여가 보장되는 경제발전, 민주주의적 집회와 절차에 의해 결정되고 집행되는 경제계획에 의한 국민경제의 운용"을 내세웠다. 《민족경제론》은 마르크스의 정치경제학에 기초하고 있지만, 한국의 현실이 요청한 것은 현실 적합성의 문제였다. 이런 요청을 바탕에 깔고 마르크스 이론을 한국적 현실에 접목한 것이 1970년대 《민족경제론》으로 엮여 나온 것이다. 이 책은 당시로서는 한국의 독창적인 정치경제학 체계이며, 박현채에게 '민족경제론'의 대표적 주창자란 호칭을 안겨준 기념비적 저술로 평가받기에 이르렀다.

『교수신문』은 2001년 박현채의 《민족경제론》에 대해 '우리 시대의 고전' 2차분(언어학·문학·철학·경제학·정치학)으로 선정했고, 『출판저널』은 20세기를 마감하며 지난 100년 동안의 대표적 저작물 35책에 《민족경제론》을 넣었다. 박현채는 또 '대중경제론'의 밑그림을 그린 몇 명 안 되는 필자이기도 했다.

우리 출판계에서 경제학 저서는 베스트셀러가 될 수 없다는 것이 종래의 통념이었다. 《민족경제론》은 이 통념을 깨뜨렸다. '판금'이란 '불온딱지'가 더할 수 없는 광고효과를 발휘했다. 대학가와 민주화운동권에서 《민족경제론》은 이른바 의식화의 텍스트가 되었다. 판금으로 《민족경제론》은 한때 수난의 대상이 되었지만, 민주 · 민족 · 민중을 역사의 수레바퀴로 생각한 젊은이와 운동권에서 박현채는 한때 '사상의 은사'이기도 했다.

경제학계에서 《민족경제론》에 대한 평가는 엇갈렸다. 2003년 『교수신문』에서 펴낸 '오늘의 우리 이론 어디로 가는가: 현대 한국의 자생 이론 20'에서 이병천은 '민족경제론의 죽은 것과 산 것'을 통해, 민족경제론이 금융의 세계화와 신자유주의의 소용돌이를 헤쳐 나갈 어떤 이론적 요소를 제공해 줄 수 있을까 반문하면서, 그 긍정적 유산을 이렇게 지적했다.

　　한국 정치경제학의 새로운 시작은 국민경제와 민주주의의 정치경제학
　　으로서의 적극적인, 역사적 유산에 빚짐이 없이는 어렵다.

아울러 그는 거대체제 속의 수수께끼 같은 '존재로서의 민족 개념' 말고 국민경제의 내발적 · 내포적 통합과 균형발전을 지향하면서 민족경제의 재구축, '시민사회론―시민정치론'과 동행할 수 있도록 재구성되는 민중적 민족경제론과 열린 민족주의론 그리고 현대 세계의 새로운 역사적 현실 및 사상 흐름과 호흡을 같이할 수 있는 새 정치경제학과 제도경제학에서 힘을 얻어 신자유주의 세계화의 파도를 헤쳐 나가는 길을 모색하는 대안을 제시했다.

민족경제론은 한국 경제의 외형적 지표가 크게 신장되고 신자유주의의가 경제의 모든 논리를 식민지를 약탈하듯 집어삼켜 버리는 시대에

과연 퇴색하고 말 것인가. 『동향과 전망』 2001년 봄호에서는 민족경제론이 그 이론적 성패를 떠나서 박정희식 발전 모델이라 할 수 있는 성장지상주의에 대한 비판적 전망을 내놓은 최초의 체계적인 이론으로 평가했다.

박순성 · 김균은 "민족경제론이 남한의 조국근대화론과 북한의 자립적 민족경제 건설노선을 균형 있게 비판했다"고 평가했다. 그들은 또 "민주적 시장과 계획의 조화, 시장과 공공영역의 공존, 그리고 민주적 통제 등의 경제 이념을 내세움으로써 한국의 비판적 경제학자들에게 커다란 유산을 남겼다"고 입을 모았다. 박영호는 민족경제론을 해방 이후 남북한의 경제학계에서 유일하게 경제문제를 다룬 가치 있는 이론이라고 평가했다. 박영호는 민족경제론이 우리에게 남긴 일차적 과제는 남북으로 분단된 민족의 통일이고 민족문제의 해결 없이는 세계화도 아무 의미가 없는 것이라고 주장했다. 박현채는 과연 1960년대는 물론 1970, 1980년대를 통해 경제학계 전체에 걸쳐 광범하게 영향을 준 우렁찬 목소리였음에 틀림없다.

민족문학 속에
자리 잡은 민족경제

백낙청은 민족문학에 관한 자신의 생각을 발전시키는 과정에서 박현채의 민족경제론에 힘입은 바 컸다고 했다. 한 걸음 더 나아가 민족문학 자체의 일부로 그의 업적을 인식할 필요가 있다고 민족문학에 끼친 박현채의 영향을 적극적으로 거론하고 나서기도 했다. 백낙청은 박현채의 글에 대한 민족문학으로서의 자리매김이라는 생각 자체는 결코 즉흥적인 생각이 아니라고 덧붙였다. '민족경제' 개념을 중심으로 수행되어 온 박현채의 문필 활동은 '문학'의 범주를 옛사람들처럼 넓게 잡는다면, 이 시대의 문학적 성과 속에 충분히 포함시킬 수 있으리라는 것이 그의 지론이다.

다만 1970년대 초반만 해도 박현채란 '문패'를 달고 글을 발표하기가 어려웠던 처지였고 시대적 분위기였다. 그런 엄혹한 상황 속에서도 가능한 한 지식인의 실천적 삶을 집념에 찬 모습으로 계속했고, 여기에 대해 그를 아끼는 무언의 동지적 감싸줌이 있었다. 1980년대 들어서 박현채가 어떤 문예지에 기고한 글을 계기로 문단의 몇몇 친우와 후배들이 박현채를 민족문학작가회의 회원으로 가입시켰고, 박현채 또한 그리 싫지 않은 기색이었다 한다.

백낙청은 박현채의 글이 바로 우리 자신의 일로 느껴진 것이 명목상의 동료였다거나 정치경제학에 대한 학습이 누구나 해야 했던 당시의 풍조 때문은 아니라고 하면서, 그 이유를 《박현채선생회갑기념논문집》에서 이렇게 설명했다.

'자립적 민족경제의 확립'을 논한 그의 글들이 폭넓은 독자들의 심금을 울린 가장 큰 이유는, 사회분석의 고전적 전통이 바야흐로 멸종위기에 처하고 부당한 체제에 대한 침묵과 굴종만이 강요되던 시기에, 온몸의 저항을 지속하면서 그때그때 필요하고 가능한 발성법을 찾아낸 것이 그의 문장법이었기 때문이다. 그런 점에서 박선생이 자신의 첫 논문집이라 할 《민족경제론》을 어째서 '체계 없는 평론집'으로 세상에 내놓는가를 밝힌 머리말은 지금 읽어도 감동적인 명문이다.

1979년 10·26사태 후 광주민중항쟁을 거쳐 1987년 6월 민주화대투쟁이 일어날 때까지 한국사회에는 격랑의 파랑주의보가 발령됐다. 그 무렵부터 민주화운동은 한 단계 고양된 사회변혁운동의 와중에 있었다. 이에 앞서 1985년 『창작과 비평』에 박현채는 '현대 한국사회의 성격과 발전단계에 관한 연구'를 발표했다. 이 평론은 당시 경제학계의 중심 테마 가운데 하나였던 주변부 자본주의론과 식민지 반봉건사회론을 비판하면서, 한국의 사회구성체가 기본적으로 국가독점자본주의 단계에 이르렀다고 규정했다.

이른바 '사회구성체(흔히 '社構體'로 명명) 논쟁'으로 명명된 이 논쟁의 불길은 쉽게 가라앉지 않았다. 박현채 자신이 의도했든 않았든, 이론적 실천이 현실의 사회운동과 직접적으로 연결되는 지점과 맞부딪친 것이다. 그때 박현채는 논쟁의 한가운데 있으면서 결코 어느 진영에도 속하지 않고 논쟁을 격화시키는 기묘한 역할을 했다. 말하자면 박현채는 모든 사회과학자들에게 논쟁을 가능케 하는 화두와 공통적 쟁점을 던져 문제를 격화시키는 모호한 전선이자 점령해야 할 '성지' 위치였다.

"야, 나도 의료보험증 가졌다"

한길사는 1986년 창사 10주년을 맞아 '단재상'을 제정했다. 단재 신채호가 1936년 여순감옥에서 옥사한 지 60주년이 되는 해였다. 1987년 제2회 수상자로 박현채가 뽑혔다. '단재상'은 평생을 재야에서 '평론가'로만 살아온 그에게 바치는 헌사였고 빛나는 감사패였다. 시상식에서 그는 힘차게 수상소감을 밝혔다.

민족경제론은 민주적 생존권의 확보와 발전이라는 민족주의적 요구 위에 서서 국민경제 안팎에서 이루어지는 민족경제의 주체적 발전과 그것에 따른 외국자본, 그리고 매판자본가와 상호관계를 밝히기 위한 것입니다.

박현채를 아는 사람들은 그의 강한 개성을 자주 얘기한다. 1970년대에 박 선생을 처음 만난 내게도 박 선생하면 떠오르는 이미지가 있다. 박 선생이 평소 정장 차림을 한 모습을 나는 거의 본 적이 없다. 박 선생은 언제나 코르덴 옷이나 점퍼 차림이었다. 생전의 박 선생은 상아파이프를 삐뚜름하게 비껴 문 모습으로 내게 남아 있다. 각진 얼굴에 역사와 민족과 진보에 대해 바윗돌 같은 결의를 담은, 거칠 것 없는 야인의 모습이 박 선생의 원래 모습이었다.

원고지 위에 쓴 글씨체는 워낙 독특해서 좀처럼 알아보기 힘들었다. 가로로는 전투하듯 좌좌 뻗쳤고, 세로로는 위에서 아래로 힘차게 내리긋는 등 박 선생의 글씨체에 익숙해지기까지는 좀 시간이 걸렸다. 인간관계에서도 예의나 겉치레나 상투적 점잖음 따위는 훨훨 벗어던진 채 사람과 사람이 맞부딪치는 자세로 대했다.

박현채란 사람은 애당초 책상물림의 이론가들과는 체질 자체가 달랐다. 기계론적이고 교조적인 이론의 틀을 성큼 뛰어넘으면서 자유자재와 무애의 경지를 넘나들었다. 먹고 사는 문제로 제도권 진입에 가슴앓이를 하는 후배들에게는 그까짓 게 무슨 문젯거리냐며 등을 떠밀어 주어 가슴 속 체증을 시원스레 뚫어 주기도 했다.

박 선생은 하필이면 중부경찰서 맞은편에 '국민경제연구소'를 내어 주로 '논문생산공장'으로 가동했다. 말이 연구소였지 허름하고 낡아빠진 사무실이었다. 길거리 먼지와 매연으로 유리창에는 늘 얼룩이 져 있어 바깥으로 내다봐도 물체가 선명하게 눈에 들어오지 않았다. 연구소 안은 대낮에도 형광등을 켜야 했다. 한마디로 연구소 풍경은 혼돈 또는 난장 그것이었다. 3면벽에는 천장 높이까지 각종 자료와 책과 신문뭉치들이 쌓여 있었다. 그래도 무슨 자료나 책이 어디 있는지 족집게처럼 찾아내는 '기술'(?)을 보고 나는 여러 차례 감탄했다.

1987년 6월의 민주화대투쟁 이후 1989년부터 1993년까지 박현채는 자칭 '실업가'에서 대학교수 자리로 '강등'(?)되었다. 당시 조선대 총장이 된 이돈명 변호사의 배려 덕이었다. 30여 년 동안 공식적으로 막혀 있던 말길과 글길이 비로소 훤히 트였다. 조선대 발령을 받았을 때였다. 송기숙을 우연히 만난 그는 의료보험증을 내보이며 "야, 나도 이제 의료보험증을 가졌어야" 하고 어린애처럼 자랑했다. 온전한 국민 대접을 받은 것이 교수 발령보다 더 자랑스러웠던 모양이다.

박현채를 처음 대하는 사람들은 그를 괄괄하고 거칠고 도무지 우회를 모르는 직선적인 인물로 보기 쉽다. 그런 점이 분명 있었다. 박현채는 자기가 보기에 사리에 맞지 않는다거나, 말을 비비 틀어야 직성이 풀리는 듯한 고품위(?)의 부르주아적 속물근성에 대해서는 사정없이 면박

을 주었다. 술자리에서는 언어폭력도 마다하지 않았다. 그래서 붙은 별
명이 '삼국지'의 장비다.

박현채, 그는 거침이 없었고 꾸밈도 없었다. 어떻게 보면 예닐곱 살
개구쟁이가 50여 년을 훌쩍 뛰어넘어 어른이 된 것 같다. 그러나 박현
채는 가슴이 넓고 속이 따뜻한 사람이다. 그를 잘 아는 사람들은 그의
천의무봉天衣無縫함과 명주실 같은 부드러움, 그지없이 맑은 성품을 이
야기한다. 그는 겉보기와는 달리 다정다감하고, 섬세 · 예민하며, 곡절
많고 다채로운 경험에다, 비상한 기억력까지 갖춘 사람이다. 온갖 세상
살이와 이 땅 민초들의 삶에 대해 그는 잡학박사라고 할 만큼 세밀한 알
음알이와 애정을 가진 열정적 인물이었다. 그와 함께 여행을 하거나 한
가로운 시간을 나눌 때면, 국토의 구석구석에 배어 있는 현대사의 이면
이며 그 고장의 풍물과 먹거리에 이르기까지 화제가 마르지 않는다.

1980년 광주에서 참혹한 '한국판 홀로코스트' 소식이 들려오던 6월
초였다. 평소 자주 어울리던 '거시기 산악회'와 지리산 종주 등산을 했
다. 세석평전 초입, 음양수 앞에서 그들은 모닥불을 피워 놓고 밤새껏
술을 마시며 노래를 불렀다. 세석평전에 남아 있던 술을 몽땅 다 비웠
다. 그날 밤 박현채와 얽힌 사연을 김정남(《진실, 광장에 서다: 민주화운동 30
년의 역정》의 저자)은 훗날 이렇게 회상했다.

박선생도 불렀다. 그의 노래는, 그의 평소의 목소리와는 달리 청아하다.
고음이 되면 박선생의 목소리는 떨려 나오는데, 나는 박선생의 영혼이
맑고 깨끗하기 때문에 그런 소리가 나올 수 있다고 생각한다. 박선생이
즐겨 부르는 노래 역시 '보리밭', '모닥불', '비목' 같은 아름다운 곡이

다. 노래를 부를수록 목소리는 더욱 맑아지고, 때로는 너무 진지해져서 듣는 사람들을 언제나 숙연하게 한다. 그 날도 그랬다. 처음에는 그냥 눈이 젖어들더니, 이내 그 큰 눈에서 눈물이 철철 흘러내리고 있었다.

분단된 한반도에서 치열하게 살았던 박현채, 그의 의지는 강철 같았고 가슴은 끓어오르는 용광로와 같았다. 시골동네의 고샅길에서 험한 산길에까지, 허름한 선술집에서의 모임이나 대중적인 자리에서 그는 크고 작은 수많은 인연의 고리를 만들었다. 정치인 · 학자 · 종교인 · 언론인 · 법조인 · 문인 · 출판인 · 농민 · 노동자에 이르기까지 그는 지역 · 계층 · 세대 · 성별을 뛰어넘어 광폭의 인간영토를 형성했다. 오죽했으면 1993년 그가 갑자기 쓰러져 병원에 입원했을 때 문병인들의 발길이 끊이지 않아 간호사들이 비명을 질렀을까.

'거시기 산악회'와 '개판'과

박현채와 가깝게 지내던 사람들은 너무 많아 일일이 열거하기가 어렵다. 그중 '거시기 산악회' 모임이 있다. 얼핏 듣기에 무명초 집단 같은 느낌이 들지만, 그 면면을 보면 한 시대의 양심을 대표하던 쟁쟁한 얼굴들이다. 이돈명 · 변형윤 · 송건호 · 리영희 · 백낙청 · 이호철 · 홍성우 · 김정남 등이 포함되어 있다. 이들은 암울하고 답답하던 세월 속에서 산행을 통해서나마 마음 속 화기를 바깥으로 뿜어내고 산 공기를 마시면서 내공을 쌓아 갔다.

'거시기'란 명칭에는 아무런 의미도 없어요. 그 마음맞는 산행 동행인들이 어느 날 북한산 일선사 뒤의 양지바른 바위에서 점심을 먹다가, 제각기 작명시간을 가졌어. 그때 이돈명 변호사가 좋은 이름이 생각나지 않으니까, 그의 전라도 사투리로 '거시시, 거시기……'만 되풀이하더라고. 그래서 누군가가 이름을 지을 것 없이 '거시기'를 따서 '거시기 산악회'로 하자고 했어.

– 리영희 · 임헌영, 《대화: 한 지식인의 삶과 사상》, 한길사, 2005

1934년생 개띠 모임이라 해서 '개판'이란 모임도 있었다. 이해동에 따르면 1981년 여름, '한국기독교교회협의회' 인권위원회가 당시 민주회복과 인권운동을 하다가 고생하는 분들을 초청, 설악산으로 위로여행을 떠난 적이 있다.

그 여행길에서 우연히 네 사람이 한 상에 둘러앉아 음식을 나누게 되었다. 한승헌 변호사 · 조화순 목사 · 박현채 선생, 그리고 나, 그렇게 네 사람이 우연히도 한 상에 동석을 하게 된 것이다. …… 그런데 우리 네 사람에게는 두 가지의 공통점이 있는 것이 확인되었다. 하나는 모두가 시국문제와 관련되어 징역살이를 한 이른바 '빵잡이'들이었다는 점이고, 다른 하나는 모두가 동갑내기들이었다는 점이었다. …… 처음에는 개띠들의 모임이라 '개 파티'라고 이름을 붙였다가, 역시 재기 넘치는 한승헌 변호사가 '개들에게 무슨 파티냐. 개들에게는 판이 훨씬 어울린다'는 제안으로 만장일치 '개판'이라고 개명했다.

나중에 『동아일보』 편집국장을 역임한 김중배도 참여했다. 술을 즐겨 마신 박현채는 취기가 거나하게 돌면 좌중의 언론을 독점 지배하는 파워를 과시했다. 보통의 학자들과 그는 체질이 달랐다. 한승헌의 기억에 따르면 개판 식구들이 50대의 아홉(9)수를 지나고 있을 때 '합동'회갑모임을 갖자고 했다. 세상도 어수선할 때라 절충식으로 하기로 한 것이다. 이왕 합동회갑연을 할 바에는 회갑연 입구에 '맹견 주의'도 써 붙이자는 우스개도 나왔다. 그들 각자가 다들 세상을 향해 항상 '멍멍' 하고 짖어댔기 때문이다. 그러나 이 모임은 불발로 끝났다.

1980년대 말부터 박현채는 외부로 향한 말문과 글쓰기의 빗장을 닫아걸었다. 가족들의 눈에는 그가 깊은 밤 홀로 앉아 있는 시간이 많아 보였다. 1980년대 후반에 나타난 사회주의권의 몰락 이후 모든 경제적 화두는 온통 "시장이 지배하게 하라. 시장은 내버려둬라. 시장이 우리의 문제를 해결하게 하라"였다. 경제학계에도 시장에 대한 과신, 한국 자본주의의 성공신화가 대세가 되었다. 비판경제학으로서의 민족경제론은 경제학계에서 설 자리를 잃었다. 지구화 시대에 자주적이고 민주적·민족적인 경제논리를 견지한다는 것 자체가 시대착오로 폐기처분되는 듯한 양상이었다.

이런 추세 속에서도 박현채의 후학들 중 조석곤은 2006년에 발표한 '다시 민족경제론을 생각한다'에서 시장 이데올로기에 대해 비판적인 발언을 멈추지 않았다.

지구화를 화두로 하는 신자유주의가 1980년대 이후 세력을 확대한 것은 사실이지만, 지구화는 지금까지는 어떤 국민국가가 자국의 이익을 위해 다른 국민국가의 장벽을 허무는 이데올로기로 기능하는 데 불과하다.

이어서 조석곤은 "시장의 중립성을 앞세워 사냥감을 찾아 나선 투기적 금융자본 앞에서는 이른바 선진국의 중앙은행도 무력하기는 마찬가지"라며, "특히 이제 막 자본시장의 개방에 돌입한 나라일수록 그들의 활동에 취약한 경우가 많았음을 우리는 최근 20여 년의 역사에서 배울 수 있었다"고 주장했다.

경제학계 일각에서는 지구화 시대의 민족경제론은 국민경제의 안정적 성장을 목표로 한 비판적 성찰의 프로젝트를 세워야 한다는 주장도 제기됐다. 부연하자면 자주적이고 민족적인 국민경제의 수립은 어쩌면 세계경제가 지구화 시대로 나아가기 위한 필요조건일지도 모른다는 것이다. 특히 분단국가인 한국사회에서는 이러한 과제가 민족적인 관점에서 해결되어야 한다는 사실을 잊을 수 없다고 했다.

1992년 박현채는 정윤형과 함께 한국사회과학연구소(1988년 설립한 한국사회연구소 후신)를 설립했다. 이 연구소에 참가한 정태인은 한때 참여정부에서 일하기도 했다. 그는 민족경제론의 문제의식을 오늘의 시대에 맞게 발전시키고 한국 정치경제학의 새로운 이론으로 정립하는 역할은 자신들에게 맡겨진 몫이라고 하면서, 민족경제론이 생명력이 소멸된 과거이론에 지나지 않는다고 보지 않는다.

초국적 자본이 지배하는 글로벌 시대에도 민족적 삶의 단위는 쉽게 해제될 수 없고 국가 간 마찰, 인종 간 마찰 또한 필연적이다. 따라서 글로

벌 시대엔 국민 삶의 질 향상을 최우선으로 추구하는 개방적 민족경제론이 필요하다.

40여 년 자갈길로
달리더니

박현채는 지방으로의 통근 생활 때문에 조선대 교수 생활 이후 건강에 무리가 따랐다. 게다가 소장학자들의 폭발적 요청에 따라 민족경제론의 논리를 갱신해야 한다는 강박관념에 쫓겼을 것이다. 이래저래 사정은 박현채에게 어려웠다. 때마침 창작과 비평사로부터 단순히 그의 소년 시절 이래의 저항 활동만이 아니라, 과거 어떠한 글로도 발표되지 않은, 그냥 묻어버리기에는 너무나 소중한 그의 면모를 담는 저술을 청탁받고 있었다. 상당 부분 집필도 진행되었다.

박현채는 호탕하고 낙천적인 천성이었다. 그러나 그는 평소에 고혈압 증세가 있었다. 다만 무시하고 지나친 것이다. '산 생활' 시절 "한 친구가 내 손금을 보더니, '현채야, 너는 18세 때 죽지 않으면 81세 때 죽을 것'이라고 말했다"며 그는 81세를 그의 정명定命으로 믿었는지 모른다. 그런데 1993년 강건하기 이를 데 없던 박현채가 난데없이 뇌졸중으로 쓰러졌다. 알고 보니 고혈압 말고도 그는 대여섯 가지 병을 안고 살았다. 소년 시절 이래 근 40여 년 거친 자갈밭 길을 질주하던 차가 한번 고장나 버리자, 수리할 수조차 없게 되어 버렸다.

박현채는 병실에서 2년여를 버텼으나 1995년 8월 17일 회갑을 겨우 넘긴 나이에 파란에 찬 생애의 막을 내렸다. 친하게 지내던 이들에게는 청천벽력과 같은 소식이었다. 그들의 비통은 이루 말할 수 없었다. 박현채가 가다니! 그들에게는 정말 믿기지 않는 일이었다.

진지함이 조롱받고 속류의 대중문화와 지식 포퓰리즘이 휩쓸고 있는 이 경박한 시대에 박현채는 삶 전체를 통해 진정한 권위에 값했다. 그를 그리워하며 말문이 막히던 사람들은 2006년 박현채 11주기를 맞아 《박현채전집》 7권을 펴냈다. 김경희 · 김금수 · 김낙중 · 박중기 · 백낙청 · 송기숙 · 이경의 · 임동규 · 박영호 · 정태인 · 조석곤 등이 그들이다. 그들은 《박현채전집》을 내면서 전집은 '박현채의 얼과 넋에 바치는 공양미'이며 박현채와 동시대의 수많은 추모공동체에 바치는 헌정사라고 했다.

자본은 종종 미스터리한 것이다. 특히 21세기 금융자본은 괴물과 같다. 정치경제학자들은 "금융자본이 가치를 생산한다는 것은 망상일 뿐"이라고 주장한다. 2008년 후반부터 미국에서 불어온 금융위기가 전 세계에 대재앙의 마그마가 되어 꿈틀거리기 시작했다.

"역사는 종말을 고했다. '우파의 이념적 승리'는 완료됐고, 모두가 만족한 가운데 자본주의의 결정적 형식으로 굳어졌다." 그러나 세계를 거의 석권하다시피 한 프란시스 후쿠야마의 '역사의 종말론'류類의 담론은 미국발 금융대지진으로 얼마 가지 않아 무너져 내려앉았다. 영국의 어느 외신은 "2008년 10월 13일은 영국 자본주의 시스템이 실패한 날로 기록될 것"이라고 평가했다. 심지어 뉴욕 월가의 일부 시위대는 "마르크스가 옳았다!"는 팻말까지 들고 나왔다.

금융위기의 원인으로 흔히 꼽히는 것으로는 복잡한 금융상품의 휘

발성, 자체 규제 불능의 자본시장, 금융계의 도덕적 해이 등이 있다. '실물경제'에 대한 '상품의 허구', 특히 화폐의 허구는 세계경제를 들쑤시고 다니는 바이러스와 같다. 아무런 실체가 없고, 시장에서 가격을 매길 수 있는 가치 투자가 있다고 말할 수 없다. 모든 게 우리 눈앞에서 연기처럼 사라져 버린다.

10여 년 전 이매뉴얼 월러스틴은 미래학자의 어조로 담아 왔던 《세계화의 궤적, 1945~2025》에서 지구 현실이 또 하나의 변곡점을 통과하고 있음을 갈파했다. 좀 더 근본적으로 성찰해 보자면 오늘의 경제위기는 인류의 산업문명 전체가 파탄을 향해 한 걸음씩 추락해 가고 있다는 증거로 읽을 수 있다고 그는 보았다. 기후변화, 식량의 불균형과 자연자원의 고갈, 환경파괴, 인구과잉 등 수많은 표징들은 그 같은 비관론이 지나친 것이 아님을 보여 주고 있다.

만약 박현채가 살아 있어 오늘의 상황을 보면 어떤 진단을 내릴 것인가. 이는 망자의 안식마저 빼앗는 몰염치일는지 모르지만, 오늘 우리가 처한 상황이 워낙 암울하고 막막해서 해보는 넋두리다. 다만 한 가지 경계해야 할 일이 있다. 이른바 실용주의가 튜브에서 짜낸 치약을 다시 튜브로 밀어 넣는 식이 되어서는 안 되겠다는 것이다. 자칫 전속력으로 역주행하기 십상일 터이기 때문이다. 여기서 우리는 국민경제 차원에서만이 아닌, 전 지구적인, 또는 최소한 지역적인 차원에서만이라도 사회와 문화에 내장된 시장을 다시 만들어내는 새로운 방정식 또는 근본적

인 해법을 찾아낼 역사적 전환기에 마침내 이르지 않았는가 하는 생각
이 든다.

10

분단체제
해체를
향한
민족문학의
힘찬
쟁기질

10

백낙청(1938~)

줏대 있는 중도세력

세계적인 경제 위기 국면에 남북관계마저 긴장 상태가 계속되고 있다.
대한민국의 나라 다스리기는 과연 제대로 작동되고 있는가, 국민들은
지금 매우 심란해 하고 있다. 이와 관련, 민주화와 통일 평화운동에 앞
장선 백낙청은 2009년을 맞으면서 거번먼트(주로 공권력을 가지고 다스리는
'정부'라는 뜻으로 쓰임)보다 넓은 의미의 '거버넌스' 체계를 형성하자고 제
의한 바 있다. 정부가 일방적으로 나라를 이끌지 않고 사회 각 부분 세
력과 협동 합의하에 국정을 협치協治하는 정치형태로 그는 거버넌스 개
념을 도입했다. 그리고 현 정권은 남은 기간을 정교한 사회적 장치, 곧
거버넌스의 틀을 새로 짜는 데 공들여야 한다고 했다.

> 지금은 나라 다스리기의 새로운 체계를 만들지 못하면 국가 전체가 혼
> 란에 빠지고 민주화 20년의 성취, 아니 대한민국 60년의 성취마저 물거
> 품이 될 위험에 처해 있기 때문이다.
> ─ '거버넌스에 대하여', 『창비』 주간논평, 2008년 12월 30일

백낙청은 이를 위해 대중의 토론과 합의, 언론과 여러 전문 집단과 이익단체를 포함한 시민사회가 정당들과 함께 건설적으로 국정 참여의 길을 닦는 작업에 상당한 진척이 이루어질 때, 그리고 그렇게 해서 실질적으로도 상당한 전진이 이루어짐이 국민들에게 실감나게 비칠 때, 어떤 경제 위기도, 국정의 난맥도 견뎌낼 만하고 이겨낼 수 있을 것이라고 했다.

백낙청은 이론의 여지가 없는 대표적인 지성이다. 그는 '분단체제'라는 한국의 자생적 개념을 도입, 이 시대를 사는 우리 모두는 '분단이라는 리바이어던'(《성경》〈욥기〉에 나오는 지상 최강의 수서동물)을 마주하고 살았고, 그것은 어느새 우리 모두의 마음속을 차고 앉아 왔음을 강조했다.

'2009년 분단현실의 한 성찰'(제11회 한겨레통일문화상 수상 강연)을 통해 그는 통일에 대한 우리 사회의 내면적 분열상을 예리하게 분석하고 진단했다. 그에 따르면 우리 사회에는 분단을 분명하게 의식하고 이를 자신들의 단기적 이익을 위해 활용하는 데 유능한 세력이 있는가 하면, 분단 극복을 역설하며 그 목표를 위해 헌신해 온 통일 세력이 있다. 이 강연에서 백낙청은 진보의 이름을 걸고 분단 현실에 대한 성찰이 불철저한 사례도 수두룩하다는 점을 지적했다.

백낙청은 우리가 민생과 민주주의, 남북관계라는 '3중 위기' 속에서 '역주행'하고 있다고 비판하면서, 보수와 진보의 '만남'을 강조했다. 그가 좌우 혹은 남북의 문제점을 모두 포용하자는 의견을 내놓자, 종래까지의 그의 시점이 이동한(?) 게 아닌지 의아해 하는 눈총도 있었던 것이 사실이다. 예컨대 이런 요지의 강연에 대해서는 이러쿵저러쿵하는 입방아도 찧어졌다.

무엇보다도 '보수'와 '진보'를 가르는 기존의 잣대에 얽매임이 없이, 줏대 있는 중도세력을 형성해야 합니다. 그리하여 예컨대 민주주의 문제에서는 분단체제가 남한의 독자적 민주화에 부과하는 한계를 인정하고, 남북화해의 진전과 결부된 현실적인 개혁노선에 합의하며, 민생문제에서도 자본주의 세계체제 및 그 하위범주로서의 분단체제가 떠안은 조건을 일단 수용함으로써 세계시장으로 열린 한반도 경제권의 건설과 남한경제의 발전을 도모할 새로운 종합적 설계를 짜야 합니다.

2007년 고희를 맞은 백낙청이 어떤 사람인지 딱히 규정하기란 그리 간단하지 않다. 학문 전공으로 보자면 서울대학교 교수를 역임한 영문학자이고, 문학 활동으로 보자면 평론가이며, 계간지 『창작과 비평』을 창간해 주도해 오고 있고, 6·15공동선언 실천 남측 대표직을 맡았던 통일운동가이기도 하다. 그 어느 것 하나 자신에게나 사회적으로 경중을 따져 버릴 수 없는 것이다.

창작과 비평

그중에서 그의 공부와 실천의 중심에서 『창비』는 한시도 벗어난 적이 없었다. 『창비』가 창간된 것은 1966년 1월. 창간호에서 백낙청은 권두 논문으로 '새로운 창작과 비평의 자세'를 발표했다. 『창비』는 청년 지식인 백낙청이 던져 올린 신호였고, 권두 논문은 그의 문학적 선언이었다. 당시 그의 나이 겨우 28세. 132쪽에 정가 70원짜리 창간호는 문학에 대해 고민하던 이들에게 눈앞에 드리운 안개를 활짝 걷어낸 경이로운 지적 마당이었다.

『창비』는 그때 과연 무엇을 지향했는가. 이런 질문에 대해 백낙청은 순수문학이니 관변문학 하는 기성문단에 정면으로 도전할 뜻을 분명히 밝혔다.

문학은 현실의 감추어진 진실을 드러내야 하며, 현실 구성원이 처한 위기를 반영해야 하며, 나아가 그 구성원 대다수의 복지를 위한 전망을 제시해야 한다.

동시대의 구체적인 현실을 끊임없이 민족사의 맥락 안에서 통합, 그때그때의 현실이 요구하는 이론적 필요에 백낙청만큼 자신의 삶과 사색에 온몸을 다 바친 사례를 찾기는 쉽지 않다. 그가 1970년대에서 1990년대에 걸쳐 발표한 주요 평론집의 표제만 훑어봐도 알 수 있다. '민족문학의 현단계', '민족문학의 새로운 과제', '민족문학의 새로운 고비를 맞아', '오늘의 민족문학과 민족운동', '지구화시대의 민족문학', '분단시대의 최근 정세와 분단체제' 등은 그의 저술의 일부에 지나지 않는다.

백낙청의 저술을 관통하는 하나의 과녁은 언제나 긴장된 역사의식과 한결같은 사명의식, 그리고 당면한 현실과의 연관 속에서 당대문학의 성취와 과제를

점검하고 있다는 것이다. 그의 글과 사색에는 굳어진 관습과 피상적인 흐름에 도전하는 전복적이고 논쟁 유발적인 치열성이 내장되어 있다. 염무웅은 "그가 수도자와 같은 성실함과 철저성으로 휴식 없는 자기 확장의 길을 걸어간 것은 동시대를 함께 산 우리 모두에게 복된 일"이라고 찬사를 아끼지 않았다.

『창비』가 처음 나왔을 때 소설가 이문구는 "낯설 수밖에 없는 가로짜기 조판인 데다가, 논문은 길고 쉽게 정이 가는 잡지가 아니었다"고 인상기를 남겼다가, 이내 『창비』 진영에 합류했다. 누군가는 "중국의 혁명가 진독수가 만들었던 『신청년』을 보는 것 같은 감동을 느꼈다"고 『창비』에 대한 강렬한 인상을 술회했다. '섬진강의 시인' 김용택은 "『창비』는 내 문학과 삶을 갈고 닦게 해준 학교"라며 깊은 애정을 토로했다.

『창비』가 첫 선을 보이자 기성문단에서는 거의 신경질적인 반응을 보였다. "문단에 사회과학주의 비평을 하는 데가 있다"는 1960년대식의 '색깔 시비'도 뒤따랐다. 그런 중에서도 『창비』는 부쩍부쩍 성장해 갔고, 백낙청이라는 청년 논객은 1969년 '시민문학론'을 발표함으로써 초기 비평의 한 시대를 그었다.

당시에는 소시민 의식과 관련된 작품이 주제로 자리 잡아 갔다. 민족문제라든가 역사적 현실을 이야기하면 불온시되거나 시대에 역행하는 것으로 보기 일쑤였다. 한마디로 거대 서사보다는 세설細說이 유행하던 시절이었다. 김승옥의 경우 그의 감각적 문장으로 1960년대 중반 이후 한국사회의 정신적 쇠락을 묘사, '감수성의 혁명'을 이루었다는 대단한 평가를 받던 시절이다.

민족문학론,
그 우렁찬 목소리

백낙청 문학평론의 본격적 전개는 1973년 그가 미국에서 돌아와 문단으로 복귀한 때부터다. 이 무렵부터 20여 년 동안 그의 문학적 사유는 '민족문학론'으로 수렴된다. 한용운, 김수영, 신동엽 등에서 싹이 터 신경림 시에서 열매를 맺기 시작한 민중성과 현대성의 독특한 결합은 바꾸어 말하면 예술성과 운동성의 결합이라는 개념으로 치환될 수 있는 측면으로, 이때 백낙청은 민족문학론의 선구적 역할을 맡으면서 《민족문학과 세계문학(1, 2)》 등을 내놓았다.

  '민족문학론'은 문학전문가가 아닌 입장에서 논하기가 어렵고, 그 분야 전문가의 설명을 인용하면 오히려 머리가 어지러울 것 같다. 차라리 백낙청 자신이 1996년 3월 24일 『동아일보』와 인터뷰한 내용 중 비교적 알아듣기 쉽게 설명한 다음의 대목을 인용하는 편이 나을 것 같다.

문학의 내용에 관한 것입니다. 분단시대의 민족이기 때문에 반反분단이 핵심이 되어야 하고, 민족의 주체성을 찾으며, 민주화를 이룩하는 데 문학이 기여해야 한다는 것입니다. 현실참여라고도 할 수 있지요. 그 때문에 박정권은 이 주장을 불온한 것이라고 낙인을 찍었고, 80년에 급진적인 젊은 이들로부터는 노동해방이나 민족 해방 등의 기치를 내세우지 않고 어물어물 넘어간다고 해서 '소시민적 민족문학'이라는 비판을 받았습니다. 양쪽의 협공을 받은 셈이죠. 그러나 오늘날에 와서 보면 그동안 『창비』가 주장해 온 민족문학론이 옳은 것이라고 실증됐다고 봅니다. 문학은 민중성이나 운동성을 지나치게 강조해서도 안되고, 어디까지나 예술성과 균형을 맞추면서 조화를 이루어야 합니다.

백낙청은 여기서 한 발 더 나아간다. 한반도의 분단된 양쪽뿐만 아니라 한반도 바깥의 세계도 한국 현실의 일부를 이룬다고 개방적이면서 세계적인 관점을 보여 주었다. 때때로 그는 문학론의 범위를 넘어 세계질서의 정당성에 대한 근원적 의문을 제기했다.

약육강식의 세계질서에 의해 희생되고 있는 민족의 경우에는 …… 이러한 부당한 질서에 대해 자기방어를 해야겠다는 소극적인 의미에서 출발해서 이것과는 다른 차원의 세계질서가 이루어져야겠다는 생각에까지 나아갈 수가 있을 것 같습니다.
– 백낙청 회화록 간행위원회,《백낙청 회화록》1권, 창비, 2007

이러한 그의 발언은 백낙청 사유의 전개 과정에서도 가장 적극적이고 근본주의적인 것으로, 제3세계 문학의 일원으로서 한국 민족문학의 세계사적 의의와 남다른 사명을 강조해서 나온 것이다.

1990년에 '민족문학과 세계문학(3)'이라는 부제를 단《민족문학의 새 단계》를 펴낸 지 16년 만에 백낙청은 동명의 부제를 단《통일시대 한

국문학의 보람》을 내놓았다. 그는 책머리에 이 평론집을 내게 된 것은 통일시대에 한국문학에 이바지하고 싶은 소망 때문이라고 했다.

남북분단이 엄연히 지속되고 있는데도 벌써 통일시대가 왔다고 말하는 것은 공연한 말장난으로 들릴지 모른다. 나 자신 처음에는 '통일시대'라는 말에 따옴표를 붙여 쓰는 소심성을 보였었다. 그 후 6·15공동선언을 지켜보고서는 '분단시대 겸 통일시대'라는 얼핏 보면 모순되는 표현을 내놓았다.

현대판 분서갱유

계간지 『창비』는 백낙청의 분신이나 다름없다. 『창비』는 백낙청 문학비평의 호수와 같다. 이 호수에 백낙청은 자신의 문학평론과 사회변혁론 민족통일론 등을 채워 넣었다. 『창비』에 호수물이 되어 합류한 문인들의 행렬은 쟁쟁했다. 김정한·이호철·고은·신경림·이문구·조태일·황석영· 윤흥길·방영웅 등 지금은 문단에서 원로급에 이르는 소설가 시인들이 『창비』의 날개를 더욱 높고 넓게 펼쳤다.

여기에 인문 사회과학계에서 진보적인 지식인들까지 가세했다. 백낙청은 우리 사회의 각 부문에서 민주·민족·민중적인 양심 세력들을 끌어들이는 투망질에도 남다른 공력을 들였다. 이제『창비』는 문예지 차원을 넘어 한국에서 선진적인 평론과 논문이 실릴 수 있는 드문 공론의 장이 되었다.

그러다 보니 '현대판 분서갱유'와 유사한 경험까지 하는 등 수난의 길을 걷게 되었다. 리영희는 '창비신서'로 나온《전환시대의 논리》등으로 감옥생활까지 해야 했고, 백낙청 자신은 1974년 '민주회복국민선언'에 참여, 서울대학교에서 쫓겨났다. 강만길은《분단시대의 역사인식》으로 적지 않은 고초를 겪었고, 그 밖에 수많은 지식인과 언론인이 1980년대 중반까지 오래고 고달팠던 세월을 보내야 했다. 그 시절『창비』가 없었다면 이들 '인텔리겐치아 백수들'의 근거지가 어디 있었을까.

1974년 민청학련 사건의 와중에서『창비』는 이듬해 봄호에 도피 중이던 김지하의 시와 백낙청의 논문을 게재했다. 염무웅은 그때 '어디 칠 테면 마음껏 쳐보라'는 배짱을 부렸다. 판금의 빌미로 삼기에 모자람이 없었다. 리영희의 베트남 전쟁에 대한 평론이 실린 여름호는 결국 긴급조치 위반으로 판금됐고, 조태일의《국토》와 '신동엽전집' 등이 잇따라 서점가에서 자취를 감췄다. 양성우의 시집 제목 그대로 '겨울공화국' 시절이었다. 이 시절의 백낙청에 대해 황석영은 '경기 야간'이라고 놀렸다. 경기고를 졸업하고 하버드대학 유학까지 마친 이른바 KS마크가 변변한 직장도 없이 실업자 노릇을 한다고 황석영 특유의 우스개 섞인, 그러나 실천적 지식인에 대한 존경과 애정을 듬뿍 담은 것이었다.

1980년 '서울의 봄' 시절 백낙청은 서울대학교에 복귀했지만 전두환 정권은『창비』의 숨통을 아예 끊어놓았다. 1982년 김지하가《타는 목마름으로》를 창비에서 펴내자 군사정권은 시집 전량을 압수하는가 하면 세무사찰까지 자행하고는 그마저 모자라 『창비』를 폐간했다. 이 시절을 통해 창비사는 부정기 간행물인 무크지誌 형태로 명맥을 이어 갔다. 그러자 이번에는 출판사 자체의 등록마저 취소하는 야만적 조치도 마다하지 않았다. 창비사는 '본명'조차 쓰지 못한 채 '창작사'란 반토막짜리 이름을 사용하면서, 억압과 저항이 동반상승한 1980년대를 넘겨야 했다. 『창비』가 복간된 것은 '87년 체제'가 성립되고 난 뒤였다.

백낙청과 가깝게 지내는 사람들을 문단에서는 '창비사단'이라고 부르기도 했다. 어떤 사람은 과장어법을 섞어서 "백낙청 씨는 하나의 정부다"라고까지 했다. 어떻든 그 시절 '창비사단'은 막강했다. 원로 소설가 박완서는 『창비』로부터 원고 청탁을 받았을 때의 기쁨을 이렇게 털어놓기도 했다.

처음 『창비』에서 원고 청탁을 받았을 때 일급 작가가 됐다고 생각한 것은 아니지만 기뻐서 가슴이 울렁거렸다. 『동아일보』에 '휘청거리는 오후'를 연재하는데 창비사에서 책으로 내고 싶다고 연락이 왔다. 그래도 다른 출판사와 비교해 보는 마음 같은 것 없이 쾌히 승낙했다. 아무튼 『창비』가 나를 알아주었다는 것이 기뻤다.

백낙청이 겪은 수많은 고난을 알면 알수록 그의 이미지와는 너무나 걸맞지 않은 것을 발견하고는 고개를 갸우뚱거리게 된다. 리영희는 1991년 『창비』의 창간 25주년을 기념하는 글에서 『창비』가 창간될 당시 '큰 우군友軍'을 얻었다는 기쁨을 회고하면서 백낙청에 대한 인상비평을 남겼다.

나처럼 힘겹게 살아온 사람의 눈에는 처음 만난 그 편집인은 그 창간사의 필자일 수가 없어 보였다. 말하자면 귀공자풍의 백면서생이요, 어려움을 모르고 자란 대표적 부르조아 계층이다. 내가 조금은 경멸하고 많이는 부정하는 소위 미국대학 출신이라! 그의 집안의 내력과 현재 상황 또한 그가 굳이 그런 깃발을 들고 나설 아무런 이유가 없는 터이었다.

『창비』복간 때 편집위원으로 참여, 백낙청과 수십 년을 가까이 지낸 최원식은 백낙청의 신언서판을 들어 자신은 족탈불급足脫不及이라고 하면서, 그를 자강불식自彊不息의 사표로 삼았다고 했다. 최원식이 '백낙청 회화록을 말한다'에서 표현한 백낙청은 정말 잘난 모습이었다. 요약하면 이렇다.

관옥冠玉 같은 얼굴에 몸피도 알맞고 키가 후리후리해서 단연 군계일학群鷄一鶴이다. 말에서도 문어를 바탕으로 하되 그것을 구어로 녹여내 듣는 이의 마음을 빼앗는 데는 선생을 따를 이가 없는 최고의 고수다. 문장으로 볼 때 선생은 일류의 산문가다. 선생의 산문은 양학洋學을 '지금 이곳'의 현실주의에 맞게 탈구축 재구축한 우리 문장의 신경지다. 무엇보다 선생의 최고의 덕목은 탁월한 판단력이다. 문학평론가로서 선생은 작품 맛을 보는 데 기막히게 날카롭고 섬세하다. 선생의 문학적 판단은 넓은 의미의 정치적 판단과 불가분리로 맺어져 있다. 우리 앞에 닥쳐온 크고 작은 사태에 직면하여 그 고갱이를 드러내 명쾌한 대응책을 짚어내는 선생의 지혜로운 판단들에 나는 얼마나 빚지고 있는가? 뿐만 아니라 선생은 실무 감각에도 진짜 강한 선비다. 우리가 흔히 아는, 생활에 무능한 반쪽 선비가 아니라 군자불기君子不器, 요즘 말로 바꾸자면 '진짜 선비는 멀티플레이어다'쯤 될 것이다.

평생의 지기이며 동지인 고은은 "백낙청은 앞에 있지만, 늘 뒤에도 있다. 또 술을 마시지 않으면서 술 마시는 사람을 가장 잘 이해한다"고 했다. 고은이 보는 백낙청은 어떤 골짜기나 유역의 지식인이라는 한계를 벗어나, 현상과 사물을 변화시키는 힘의 원천이 될 수 있다.

1970년대 초에 백낙청을 알게 된 필자 역시 그를 잘 아는 분들의 인상기와 비슷한 느낌을 가졌다. 그 무렵 필자는 중구 저동 뒷골목의 작은 출판사에서 아르바이트로 생계를 꾸려가고 있었다. 『창비』를 창간호부터 사서 읽으면서 그때까지 생소했던 문학과 예술 방면에 대해 조금씩 눈떠 갔다. 그러던 중 마침 출판사 일로 그를 처음 접하게 되었다. 30대 초반의 그의 첫인상은 한마디로 온유하고 겸손하기 이를 데 없었다. 당대의 청년논객에서 풍길 법한 티 같은 게 전혀 안 보였다.

그 시절은 출신 성분을 보고 곧잘 '주의자'로 규정짓는 것이 이른바 '의식분자들의 세계'에서는 무슨 돌림병 같이 나돌았다. 그런 눈으로 보자면 그는 영락없는 부르주아였다. 그러나 보면 볼수록 그는 출신 성분 따위로부터 일찌감치 독립선언을 한 지식인이었다. 유신체제의 그 엄혹했던 세월 동안 백낙청은 당대 지식인의 절정에 이미 올라 있었다. 그는 내공이 꽉 찬 사람, 단전에 기가 집중된 인물 같았다.

하버드 수재

『동아일보』1960년 11월 20일자에는 백낙청의 학창시절 사진과 함께 '군문軍門 두드린 어학의 천재'란 제목의 기사가 나온다. 더 거슬러 올라가 1959년 6월 12일자를 보면 백낙청이 미국 브라운대학을 수석으로 졸업해 졸업식에서 대표 연설을 하고 하버드대학원에 진학한 사실을 보도한 기사가 있다. '한국 학생의 우수성을 과시 미 대학서 우리 백낙청 군이 영예의 졸업식 연설'이라는 제목 외에, '5개 국어를 통달 하바드대학원에 무시험 합격 여러 부분의 상도 받고'라는 표제가 보인다.

　유학 자체가 특권층의 일처럼 여겨진데다가, 병역을 기피하는 것이 특권층에서 당연시되던 것이 그 시절의 풍조였다. 도미 유학생으로서 귀국해 자원입대를 한 사실에 기자로서는 당연히 의문을 제기해 봄직하다. "백군이 나이 어린 13살 때 아버지와 큰아버지가 6·25동란으로 붉은 침략자들에게 강제로 납치당한 비통한 현실이 그에게 그러한 결심을 하게 한 것일지도 모를 일이다." 비록 추정적으로 쓰긴 했지만 기사의 끝맺음에서는 다분히 반공적인 서사로 굴절시킨 느낌이 든다. 본인은 정작 찾아온 기자에게 "국민의 의무를 다하려는데 무슨 기사가 됩니까?"라고 반문한 것으로 나와 있다.

　한국적 근대서사의 주인공으로 등장했던 백낙청은 근대에 영합해 예정된 엘리트 코스로 순항하기를 거부했다. 백낙청은 1938년 대구의 외가에서 6남매의 셋째로 태어났다. 그의 선대는 대대로 평북 정주에서 살아왔으나 그 후 남쪽으로 이주했다. 부친 백봉제는 우리나라 민간 종합병원의 효시격인 백병원의 설립자 백인제의 동생으로, 두 형제는 납

북되어 생사를 알 길이 없다.

법조인을 지낸 아버지 백봉제의 잦은 전근으로 백낙청은 광주와 전주에서도 국민학교를 다니다가 서울 재동국민학교를 졸업, 이후 경기중고등학교를 거쳐 1955년 미국 유학길에 올랐다. 하버드대학원에서 영문학을 전공한 그는 1963년, 25세 때 서울대 전임강사가 되었다.

부유한 가정에서 태어나 20대의 젊은 나이에 서울대학교 교수가 된 백낙청에게는 탄탄대로가 예약되어 있었다. 그러나 그는 그 길을 마다하고 스스로 가시밭길을 택했다. 그는 한국적 현실에 입각해서 근대 자체를 천착하되, 그 극복의 방도를 모색함으로써 세계적이고 수평적인 인식과 사고를 견지하면서 한국 문단과 지식인 사회에 새벽별처럼 떠올랐다. 신언서판身言書判과는 돌연변이나 다름없었다.

영문학자이면서도 문학평론가로 더 많이 알려져 있으며 동시에 문학과 사회과학을 접목시킨 백낙청, 그는 당대의 현실에 충실하되 언제나 넓은 안목의 시야를 잃지 않았다. 1990년대 초반 그는 남북한의 상호의존을 주장하면서 '분단체제론'을 발표, 사회과학계에 비상한 반향을 일으켰다. 1994년에 나온 '분단체제 변혁의 공부길'은 제목의 '겸손함'에서 나타나듯이, 백낙청이 자신의 모든 삶의 실천은 공부하고 깨달아 가는 학문적 '수행'의 과정으로 받아들이고 있음이 드러난다.

1998년 백낙청은《흔들리는 분단체제》를 내놓았다. 이 시기에 이르러 분단체제의 역사적 경로에 대한 백낙청의 관심은 한층 구체화되고 명료해진다. 분단체제의 '흔들림'은 분단체제 극복으로 다가가는 긍정적 계기이며 한반도의 상대적 안정성이 위협받는 위기이기도 하다. 따라서 이런 위기의 시대일수록 한반도 민중의 성숙한 대응이 필요하며 통일 자체에 대해서도 발상의 근본적 전환이 필요함을 그는 이 책에서 주장했다.

역사학자 강만길은 백낙청의 분단체제론에 대해 이런 찬사를 했다.

남북한을 각기 독자적인 사회구성원으로 보면서 한반도 전체를 하나의 시야에 아우르려고 노력한 이론은 내가 알기로는 백낙청 교수의 분단체제론밖에 없다. 역사학이나 사회과학을 전공하면서 분단시대 한반도의 현실을 탐구하는 이들이, 이 시대를 바라보는 통찰력에서는 민족문학론의 대표 이론가에게 커다란 빚을 지고 있는 것이다. 이 책의 출간을 계기로 8·15 이후를 분단시대로만 보지 않고 분단체제로 이론화하고 있는 작업이 일대 진전을 이루게 되리라.

김동춘은 『창비』 1996년 봄호에서 분단체제론을 이렇게 해석했다.

분단현실을 분단시대라는 역사인식이나 민족모순의 틀로 해소하는 것이 적절치 않다는 생각에서, 그리고 한국사회는 분단에 의해서 일방적으로 규정되기 보다는 세계체제의 일부로서 분단체제와 그것에 의해 조성된 다양한 세력관계와 매개변수들에 의해 이중 삼중으로 복합적으로 규정된다는 전제를 바탕으로 그러한 개념을 정리한 것으로 본다.

분단체제라는 개념은 분단에 따른 남북한에서의 기득권 형성 및 1970년대 한국의 공업화와 계급분화, 내부의 통일 반대세력이 형성되고 있다는 남북한 사회의 변화의 흐름을 반영하고 있다. 분단체제론은 남북한에서 이들 기득권층의 암묵적 결탁과 미국 일본 등 주변 강대국의 현상유지적 이해관계 아래에 놓인 남북한 민중들의 고통이라는 모순관계로 설명된다. 아울러 분단현상을 거시적 역사적으로 보면서, 남북한과 주변국의 정치적 대립구조와 그 타개 방안을 장기적이고 단계론적으로, 그리고 현실주의적으로 해석한 것으로 보는 것이 아닌가 한다.

실천현장에
직접 나선 지식인

2000년 6·15선언 이후 백낙청은 '과정으로서의 통일'이나 이와 맞물린 국가연합 등 복합국가체제에 대한 모색을 계속했다. 그는 분단체제가 흔들리는 국면에서 다양한 개혁·변혁 세력의 요구와 실천을 수렴해내는 중도적인 인식과 실천이야말로 한반도에서 분단체제 극복과 더 나은 사회로 나아가는 가장 현실적이고 이상적인 방책이라고 했다. '변혁적 중도주의'로 표현되는 이런 노선은 근대 자본주의에 대한 그의 이중적 관점, 곧 '근대에 적응하면서 동시에 극복하는' 과제의 한반도식 실천노선이라고 하겠다.

2003년 『교수신문』이 기획한 '오늘의 우리 이론 어디로 가는가 현대한국의 자생이론 20'에는 분단체제론에 대한 백낙청과의 서면 인터뷰가 실려 있다. 그는 분단체제론을 구상하게 된 동기와 배경에 대해 대체로 세 가지로 응답했다.

우선 1970년대 이래의 민족문학운동과 민족문학론을 특징짓는 요인은 분단현실에 대한 관심이다. 분단체제론은 이러한 운동과 논의가 진전되는 과정이 낳은 산물이다. 다음으로 1980년대의 진보적 사회과학계와 급진 운동권에서 한국이라는 사회구성체의 성격을 규명하면서 여러 갈래의 노력이 있었으나, 당시 어느 담론도 민족문학 작업의 실감에 딱 들어맞지 못했다. 이것이 한반도의 분단현실을 좀더 총체적이고 체계적으로 보되, 어디까지나 실사구시(필자 주: 문학적으로 보자면 그의 리얼리즘적 입장)의 정신으로 보려는 이론적 모색의 계기가 되었다. 마지막으로 전문 사회과학도가 아닌 내가 문제제기를 하면 뜻있는 사회과학자들이 본격적으로 다뤄주려니 기대했는데 전혀 그렇지 않았다. 분단체제의 극복은 기존 사회과학의 고정관념을 깨는 작업도 겸해야 하리라는 생각이 차츰 굳어지면서 계속 이 문제에 집착하게 됐다.

2005년 초 백낙청은 '6·15공동선언 실천 민족공동위원회' 남측 상임대표를 맡아 통일운동 현장에 직접 뛰어들었다. 그 무렵부터 백낙청은 분단체제가 흔들리는 동요기가 아니라 해체기임을 자신 있게 주장하고 나섰다. 대세는 이미 기울었다는 것, 앞으로 과거식 분단체제의 복원은 불가능하다는 것, 그렇다고 반드시 바람직한 통일이 된다는 것은 아니고 시민참여형의 통일을 이룰 것인지 아닐 것인지 갈림길에 들어섰다는 것, 앞으로의 10년 안에 남북이 느슨한 형태의 국가연합을 할 수 있는 단계에 이르리라는 것 등 다소 모험적인 주장을 하고 나섰다.

2006년에 펴낸 《한반도식 통일, 현재진행형》에서 그의 이런 인식은 더욱 진전된 윤곽을 드러내고 있다. 6·15공동위원회의 활동과 관련, 그는 새롭게 열린 공간에 걸맞은 새로운 통일운동이 이루어져야 하고, 그것이 새로운 시대와 국면에 맞게 확장되어야 한다고 했다. 가령 6·15공동선언이 한반도식 통일의 큰 그림을 제시하고 시민참여형 통일의 가능성을 열어 주었기 때문에 6·15 이전의 타성에 젖어 통일운동을 마치 정부를 겨냥한 운동 공간 확보를 위한 투쟁 정도로 오해해서는 안 된다며 그는 운동권의 반성을 촉구했다.

한층 더 중요한 것은 다수 민중이 변해야 하고, 그 점에서 그는 한결같이 낙관적이고 현실적이다. 현실 자체에서 긍정적인 가능성의 싹을 찾아 가꾸고자 하는 것은 그의 일관된 삶의 태도가 아닌가 싶다. 그는 오래 전부터 이상주의에 대해서는 경계와 비판을 늦추지 않았다. 민중의 생활상 요구를 존중하고, 거기에 준거한 실천을 수행할 수 있을 때 통일운동도 현실적인 힘을 받을 수 있으리란 것이다.

백낙청은 '어정쩡한 객관성'이야말로 정말 차원 높은 객관성이라고 했다. 과학에서 말하는 객관성이라는 것은 사물의 어떤 면을 추상해 내어 별다른 지적 훈련이 없는 사람도 아무 데서나 적용할 수 있게 만든 인위적 잣대라는 것이다. 그런 발상에서 연유되었는지 모르겠지만, 우리의 통일은 남북 민중이 실질적으로 '어물어물' 진행시키는 통일이 되어야 한다는 것이 백낙청식 '통일의 패러독스'다. 정권 상층부의 거창한 합의보다 "어깨에 힘 빼고 통일하자"는 그의 주장은 이상주의를 버리고 민중의 일상적 요구에 좀 더 다가가면서 통일의 주춧돌을 놓자는 인식에서 나온 것이다.

『창비』는 2006년 불혹의 연륜을 맞았다. 그해 봄호에 '통일시대 한국문학의 보람'을 표제로 낸 백낙청의 《민족문학과 세계문학(4)》을 놓고 문학평론가 황종연의 백낙청에 대한 도전적인 인터뷰 기사 '무엇이 한국문학의 보람인가'가 실렸다. 지난 40여 년 동안 『창비』가 넓게는 한국사회의 공론 영역 발전에, 좁게는 문학저널리즘 발전에 커다란 공헌을 해 왔다는 것은 누구나 인정하는 바다. 『창비』의 민족문학론적 입장을 유지 발전시키는 데 중심적 역할을 한 주역은 두말할 나위 없이 백낙청이다.

황종연은 '통일시대 한국문학의 보람'을 읽으면서 가장 깊은 인상으로 남은 것은 분단체제 극복을 비롯, 지구화 시대의 한반도 주민의 과제와 관련해서 문학의 주도적 역할 또는 문학 본연의 임무를 백낙청이 반복해서 강조한 발언들이라고 했다. 대담 말미에 황종연은 『창비』가 문예지와 인문사회과학계의 수준 높은 평론지를 겸업하는 것은 문학이 외부와 관계를 맺으면서 낡은 규범과 관습으로부터 자유롭게 생동할 수 있는 강점으로 꼽았다. 백낙청에 대한 그의 평가는 아주 높았다.

그와 인터뷰를 하는 동안 자본주의 세계체제 하에서 한반도의 평화와 통일을 생각하는 지혜로운 실천가, 쟁점이 놓여 있는 대화적 맥락을 확실하게 장악하고 정연하게 주장을 펼쳐가는 노련한 논쟁가, 그리고 작품기법에 자상한 관심을 기울이고 작품평가의 공정성을 추구하는 정격 正格 비평가를 만났다. 40년의 유례없는 역사를 이룩한 『창비』의 지면이 앞으로도 다른 문예지의 거울이 되리라 믿는다.

한반도 분단체제의 극복이 세계적 차원의 지배체제에 대한 일대 타격이라면 그것은 곧 '민중적'이고 '세계사적'인 작업이라 할 만하다. 백낙청의 민족문학론은 그의 확고한 신념의 표현임이 분명하지만 개념상으로는 유연한 것이다. 오랜 세월 동안 이어지고 있는 그의 민족문학론은 그때그때의 시대적 상황에 빠르게 대응하면서 그 외연을 확장 쇄신해간 점에서 탁월한 관점일지 모른다.

백낙청, 그가 미국에 그냥 남아 있었다면 세계적 학자가 되어 천하를 종횡했을 법하다. 그런데 그는 할 일 많은 나라에 돌아와 온갖 험난한 굽이굽이를 휘돌아야 했다. 그에게 우리 사회는 나름의 상찬도 보냈다. 1987년에는 제2회 심산(김창숙)상, 1993년에는 제1회 대산문학상, 1997년에는 요산(김정한)문학상, 1998년에는 은관문화훈장, 2001년에는 제5회 만해(한용운)상 실천상. 2006년에는 제10회 늦봄(문익환)통일상 등이 수여되었다. 그러나 무엇보다 그의 삶의 궤적 그 자체가 한국 지성사의 축복이라는 평가 이상의 상이 어디 있겠는가.

'항상'과 '변통' 속
희망 전령

2007년 백낙청은 고희를 맞았다. '백낙청 회화록 간행위원회'가 설립되어 회갑연도 10월에 3000여 쪽에 달하는 전 5권의 방대한 전집을 펴냈다. 이 전집은 일반적인 저술과 그 형태를 완전히 달리 한다. 좌담과 대담, 토론, 인터뷰 기사 등을 모은 '말 모음집'이다. 대화란 형식은 한 사람이 일방적으로 진술하는 수사법과는 대립되는 방법으로, 예부터 진리 발견을 위한 방법의 하나로 사용되었다.

둘이서 혹은 여럿이 '모여 앉아 말하기'는 이런저런 목소리를 한판에서 같이 들을 수 있어 읽는 맛도 색다르고 얻는 효과도 생생하고 다양하게 드러나는 장점이 있거니와, 진술 주체의 체취와 호흡을 느끼는 재미도 쏠쏠하다. 백낙청 세계의 비평적 세계와 본질적으로 동일하면서도 형식상 구별되는 이 전집은 그 나름으로도 또 하나의 지적 영토를 일구었다. 백낙청이 선장이 되고 133명에 이르는 당대의 선진 지식인들이 그때그때 선원(?)으로 차출되어 적극적인 협동작업을 통해 성취한 이 도도한 집단적 지식인 전기록은 한국 현대 지성사의 도도한 항해도 그 자체라고도 할 수 있다.

간행위원회 위원의 한 사람으로 참가한 임형택은 백낙청에게서 문학과 사상은 물론, 사회과학이나 현실문제 등의 영역을 넘나들며 전문가적 지식과 통찰력을 겸비한 드문 지성, 일생을 공부와 실천의 중심에서 벗어나지 않은 인물이라고 했다.

문학을 문학이라는 상아탑 속에 가둬둘 것이 아니라 사상적 문제나 역사현실과 관련지어 생각해야 한다는 초발심이 문학관으로 형성되어 전 생애를 일이관지一以貫之한 것이 아닐까. 자신의 문학관에 스스로 충실하자면 문학에 대한 이해는 기본이고, 철학사상에 관한 공부가 깊어야하며, 사회현실을 논리적으로 읽고 때로는 행동으로 나아가야 했다. 문학을 통해서 철학 사회과학으로, 사회적 실천의 길로 진입한 그 방식은 말하자면 '인문입도因文入道라 할 것이다.

이론은 본래 원칙에 확고한 경우가 대부분이다. 이에 반해 실천은 변화하는 현장에 잘 대응해야 한다. '항상'과 '변통', 이 상반되는 양자는 하나로 통일돼야 한다. 항상이 없는 변통은 단명하고, 변통이 없는 항상은 퇴화하기 마련이다. 『창비』가 '한결같되 날로 새로운 잡지, 나날이 새로워지되 한결같은 잡지'를 기본방침으로 설정한 것은 40여년 갖은 세상풍파를 겪으면서도 위축되지 않고 이 땅의 지성사에 홀로 우뚝 설 수 있었던 비결이었다.

백낙청, 그는 세기적 전환기에 '희망'을 전언傳言했으며, 고희 바로 얼마 전부터는 '분단체제론'의 실천현장에 직접 앞장을 섰다. 그는 청년시절 『창비』 창간호 권두논문 말미에 "견디는 가운데 기약된 땅에 다가서리라 믿는다"고 썼다. 그때 그가 기약한 그 땅은 한반도의 통일이 들머리를 지나 현재진행형의 과정, 그리고 마침내 한반도에 평화와 통일의 기운이 무르익는 시간표 어디쯤에 펼쳐질지 모르겠다.

11

현대사의
감옥
안팎에서
발신한
'세기경영'의
메시지

11.

신영복(1941~)

'엽서'에 실어
나른 세월

'옥獄'이라는 한자는 "늑대犭와 개犬 틈새에서 말言을 못하는 형국"이라고 했다. 좌우에 짐승들이 버티고서 말을 감시하고 있음을 나타내는 말이다. 말은 사람의 몫이요, 짐승은 소리를 낼 뿐이다. 감옥은 따라서 소리에 말이 갇힌 짐승의 땅을 일컫는지 모르겠다. 감옥, 그것도 독방에 오래 갇혀 있으면 어느 순간 갑자기 언어를 잃어버릴 것 같은 공포감에 사로잡혀 감방을 왔다 갔다 하면서 혼잣말이라도 중얼거린다 한다. 사람이란 역시 피부로 부대끼며 대화를 나누는 존재이기 때문이리라.

20대 후반의 한 지식청년이 감옥이라는 열악한 환경에서 오래 생활하다 보면 온갖 충격적인 경험을 겪게 될 것이다. 그것도 장장 20년이라는 세월이라면, 잃어버린 젊음의 시간을 기억의 어느 한 모퉁이에라도 남기고 싶은 소망을 안게 될 것이다. 젊은 지식청년은 자신의 일상과 성찰을 담은 엽서 쓰기를 계속했다. 무질서한 생각을 아무렇게나 널어놓는 것이 아니라, 어떤 주제 하나를 떠올리면 면벽명상을 거듭한 뒤,

그것을 문장으로 만들어 머릿속에서 정리와 교정까지 끝낸 다음, 누에가 고치실을 뽑아내듯 완성된 문장으로 만들어내는 오랜 작업을 한 것이다.

1968년 통일혁명당 사건으로 구속돼 무기징역형을 선고받은 신영복은 그 후 20년을 감옥에서 살았다. 그중 5년여를 독방에서 보냈다. 곱징역을 산 것이다. 가혹한 역사적 중압 속에서 신영복은 '밑바닥의 철학'과 상충하는 관념적 지식의 잔재를 비판적으로 청산, 지식의 한계를 뛰어넘는 '전인적 체득'과 '양묵'에 정진했다. 그는 감옥에서 인간·사회·역사에 대한 사색을 엮어 부모·형수·계수·조카들에게 엽서로 실어 날랐다.

1988년 5월 막 창간된 『평화신문』에 그 내용이 발췌되어 실렸고, 이어서 《감옥으로부터의 사색》(이하 《사색》)이 세상에 첫선을 보였다. 《사색》이 처음 나왔을 때 이 무명의 낯선 필자에게 독자들은 고압전류에 감전되었을 때와 같은 충격을 받았다. 정양모 신부는 이 책을 우리 시대의 축복이라고 했고, 소설가 이호철은 파스칼의 《팡세》, 몽테뉴의 《수상록》, 심지어는 공자의 《논어》에까지 비기면서 찬사를 아끼지 않았다.

신영복이 출옥한 1988년 8월은 만주화의 열기가 한창 뜨겁게 달아오르던 때였다. 그러나 곧 큰 혼돈이 밀려왔다. 중국에서 일어난 천안문 사태에 이어 베를린 장벽이 무너지고 동구의 사회주의 체제가 도미노처럼 무너져 내렸다. 국내적으로는 1987년 대통령선거 당시 민주 진영이 패배하기는 했지만 공세적 국면이 유지되고 있었고, 그 과정에서 많은 실천운동가들이 제도정치권으로 뛰어들려는 기회주의적 작태를 보였다. 당시 신영복은 운동단체는 물론이고 정계로부터 많은 러브콜을 받았지만, 일체 응하지 않았다.

《사색》은 독서시장에 나오자마자 단박에 베스트셀러 목록에 올랐다. 넓은 의미의 인문학적 사유를 담은 책들이 시장에서 외면당하기 일쑤던 1980년대 후반, 이른바 보수 회귀의 시대에 독자들은 왜 책으로 세워진 '신영복의 학교'에 기꺼이 입교했을까. 꽤나 이름이 알려진 인물들이 《사색》을 읽고 난 뒤 남긴 독후감에서 그 이유를 알 수 있다.

> 신영복의 글은 부드럽고 따뜻하고 사회와 인간이 어떻게 삶을 살아야 할 것인가의 문제에 대한 냉철하고 준엄한 비판의 칼이 들어 있다. 그의 글을 읽는 것은 삶을 배우고 문장의 극치에 도달한 아름다움을 배우는 것이다.(조정래)
> 봉함엽서 한 장 분량에 쏟아져 있는 글을 읽고 나면, 바로 다음 글로 넘어갈 수 없을 정도로 밀도 있고 감동이 있는 글이다. 어떤 때는 책장을 편 채로 가슴에 대고 멍하게 생각에 빠진 적도 있었다. 책 한권을 읽는 데 두 달이나 걸렸다.(유홍준)

감옥은 나의 '대학 시절'

책 한 권이 당대의 사람들에게 이 정도의 '울림'을, 그것도 지속적으로 전달하고 있다면, 그 책은 곧 '현대의 고전' 반열에 오를 수 있다. 『동아일보』는 창간 80주년인 2005년 '책 읽는 대한민국' 시리즈 중 두 번째로 '21세기 신고전 50권'을 소개했다. 다양한 장르의 전문가가 추천한 책들에 신영복의 《사색》이 당당히 '신고전'으로 꼽혔다.

신영복은 우리 사회 지성사에서 '지연된' 희망이었다. 오랜 세월 야적장에 방치됐던 돌이 고통의 정으로 자신의 모난 부분을 쳐내려 나가 마침내 주춧돌로 쓰이게 된 것이다. 신영복 개인에게는 시련의 세월이었을지 모르나, 역사는 그를 요긴하게 쓰기 위해 그 긴 세월 그를 가두어두었는지 모른다.

거의 모든 사람에게 감옥은 최악의 상황일 것이다. 감옥에서 사람을 만나고 같이 지낸다는 것은 바깥세상에서 악수하고 헤어지고 하는 그런 관계가 아니다. 징역살이에서 도덕적 가식을 부리거나 실상을 은폐한다는 것은 불가능하다. 어쩔 수 없이 알몸 그대로 노출될 수밖에 없다. 그런 상황 속에서 스스로 낮출 수 있는 데까지 낮아져 더 낮아질 수 없게 되고, 마침내 깊어진 그의 사유는 읽는 이로 하여금 부끄러움을 느끼게 하고 경이롭게까지 한다. 그것이 '밑바닥 철학'이다.

> 지독한 '지식의 사유욕'에, 어슬픈 '관념의 야적野積'에 놀랐습니다. 그것은 늦게 깨달은 저의 치부였습니다. 사물이나 인식을 더 복잡하게 하는 지식, 실천의 지침도, 실천과 더불어 발전하지도 않는 이론은 분명 질곡이었습니다.(1977년 6월 8일)
>
> 독서가 남의 사고를 반복하는 낭비일 뿐이라는 극언을 수긍할 수야 없지만, 대신 책과 책을 쓰는 모든 '창백한 손'들의 한계와 타당성은 수시

로 상기되어야 한다고 봅니다.(1981년 10월 6일)

감옥은 책이나 교실에서 인식한 것과는 차원이 전혀 다른 인식을 할 수 있게 한 또 다른 '교실'이었다. 가령 "목수가 집을 지을 때는 지붕부터 그리는 게 아니라 일하는 순서대로 주춧돌부터 그리는 깨달음"에 이른 것이다. 신영복의 '사색'에 일관되게 흐르고 있는 것은 수행자의 철학과 많이 닮아 있다. 감방에서 보낸 시간을 신영복 자신은 '나의 대학 시절'이라고 했다. 사람과 세상을 보는 눈을 틔우고, 수많은 '하층민'들과 부대끼면서 그는 민중을 몸으로 익혔다. 게다가 양화 · 봉제 · 목공 · 영선 · 페인트칠 등의 일까지 익히고 나왔으니 그야말로 '인생대학'이었는지 모른다.

《사색》을 대했을 때의 관심이나 느낌은 보는 이의 관점에 따라 수시로 이동될 수 있다. 인하대 김명인 교수는 '혁명적 인간'으로서의 신영복에 주목했다. 검열을 통과해야 하는 편지 모음이란 점에서 예상대로 그런 부분은 대단히 절제되거나 은폐되어 있지만, 그 절제와 은폐 뒤에 정서적 울림이 깊게 드리워져 있음을 눈치 챌 수 있을 것이라면서 김명인은 다음의 구절을 들었다.

증오는 있는 모순을 유화有和하거나 은폐함이 없기 때문에 피차의 입장과 차이를 선명히 드러내 줍니다. 그러므로 우리는 증오의 안받침이 없는 사랑의 이야기를 신뢰하지 않습니다. 왜냐하면 증오는 '사랑의 방식'이기 때문입니다.(1983년 7월 29일)

혁명가란 아파하는 사람, 역사의 질긴 부채를 떠안은 사람이다.《사색》에는 분노와 연민이 미덕으로 느껴지게 하는 대목이 있다.

> 잔디밭의 잡초를 뽑으며 아리안의 영광과 아우슈비츠를 생각한다. 잔
> 디만 남기고 잔디 외의 풀은 싸그리 뽑으며 남아연방을 생각한다. 육군
> 사관학교를 생각한다. 그리고 운디드니의 인디안을 생각한다. 순화교
> 육시간에 인내훈련 대신 잡초를 뽑는다.(1984년 9월 14일)

순화교육이라는 이름의 폭력에 무방비로 노출된 수인들 옆에서 잔
디밭의 잡초를 뽑으면서 아우슈비츠의 유태인들과 남아공의 흑인들, 운
디드니의 인디언들을 생각하고, 그러면서 자신을 고통스럽게 응시하
는 장면 역시 혁명적 인간의 시선과 무관할 수 없다고 김명인은 보았다.
《사색》이 이런 혁명적 인간상에 대한 성찰을 빼버린다면, 자칫 '공자님
말씀'과 '산중문답山中問答'으로 떨어질지 모른다.

전북대 강준만 교수는 신영복의 화두가 늘 사람과 사랑이라고 보았
다. 현대인들에게 사람과 사랑이란 진부한 주제일지 모르며, 현실변혁
에 오로지 몰두하고 있는 변혁주의자들에게는 현실과 동떨어진 종교적
메시지로 공허하게 들릴지 모른다. 사람을 통해서 사회를 보지 않고 사
회를 통해서 사람을 읽으려는 변혁적 시각에 대해 신영복은 『한겨레』
1991년 12월 20일자 정운영과의 인터뷰에서 이렇게 말했다.

> 사회의 모순구조 속에 이해와 애정으로 연대된 지식이라야 객관적 지
> 식으로 발전할 가능성을 갖는 것이며, 그러한 지식인이라야 지성인으

로 성장할 수 있다.

사람은 출발점이고 종착점입니다. 사람과 사람의 관계가 사회이고, 사회가 나아가는 모습이 역사입니다. 어떠한 제도나 이데올로기도, 또 그것을 이루어내는 역사도 최종적으로는 훌륭한 사람들의 훌륭한 삶을 위한 것입니다. …… 사람과의 사업이 곧 사회적 실천이고, 사람과의 사업작풍이 곧 대중성입니다.

오랜 감옥생활로 신영복은 사람을 통해 사회를 읽는 독법을 체득했다. 사실 우리가 그 어떤 진보를 이룬다 한들, 그것이 인간에 대한 신뢰와 애정과 무연하거나 오히려 해치는 것이라면, 과연 무엇을 위한 진보인가.

1985년 8월 28일 계수씨께 보내는 편지 '여름 징역살이'에서 신영복은 낮고도 비천한 곳에서 사람을 거울로 삼는 모습을 보여 주고 있다.

없는 사람이 살기는 겨울보다 여름이 낫다고 하지만, 교도소의 우리들은 없이 살기는 더합니다만 겨울을 택합니다. 왜냐하면 여름징역의 열 가지, 스무 가지 장점을 일시에 무색케 해버리는 결정적인 사실 여름징역은 자기의 바로 옆 사람을 증오하게 한다는 사실 때문입니다. 모로 누워 칼잠을 자야 하는 좁은 잠자리는 옆 사람을 단지 37도의 열 덩어리로만 느끼게 합니다.

이 편지는 읽는 이로 하여금 사람과 사랑에 대해 가을의 차가운 물처럼 정갈하고 냉철한 인식을 일깨워 주고 있다. 자기의 가장 가까이에 있는 사람을 미워하거나 그로부터 미움 받는다는 것은 사실 매우 슬픈 일이다. 더욱이 그 미움의 대상이 자신의 고의성 때문이 아니라 자신의 존재 그 자체 때문이라는 사실은 때때로 그 불행을 매우 절망적으로 만들 수도 있다. 그러나 무엇보다 우리 자신을 불행하게 하는 것은 우리가 미워하는 대상이 이성적으로 파악되지 못하고 말초감각에 의해 그릇 파악되고 있다는 것, 그리고 그것을 알면서도 증오의 감정과 대상을 바로 잡지 못하고 있다는 자기혐오에 있다.

이 편지는 평소 우리가 미처 깨닫지 못하고 생각하지 못한 인간의 일그러진 본능과 그 그늘을 보여 주면서 우리 자신을 되돌아보게 한다. 교도소 바깥 사회에서는 어떤가. 과연 우리는 증오의 원인과 대상을 정확하게 파악하고 있는가. 혹시 우리는 사회적 차원의 증오를 끌어들여 자신의 이익과 만족을 합리화하지는 않았는가. 사랑마저 그런 셈법에 익숙해 있는 것이 아닐까. 고은은 숙성된 시련이 사람을 아름답게 한다고 평가했다.

> 모진 시련은 인간을 파괴하기도 합니다. 드물게는 그것은 인간을 승화시키기도 합니다. 신교수는 지난날 긴 시간의 시련을 통해서 그 자신을 어떤 증오나 착각에 파묻히게 하는 교조적 황폐화 대신 그 자신을 간단없이 단련하였습니다. 그 정신으로서의 절도는 가히 수행의 그것이었고, 고금을 오고 간 지식의 오랜 섭렵은 기도와도 방불하였습니다.
> ─ 신영복, 《더불어숲》, 중앙M&B, 1998

숙성된 시련은 아름답다

한국인들에게 지난 세월은 숨 가쁘게 달려온 시간의 궤적이었다. 사색이니 성찰이니 하는 말이 사치스럽게 여겨졌을 정도로 속도에 정신이 팔려 있었다. 그런 시절 가운데 1968년부터 1988년까지를 귀양살이한 사람이 신영복이다. 그가 감옥이란 삶의 캄캄한 막장에서 빛나는 사색의 광물을 연금해내기까지의 전사前史는 어떠했는가.

신영복은 1941년 경남에서 태어났다. 고향은 밀양이지만 출생지는 의령이었다. 교사가 한 명뿐이던 간이학교 교장으로 아버지가 의령에서 근무할 때 그는 교장 사택에서 태어났다. 1959년 서울대학교 상과대학에 입학했으며, 입학한 지 꼭 1년 만에 4·19를 겪었다. 5·16까지의 1년여 짧은 기간을 통해 그는 '푸른 하늘'을 보았다. 그 감동은 그를 지금까지 지탱시켜 준 원동력이었다. 비록 독일어 원서를 교재로 했지만 《자본론》 강독이 정식 과목으로 개설됐고, 학생들은 《공산당선언》 같은 문건을 번역해서 세미나를 열기도 했다.

곧이어 5·16의 반동이 왔다. 4·19 이후 돋아나기 시작하던 통일운동·노동운동 등 각 부문 운동의 새싹들이 무참하게 잘려나갔다. 한때 박정희를 민족주의자인 양, 좌익 경력에 대한 허망한 기대감(?)을 표시하기도 했던 일부 진보적 지식인들은 다음 순간 박정희를 '권총 찬 이승만'으로 여겼다. 그 배후에 미국이라는 거대한 외세가 있어 4·19를 내리누르고 있다고 그들은 보았다.

군사정권이 들어선 뒤 장기적인 학생 서클이 필요하다는 것을 절감한 신영복은 서울대 상대에 본격적인 독서 서클을 만들었다. 모택동의 《모순론》이나 《신민주주의론》 같은 문건을 번역해서 돌려 읽고, 고리키의 《어머니》를 번역해서 돌려 읽었다. 나중에 통혁당 사건이 터지면서 대학노트에 깨알같이 번역해서 돌려 읽던 이 문건들은 모두 중앙정보부에 증거자료로 압수되었다.

대학원에 진학한 뒤 신영복은 주로 다른 대학이나 연합 서클 지도에 주력했다. 당시 경제학과 대학원에는 한 해 위 선배인 안병직과 신용하가 있어 친하게 지냈다. 안병직은 그때는 아주 좌파적인 입장이었으나 지금은 뉴라이트의 좌장격으로 변신했다. 신영복은 대학원을 마치고 1965년 2학기 또는 1966년 초에 『청맥』이란 잡지의 예비 필자 모임인 '새문화연구원' 모임에 참석해 6, 7년 선배인 서울대 사회학과 출신 김질락을 몇 차례 만났다. 『청맥』은 통혁당 핵심들이 당의 공식 기관지로 만든 잡지로, 반미적인 논설이 가끔 실렸다. 신영복은 그때만 해도 대학원을 갓 졸업한 신출내기 강사였고 새문화연구회의 막내인지라 적극적인 역할을 할 입장은 아니었다.

1968년 8월 24일 악명 높던 김형욱의 중앙정보부는 이른바 통일혁명당사건을 발표했다. 한국전쟁 이후 북한에 연계된 최대의 공산당 지하조직 통일혁명당조직을 일망타진했다는 것이었다. 이 사건으로 김종태 · 이문규 · 김질락 등이 사형당했고, 신영복은 보통군법회의와 고등군법회의에서 모두 여섯 번이나 사형이라는 죄목의 꼬리표가 붙은 뒤 정상참작(?)으로 무기징역형을 선고받았다. 통일혁명당에 가입한 적도, 김질락 이외에 통혁당 지도간부인 김종태나 이문규의 이름도 들어보지 못했음에도 불구하고, 통혁당의 지도간부로 간주된 무기수 신영복이 이렇게 해서 탄생한 것이다. 그는 나중에 중앙정보부에 가서야 자신이 통혁당 지도부가 된 것을 알았다. 젊은 날의 아슬아슬한 임사臨死체험이었다.

대법원에서 형이 확정된 후 신영복은 1970년 9월 안양교도소로 이감되었다. 그가 20년 감옥생활에서 꼬박 15년을 보낸 대전교도소로 이감된 것은 1971년 2월이었다. 대전은 한국의 모스크바로 불릴 만큼 좌익 사상범이 많았다. 한국전쟁 당시 부역사건으로 걸려들었던 사람도 많았고, 빨치산 출신들도 있었다. 북에서 내려온 공작원·안내원들도 있었다. 신영복은 이들을 통해 역사를 다시 '읽었다'. 책을 통해 배웠던 역사를 삶으로 대면하게 된 것이다. 그것은 바로 '생환生還'된 역사였다.

감옥생활을 통해 신영복은 해방 공간이란 격동기를 살았던 구혁명가들을 만나면서 그야말로 피가 통하고 숨결이 배어 있는 역사 그 자체를 접하게 되었으며, 우리 사회에서 가장 힘들게 살아온 사람들과 인간적 이해와 공감을 같이 했다. 그 시절 한학에 조예가 깊던 노촌老村 이구영李九榮과 4년간 '한 방 생활'을 한 것을 그는 행운이라고 추억했다. 한학자답지 않게 노촌은 사회주의적 사고를 체화했고 고전에 대해서 진보적 해석을 내렸다.

신영복은 1988년 8월 15일, 감옥에 들어간 지 꼭 20년 20일 만에 출옥했다. 성공회대에서는 1989년 3월부터 그에게 강의를 맡겼다. '경제원론'을 가르치는 것으로 그는 젊은 학생들과 만났다. 강의실은 무기수의 강의라고 해서 기자들이 취재를 와서 북적대었다. '경제원론' 이외에 '한국사상사'와 '중국고전강독'도 강의했다. 감옥에서 서구 자본주의 사회를 비판적으로 성찰하는 준거 틀을 동양고전의 지혜와 가치에서 찾고자 탐색한 것이 강의로 이어진 것이다. 당시 그의 신분은 '비정규직' 이었다. 그로부터 10년이 지난 1998년 5월 그는 사면·복권이 되어 '정규직' 교수다 된다.

감옥살이 20년, 출소 후 칩거생활 7년 만인 1996년 신영복은 '국토와 역사의 뒤안길에서 보내는 엽서'라는 부제가 붙은 《나무야 나무야》를 세상에 내놓았다. 이 책은 그가 '독보권獨步權'을 행사한 첫 여행기로, '사색의 현장 확인기' 또는 '걸어 나온 사색기'다. 이 책에 실린 스물다섯 편의 글 하나하나는 깊은 사색과 뛰어난 연상, 냉철한 이성과 따뜻한 가슴으로 쓰여져, 마치 다른 종種의 나무들이 각각의 특성을 지닌 채 함께 어울려 '숲'을 이루는 모습을 보여 준다.

신영복은 고향 산기슭인 밀양의 얼음골에서 출발, 전국의 산천을 두루 돌아 높은 산에서 낮은 계곡으로, 다시 더 넓고 낮은 바다로 흘러가는 강물과 같은 여정을 밟는다. 대체로 책의 전반부에서 그는 방문지의 역사와 사회에 대한 성찰을 대립적 요소와 모순의 실체를 통해 보여

준 뒤, 후반부에 이르면 화해와 평등·겸손·자유, 그리고 평화의 메시지를 전달하고 있다. 책의 제목에 등장하는 '나무'는 그에게 평화로 가기 위한 메타포다. 더불어 숲을 이룸으로써 나무는 '기계의 부속'이 되기를 거부할 수 있으며, '쇠의 침입'으로부터 스스로를 지켜낼 수 있다.

여정의 마지막으로 신영복은 한강·임진강·예성강이 합류하는 강화 철산리

앞바다에 선다. 강물의 시절이 이념과 사상과 이데올로기의 도도한 물결에 표류해 온 우리의 불행한 현대사를 보여 준 것이라면, 철산리 앞바다에 이르러서는 강물의 시절도 그 고난의 장을 마감하는 것으로 그려지고 있다. 신영복은 강물의 끝과 평화의 세계로 향한 바다의 시작을 그의 마지막 엽서에 띄우고 이 책을 끝맺는다.

《나무야 나무야》가 나오고 2년 뒤인 1998년 신영복은 그의 생애에서 첫 해외 여행길에 올랐다. 그가 처음으로 여정에 오른 날은 공교롭게도 1970년 대법원에서 최종판결이 내려지던 바로 그 날이었다. 1심과 2심에서 이미 사형을 선고받았던 신영복으로서는 생사의 갈림길이 되는 날이기도 했다. 그로부터 28년 후인 이 날 세계로 처음 나가보게 되었으니 어찌 남다른 감회가 없었으랴. 신영복은 해외 여행길에서 '새로운 세기의 길목에서 띄우는 신영복의 해외엽서'를 국내로 띄웠다. 훗날 이 엽서는 《더불어숲》으로 엮어져 나왔다.

신영복은 이 책을 통해 콜럼버스가 아메리카를 향해 처음 출항했던 스페인의 우엘바 항구에서 중국의 태산泰山과 곡부曲阜, 그리고 황하에 이르기까지를 다니면서 느낀 감회를 마치 가을날 벤치에 앉아 있는 산책객에게 나뭇잎 한 장이 떨어지는 '인상'으로 던져 주고 있다. 그러나 이 엽서 속에서 신영복은 역사적 사건을 안고 있는 어떤 현장을 단순히 방문하는 것이 아니라, 이미 지나간 과거와 아직 오지 않은 미래까지를 함께 담아 보여 주고 있다. 그는 또 이 책을 통해서 현대사회에 유폐 또는 감금된 과거 사건을 현재로 생환시키면서 과거와 미래까지를 탐사하고 내다보는 역사서술의 새로운 지평, '실존 탐사문'의 개념화를 보여 주었다.

전 세계를 날아다니면서 그가 확인한 것은 현대의 인간주의가 쌓아올린 반反인간주의의 귀결이 이제 더 이상 방치할 수 없는 수준에 이르렀다는 것이다. 신영복이 보기에 '자본주의'는 우리가 매일매일 충족시키고자 하는 "무한한 허영과 욕망"과 바로 연결됨으로써 그 어느 누구도 '자본' 때문에 벌어진 사태로부터 면책될 수 없게 했다. 우리와 무관한 듯이 보이는 곳에서 일어난 일들이 대한민국에서 바로 지금 이 순간에도 벌어지고 있는 것이다. 스페인 내전의 확대판이 한국전쟁이며, 인간 중심의 자기완성을 추구했던 아테네 민주주의의 자만은 과속성장을 한 대한민국의 국민적 허영으로 재현되고 있다.

《더불어숲》 1, 2권에 엇갈리게 배치되어 있는 역사는 고대로의 역주행을 통해서 문명의 원초적 리듬을 확인하면서, 현대의 비극적 탄생과 해방을 약속하는 시간과 공간의 보편사를 거쳐, 세계화의 추악한 현전現前을 보여주는 후기 현대에 이른다. 《더불어숲》 1권에서 이미 신영복은 세계화를 "선진 자본이 머리가 되고 중진 자본이 몸이 되고 그보다 못한 자본이 발이 되는 구조가 현재진행되고 있는 세계체제와 불평등 분업의 상호침투라는 이중구조"라고 분석한 바 있다.

인간 역사에 대한 '반성문'

신영복은 《더불어숲》을 통해 인류의 삶의 과정을 '존재'의 윤회가 아니라 '관계'의 윤회라 보면서, 그 과정에서 수많은 악연들이 수많은 비극적 삶으로 이어지는 괴로움을 상기시킨다. 그런 관계에서 보자면 '나'도 결코 어떤 관계로부터 일체 자유로운 존재가 아니다. "나는 어떤 관계 속에서 살고 있는가?" 이런 물음은 지구 문명의 주류에 대해 전달하고자 하는 문명비판적 메시지를 떠나, 이런 물음과는 무관하게 굴러가는 일상의 맥락 속으로 뚫고 들어와 우리의 가슴에 파고든다.

《더불어숲》은 현재의 수준에 도달한 지구 문명 전체를 반성의 대상으로 삼고 있다. 욕망충족의 종말은 끝내 파탄일 수 있다는 경고가 그속에 담겨 있다. 이런 우울한 반성에도 불구하고 신영복의 여행기, 아니 '인간 역사에 대한 반성문'을 끝까지 읽을 수 있는 것은, 그 반성문이 자기비판에서 그치는 것이 아니라, 지금부터라도 우리가 다른 방식으로 살 수 있다는 희망의 불길을 끄지 않고 있기 때문이다. 지속가능한 생존과 인간의 연대, 인간과 인간의 연대와 자연과의 상생, 또는 "우리 '더불어숲'이 되어 지키자" 면서, 그는 "동시대의 평범한 사람들과 더불어" 현재 우리가 서 있는 곳에서부터 길을 만들어 갈 것을 대안으로 제시한다.

동국대 홍윤기 교수는 《더불어숲》에서 분명히 드러나는 것은 '인간의 자기완성'이라는 고전고대적 인간주의와 '인간다운 인간의 자기실현'이라는 근대적 인간주의를 넘어 '인간과 인간의 연대에 기초한 자연적 인간의 지향'이라는 '새로운 인간주의'의 탐색으로 보았다. 새로운 인간주의의 실천을 위해서 신영복은 "모든 깨달음은 오늘의 깨달음 위에 내일의 깨달음을 쌓아감으로써 깨달음 그 자체를 부단히 높여 나가는 과정의 총체일 뿐"이라고 했다. 그는 이러한 깨달음이 지극히 낮은 곳을 살아가는 사람들의 '각성'일 경우, 그것은 그 자체로서 이미 '달성'이라고 보았다.

오늘날의 지구적 산업화, 지구적 시장화의 동력은 자본운동과 욕망 충족의 기본코드로 우리의 생활문화에 거의 '제2의 자연'으로 내장되어 있다. 최근 일어나고 있는 국제적 금융위기는 신자유주의가 그 한계점에서 마침내 폭발음을 내고 있음을 보여 준다. 대안 패러다임이 창출되기까지 세계는 엄청난 갈등과 혼란의 소용돌이에 휘말려들 것으로 예상된다.

신자유주의가 위기에 빠지고 세계적 헤게모니의 중심이 흔들리면서 문명의 계절도 바뀌게 되었다. 種으로서 인간의 능력과 인간의 삶의 역사적 성과물로서 문명의 성패가 이렇게 총체적으로 가파른 벼랑길에 들어섰던 일은 일찍이 드물었다. 바로 이런 때를 맞아 신영복의《더불어숲》은 새로운 세기 경영에의 몸가짐과 깨달음의 누증累增을 통해 우리의 시선이 향할 방향을 조준해 주고 있는지 모르겠다.

존재론에서
관계론으로

동양의 고전을 강의하기란 쉬운 일이 아니다. 수천 년 묵은 동양사상의 진실을 오늘의 독서인들에게 전달하기 위해서는 우선 한자로 된 원문을 한글로 풀어야 한다. 또 옛날의 동양이 농경사회였음에 반해 오늘의 우리는 자본주의사회를 살고 있다. 다시 한 번 해석하는 과정을 거쳐야 한다. 여기에 신영복의 지적처럼 "오늘날 당면과제에 대한 문제의식이 고전독법의 전 과정에 관철되기 위해서" 우리네 삶이 부딪힌 문제들에 대한 통찰도 겸비해야 한다. 더 나아가 자본주의 체제를 넘어 그 대안을 모색한다는 것은 겹겹의 어려움을 뚫고 나가야 한다.

2004년 12월에 나온 신영복의 《강의-나의 동양고전 독법》은 주로 중국의 춘추전국시대라는 거대한 사회 변혁기에 쓰인 동양의 고전을 통해 사회와 인간의 본질에 대한 근본적인 성찰을 시도했다. 옛것을 논하되 미래로 난 길을 가리키는 팽팽한 긴장과 진지함이 책 전체를 관류하고 있다. 《강의》는 유교 고전인 《시경》, 《서경》, 《주역》에서 시작해 《논어》, 《맹자》를 거쳐 도가道家사상의 텍스트인 《노자》, 《장자》를 통과한다. 나아가서 《묵자》, 《순자》, 그리고 법가사상을 아우르며, 불교의 화엄학華嚴學을 지나 송宋대 성리학의 《대학》, 《중용》에까지 도달한다. 동양사상 전반을 이렇게 두루 섭렵한 경우는 극히 드물다.

더욱 놀라운 것은 신영복이 동양사상을 이렇게 다양하게 훑어보면서도 그것을 일관하는 화살과 같은 것을 가지고 있다는 점이다. 요컨대 서양사상의 키워드가 '존재론'이라면 동양사상의 핵심은 '관계론'이라

는 것이다.

　영산대 배병삼 교수는 동양고전들의 핵심을 '사람 사이에 관계를 맺고 또 잘 소통하는 것'으로 보는 신영복의 생각은 "《장자》의 '고기를 잡았거든 망태기를 버려라得魚忘筌'는 구절을 도리어 '고기를 버리고 그물을 만들어라忘魚得網'는 말로 고쳐 쓰는 데서 정점에 달한다"고 했다. 신영복은 그 이유로 동양사상에서 "모든 사물과 사태가 생성·변화·발전하는 거대한 관계망을 잊지 않는 일이 무엇보다 중요한 것"이라고 했다.

　신영복은 동양의 고전에서 배워야 할 미래의 가치로 무엇보다 '화이부동和而不同' 논리를 내세운다. 그는 오늘날 극좌와 극우는 다른 것 같지만, 실상 동전의 양면이란 통찰을 보여 준다. 둘 다 자기의 주장을 상대에게 강요하는 '동同의 논리'라는 점에서 동질적이라는 것이다. 이에 비해 '화和의 논리'는 자기와 다른 가치를 존중하는 것으로, 새로운 문명은 '동의 논리'를 넘어 '화의 논리'를 지향해야 한다고 그는 주장한다. '화이부동'할 때 차이와 다양성이 존중되면서 공존과 평화가 가능하다는 것이다.

　무엇보다《강의》의 설득력은 감옥에서 체득한 '아름다운 관계 맺기'와 최악의 상황에서도 끈을 놓지 않았던 '희망 만들기'의 체험이다. 가령《주역》의 64괘卦 가운데 가장 힘든 상황을 나타내는 '산지박괘山地剝卦'를 설명하는 대목에서는 가슴 뭉클한 감동을 안겨 준다.

산지박괘는 …… 일반적으로는 어려운 때일수록 현명한 판단과 의지가 요구된다는 윤리적 차원에서 읽힙니다. …… 그러나 박괘에서 우리가 읽어내야 하는 것이 있습니다. 바로 희망 만들기입니다. …… 희망은 고난의 언어이며 가능성에 관한 이야기입니다.

신영복 자신이 오랜 산지박괘의 처지에 놓여 있었음에도 희망을 버리지 않았던 데서 나온 설명으로, 이런 관점이 《강의》를 도덕 · 관념 · 개인주의에 주저앉지 않게 만드는 요인이다.

이화여대 이규성은 신영복의 고전독법의 관점이 "사회구조와 인간성의 문제를 서로 연관시키고 역동적인 변형 가능성의 지평에서 보았다"고 해석한다. 이규성은 또 "주 · 객관을 포괄하는 이 지평은 관계의 범위를 확장하여 국내 경제 질서 및 신자유주의 이데올로기와의 연관으로 나아간다"고 보았다.

이규성은 이러한 문맥에서 신영복의 고전독해 방법은 과거의 가치를 현재와 미래에서 되살려 음미해 보는 회상과 희망의 좌표 위에 있으며, 그러한 시간의 좌표 위에서 신영복은 고정된 권력 중심을 '해체'하는 방향으로 나아간다고 보았다. 나아가 신영복은 인간과 사회 및 우주를 관계주의적 형이상학을 토대로 이해하고, 그것을 고전독해의 방식에 적용하여 새로운 문명의 가능성을 가늠해 보고 있다고 했다.

신영복은 서예가로도 이름이 높다. 한때 대박을 터뜨린 '처음처럼'이란 소주의 글씨도 그가 썼다. 민주화운동 관련 기념물에는 그가 도맡아 글씨를 쓰기도 했다. 어려서 할아버지께 잠시 배우다가 놓았던 붓을 옥중에서 다시 잡아 익혀 나갔고, 만당晩堂 성주표成柱杓, 정향靜香 조병호趙柄鎬의 지도가 곁들여졌다.

과거 우리의 한글 글씨체는 정적이고 귀족적인 취향의 궁체가 주류를 이루었다. 그러나 궁체로 신동엽·신경림의 시나 민요 또는 운동 현장의 뜨거운 목소리를 담아내기란 어딘지 맞지 않았다. 신영복은 내용과 형식의 문제를 두고 오래 고심하던 중 어머니의 모필 서간체 글씨를 보면서 깨달았다. 그는 이 필법을 도입해 궁체에 대비되는 '민체民體' 또는 '연대체連帶體' '어깨동무체'로 불리는 서체를 새로 개발했다. 서민적 형식과 민중적 내용을 담은 독특한 서체가 이렇게 해서 나왔다. 원론적인 얘기지만 "모든 예술작품은 내용이 그 형식을 규정"한다.

서예는 인간 자체를 담아낸다. 신영복의 글씨는 그의 오랜 감옥살이와 무관할 수 없다. 조선시대 서예의 대가 중에서 원교 이광사·다산 정약용·추사 김정희 등이 모두 귀양살이에서 그들의 서체를 완성했다는 사실과 일맥상통하는 것이다. 이들에게 공통점이 있다면 대합조개가 오랜 인고와 자기절제의 단련과정에서 진주를 만들어 내는 것과 같다고나 할까.

"씨과실은 먹히지 않는다"

2006년 성공회대 성당에서는 신영복의 고별 강의가 있었다. 17년간의 교수생활을 마감하면서 신영복은 이 날 《주역》의 64괘 가운데 '박괘'의 '석과불식碩果不食'을 주제로 삼았다. '석과'는 앙상한 나뭇가지에 마지막으로 남은 과실로, 신영복은 아무리 어려운 상황에서도 "씨과실은 먹

히지 않는다"며 "절망이 곧 희망의 기회"라고 한국사회에 대해 희망의
출구를 열어놓았다.

신영복은 이 날 "엄청난 외세에 떠밀리고 불의의 폭력에 가위눌리
며 숨 가쁘게 달려온 우리의 역사를 되돌아봐야 한다" 하고, "나무는 짧
고 숲은 길다"고 했다. 숲은 전체로서의 완성을 뜻하며, 나무(개인)의 결
함까지도 품는다는 점에서 '나무의 완성'이라고 그는 일깨웠다. 신영복
은 언젠가 "개인이 자기 인생을 살 때 그 개인의 삶 속에 그 시대가 얼
마나 들어와 있는지가 중요하다"고 말하고, "앞으로도 우리 시대의 요
구를 정직하게 받아들이며 살아갈 것"이라고 다짐했다.

한국의 민족문제는 과거나 현재나 주로 좌파 혹은 진보적 민족주의
자의 몫인 경우가 많았고, 신영복도 그 흐름 속에 있었다. 그가 한반도
의 분단체제·통일문제에 대해서 쓴 글은 거의 없고 여러 인터뷰를 통
해서 그 편린을 더듬어볼 수 있다. 여기서 그 전체상을 들여다볼 수는
없지만, 개괄적으로 보자면 20세기의 역사가 기본적으로 존재론적 패
러다임에 기초해 있었기 때문에 그것을 넘어서는 관계론적 패러다임의
정립이 중요하며, 한반도의 미래 역시 그런 문명론적 구상 속에서 진척
되어야 한다고 그는 보았다. 그는 강대국의 식민지 경영, 초국적 금융자
본의 지배는 빈곤과 실업, 부패와 인간성의 황폐화를 가져 왔고, 이기적
이고 배타적인 해악을 가져왔다고 비판했다.

신영복은 통일은 반식민지의 문제가 아니라 근대 극복의 차원에서
구상해야 할 것으로 보고 있다. 근대의 극복은 미국의 패권주의, 존재론
적 패러다임에 기초한 자본주의 문명의 극복을 말한다. 그가 구상하는
'화의 논리'는 통일을 민족적 과제의 모색에만 적용하는 것이 아니라 세

계사적 화두로 떠올리는 것이다.

사람은 나이 60이 되면 자기 인생을 되돌아보듯, 우리 사회도 이제 근본구조를 다시 한 번 성찰할 때다. 60대 후반의 나이로 해배解配 2기를 맞은 신영복, 그가 앞으로 자본주의의 위기적 상황 속에서 한국사회의 현실에 대한 대안을 모색, 신영복발發 분단체제 극복과 통일론을 제시할 수 있을지에 대해 지식사회는 주의 깊게 지켜볼 것이다. 분단이 가져온 고난을 온몸으로 안고 살았기에, 분단 극복의 해법 또한 그에게서 기대하는 외부의 이런 시선에 대해 그가 어떤 해법을 내놓을지 기대된다.

12

1970년대를
걸머진
양심,
"촛불을
켜라.
모셔야
겠다"고
나선 뜻

12.

김지하(1941~)

다섯 도둑 이야기

1970년대의 어느 날 야당이던 신민당 기관지 『민주전선』에 '동빙고동의 도둑촌'에 관한 짤막한 기사가 실렸다. 그 무렵 동빙고동 일대에는 고위층과 재벌들이 남아도는 돈을 주체할 길이 없어 너도 나도 다투어 호화 주택을 짓기 시작했다. 주민들은 그곳을 가리켜 '도둑촌'이라고 불렀다. 『사상계』는 이미 1970년 2월호에 그 실태를 르포로 다루었다. 당시가 1970년대라는 점을 분명히 염두에 두고 한번 살펴보자.

> 이들 주택의 건축비는 최저 5천 내지 6천만 원에서 최고는 3억 원. ……
> 건축자재는 외국 수입품이 사용되고, 사치품의 구입을 규제하는 법률
> 은 마이동풍, 건물의 유지비만도 매월 10만 원은 들며, 승용차 두 대,
> 구내 엘리베이터. 응접실의 열대어 등 사치스럽기 그지없었다.

때마침 김지하는 『사상계』로부터 정치시 · 풍자시 한 편을 청탁받았다. 김지하는 『민주전선』의 '도둑촌' 기사를 소재로 삼아 판소리 스타

일의 풍자적 서사시 형식으로 쓰겠다고 생각했다. 그로부터 사흘 동안 미아리의 골방에 틀어박혀 써 갈긴 것이 300행이 넘는 〈오적伍賊〉이다. 김지하 자신은 잘 모르거나 확인해 보지도 않은 부패사안들, 도둑질 방법, 호화판 저택의 시설이 펜을 드는 순간 단박에 떠올라 신명나게 써내려간 것이다.

확인도 안 해보고 짐작으로 두들겨 패거나 비아냥거린 부패 · 호화 · 사기 · 비리 등은 그가 그 뒤 중앙정보부에 붙들려 가 조사를 받을 때 크게 문제가 되었다. 취조관들은 입을 모아 "우리가 가서 보고 확인한 뒤에 과장일 때 너는 골로 간다. 반공법에 국가보안법 · 간첩죄에 해당된다. 알았어, 이놈아"라며 그들은 을러댔다.

〈오적〉은 재벌 · 국회의원 · 고급공무원 · 장성 · 장차관 등 다섯 도둑에 대해 통렬한 비판을 담은 풍자 담시譚詩다. 이들을 꼬집어 짐승 이름을 뜻하는 벽자僻字 투성이의 한자로 표기했기 때문에 옥편을 찾아도 쉽게 찾을 수 없었다.

〈오적〉을 쓰던 당시의 심정을 훗날 그는 "오적이 있으니까 오적을 썼다"는 한마디로 요약했다. 〈오적〉은 다섯 도둑의 악행을 차례대로 묘사해 나간다. 도입부는 이렇다.

시를 쓰되 좀스럽게 쓰지 말고 똑 이렇게 쓰랏다 / 내 어찌 붓끝이 험한 죄로 칠전에 끌려가 / 맞은지도 하도 오래라 삭신이 근질근질 / 방정맞은 조동아리 손목댕이 오물오물 수물수물 / 뭐든 자꾸 쓰고 싶어 견딜 수가 없으니, 에라 모르겠다 / 볼기가 확확 불이 나게 맞을 때는 맞더라도 / 내 별별 이상한 도둑이 야길 하나 쓰겠다

〈오적〉은 다섯 도둑의 악행을 차례대로 묘사해 나간다.

(재벌)재벌놈 재조 봐라 / 장관은 노랗게 굽고 차관은 벌겋게 삶아……
/ 세금받은 은행돈, 외국서 빚낸 돈 / 온갖 특혜 좋은 이권 모조리 꿀
꺽 / 이쁜 년 꾀어 첩삼아, 밤낮으로 작신작신 새끼까기 여념없다 / 귀
띔에 정보 얻고 수의계약 낙찰시켜 헐값에 땅 샀다가 길 뚫리면 한몫잡
고……

(국회의원)조조같이 가는 실눈, 가래끓는 목소리로 / 혁명공약 모자 쓰
고, 혁명공약 배지 하고 / 가래를 퉤퉤 골프채 번쩍…… / 우매한 국민
저리 멀찍 비켜 서랏 / 골프 좀 쳐야겠다……

(고급공무원)어허 저놈 봐라 낯짝 하나 더 붙었다 / 유들유들 숫기도 좋
거니와 / 산같이 높은 책상 바다같이 깊은 의자 우뚝나직 걸터앉아 / 쥐
뿔도 공 없는 놈이 하늘같이 높이 앉아 / 한 손은 노땡큐 다른 손은 땡
큐땡큐 / 되는 것도 절대 안돼 안될 것도 문제 없어…… 공금은 잘라 먹
고 뇌물은 청해 먹고……

(장성)엄동설한 막사 없어 얼어죽는 쫄병들은 / 일만 하면 땀이 난다 온
종일 사역시켜 / 막사 지을 재목 갖다 제 집 크게 지어놓고 부속차량 피
복 연탄 부식에 봉급 위문품까지 떼어먹고 배고파 탈영한 놈 군기잡아
주어패서 / 영창에 집어넣고……

(장차관)굶더라도 수출, 안팔려도 증산 / 아사한 놈 뼈다귀로 현해탄 다
리놓아 / 가미사마 배알하듯 / 예산 몽땅 먹고 입찰에서 왕창 먹고/행여
냄새 날라 질근질근 껌 씹고 캔트 피워물고……

다섯 도둑의 악행은 법의 그물망을 요리조리 피해 간다. 어명을 받

아 이들을 잡으러 온 포도대장이 이들을 지목한 돈 없고 빽 없는 '꾀수'를 무고죄로 몰아 감옥에 가두고 오적의 개 노릇을 하다가, 얼마 후 그들과 함께 급살당하는 것으로 〈오적〉은 끝을 맺는다. 그러나 현실 속의 큰 도둑들은 권력과 금권을 마음껏 누리며 떵떵거리던 것이 당시의 현실이었다. 김지하는 단형短形 판소리 기법을 이용한 이야기 시, 서양의 발라드ballade 형식의 담시 〈오적〉을 통해 당대의 모순과 부조리를 통렬히 고발했다.

〈오적〉이 1970년 5월호 『사상계』에 실렸을 땐 아무런 문제가 되지 않았다. 그러나 『민주전선』에 전재되면서 정치문제로 인화되었다. 박정희 정권은 김지하를 비롯해서 부완혁 등 네 명을 구속했다. 반공법 위반이라는 것이었다. 당시 서울대 학생이던 양길승은 박정희 정권이 용공좌경으로 몰아붙인 〈오적〉에 대해 "많은 사람들이 공감한 통쾌무비한 작품이었다"고 평가했다.

> 장장 20쪽이 넘게 숨 몰아 쉴 사이 없이 욕설과 쌍소리를 썩어 쏟아내는 이 〈오적〉은 동빙고동이라는 부유층의 주거지가 도둑촌이라 불리며 사회문제가 되었을 때, 그 도둑이 재벌 · 국회의원 · 고급공무원 · 장성 · 장차관이라는 것을 그야말로 속 시원히 풀어 준 시 아닌 시이다. 어찌 시가 그 당시의 현실을 담아낼 수 있을까.
> – 양길승, '1970년대–김지하:오적 그리고 타는 목마름으로', 『역사비평』

　1953년에 창간된 이후 이 땅의 정신풍토에서 민주주의의 견고한 진지 노릇을 하던 『사상계』가 오적 사건으로 등록말소 처분을 받은 채 영영 자취를 감추었고, 김지하는 100일 구속 끝에 풀려났다. 그의 나이 29세였다. 1964년 6·3사태 때 23세의 나이로 4개월 감옥체험을 한 김지하는 이 사건으로 국내외에 걸쳐 '유명인사'가 되었고, 반독재 민주화 운동의 뜨거운 출발점에 다시 서게 되었다.

　1971년 김지하는 '나폴레옹 꼬냑'과 '구리 이순신' 연극을 준비하다가 당국의 방해로 중단되었다. 그 후에도 일본의 기생관광과 경제침략을 풍자한 담시 〈앵적가櫻賊歌〉를 발표했으며, 민중에 대한 종교적 실천의 문제를 제기한 희곡 〈금관의 예수〉는 노래가 더 유명했던 작품으로, 김지하가 가사를 쓰고 김민기가 곡을 붙였다.

'타는 목마름으로' 쓴 절창

이듬해인 1972년 김지하는 가톨릭 계통의 종합교양지 『창조』로부터 원고 청탁을 받았다. 때마침 대연각호텔 대화재가 발생했다. 김지하는 이 화재가 우리나라 근대화의 모든 모순과 부조리를 압축해 놓은 상징으로 보았다. 〈비어蜚語〉는 그것을 형상화한 작품이다. 〈비어〉는 곧 유언비어의 뒷말로, '메뚜기처럼 뛰는 말', 즉 '소문'이란 뜻이다. 예컨대 "이것은 내 말이 아니라 소문에 의하면 이렇고 저렇고 그렇다"라고 하는 식이었다.

〈비어〉는 세 부분으로 구성되어 있다. 첫째는 '고관尻觀'으로, '엉덩이를 보라'는 뜻과 '높은 관리'라는 두 가지 뜻을 담고 있다. 두 번째는 '소리 내력'. 시골에서 서울로 올라와 돈 벌려고 애쓰지만 잘 안 되는 '안도安道'의 억울한 죽음과 그 죽음에 대한 저항을 그렸다. 세 번째는 '육혈포六血砲 숭배', 파시즘과 그리스도교의 결정적 대결을 예상하는 이야기 시다.

이미 〈오적〉으로 온 세상을 한바탕 떠들썩하게 했던 터라, 〈오적〉과 비슷한 담시가 가톨릭계 잡지에 발표되자, 당국에서는 처음부터 문제를 삼기 시작했다. 더구나 그 무렵엔 내밀하게 남북회담이 준비되고 있던 때로, 문제가 확대되면 정권의 도덕적 파탄이 우려되었다. 김지하는 곧 서울 모래내 하숙방에서 체포되어 마산의 가포架浦 국립결핵요양원에 연금되었다. 입구에 정보요원이 지키고 있었고 사방을 탱자나무 울타리로 둘러쳤으니 말 그대로 '위리안치圍籬安置였다. 『창조』는 그해 11월 자진 휴간 형식으로 이 땅에서 자취를 감추었다.

1972년 10월 이른바 10월유신이 선포되었다. 불길하기 짝이 없던 민주주의 장송곡이 마침내 울려 퍼졌다. 김지하는 유신체제의 암흑이 온 누리를 짓누르던 어느 날 '타는 목마름으로' '남몰래 숨죽여 흐느끼면서' 한 편의 절창을 썼다. 그 후 20여 년간 이 절창은 국민적 기도나 다름없었다.

신새벽 뒷골목에 / 네 이름을 쓴다 민주주의여 / 내 머리는 너를 잊은지 너무도 너무도 오래 / 내 발길은 너를 잊은지 너무도 너무도 오래 / 오

직 한 가닥 있어 / 타는 가슴 속 목마름의 기억이 / 네 이름을 남몰래 쓴다 민주주의여

아직 동트지 않은 뒷골목의 어딘가 / 발자국소리 호르락소리 문두드리는 소리 / 외마디 길고 긴 누군가의 비명소리 / 신음소리 통곡소리 탄식소리 그 속에 내 가슴팍 속에 / 깊이깊이 새겨지는 네 이름 위에 / 네 이름의 외로운 눈부심 위에 / 살아오는 삶의 아픔 / 살아오는 저 푸르른 자유의 추억 / 되살아오는 끌려가던 벗들의 피묻은 얼굴 / 떨리는 손 떨리는 가슴 / 떨리는 치떨리는 노여움으로 나무판자에 / 백묵으로 서툰 솜씨로 / 쓴다

숨죽여 흐느끼며 / 네 이름을 남몰래 쓴다 / 타는 목마름으로 / 타는 목마름으로 / 민주주의여 만세
– 김지하 시선집, 《타는 목마름으로》, 창비, 1982

'촛불신비의 고행'

1974년 1월부터 1979년 10월 26일 박정희가 궁정동에서 '시해'되기까지의 시기를 흔히들 '긴조(긴급조치)시대'라고 한다. 가장 살벌했던 것은 1974년 4월 3일 발표된 긴급조치 4호 때였다. 이른바 '민청학련(전국민주청년학생총연맹)사건'은 단일사건으로는 해방 이후 사상 최대로 1204명이 검거되어 조사를 받았고, 그중 180명이 구속·기소되었다.

군법회의는 180명의 피고인 중에서 김지하·이철·유인태·김병곤 등에게 사형선고를 내렸고, 인혁당사건 관련자 도예종·서도원·이수병 등 여덟 명에게는 사형선고를 내린 뒤 대법원에서 사형 확정판결을 내린 바로 다음 날 형을 집행했다. 이들이야말로 교통신호를 위반하면서 폭력 질주하던 독재자의 차에 치여 숨진 엄청난 비극의 희생자들이었다. 한승헌 변호사는 구형과 선고가 일치하던 이 희대의 재판을 가리켜 '자판기 판결', '정찰제 판결'이라 했거니와, 이 사건은 기소자들의 선고형량 합계가 1650년이나 되는 세계 사법사에서도 전무후무한 기록적 사건이었다.

김지하는 1974년의 그 살벌했던 상황을 〈1974년 1월〉에서 절규했다.

1월을 죽음이라 부르자 / 오후의 거리, 방송을 듣고 사라지던 / 네 눈 속의 빛을 죽음이라 부르자 / 좁고 추운 네 가슴에 얼어붙은 피가 터져 / 따스하게 이제 막 흐르기 시작하던 / 그 시간 / 다시 쳐 온 눈보라를 죽음이라 부르자 / 모두들 끌려가고 서투른 너 홀로 뒤에 남긴 채 / 먼 바다로 나만이 몸을 숨긴 날 / 낯선 술집 벽 흐린 거울조각 속에서 / 어두운 시대의 예리한 비수를 / 등에 꽂은 초라한 한 사내의 / 겁먹은 얼굴 / 그 지친 주름살을 죽음이라 부르자……

민청학련사건으로 지명 수배되었을 때 김지하는 '청녀靑女'란 영화의 촬영팀이 묵고 있던 대흑산 예리 관광여관에 묵고 있었다. 김지하는 그곳에서 경찰에게 체포되어 중앙정보부 제6국에 갇혀 조사를 받았다. 원주의 지학순 주교에게서 자금을 받아 민청학련에 전달하는 등 배후조

종을 한 것이 혐의 내용이었다. 제1심의 군법회의에서 김지하는 사형선고를 받았으나 뒤에 무기로 감형되었다. 머리를 박박 깎고 맨 처음 먹방(글자 그대로 새카만 방)에 갇혔다. 밥그릇 들어오는 식구통만 열려 있고 나머지는 0.78평의 폐쇄된 방, 징벌방이었다. 1975년 2월 15일 김지하는 10개월 만에 느닷없이 형집행정지로 출감했다.

출감하던 날 김지하는 끊임없이 쏟아지는 질문에 이렇게 대답했다.

내가 미쳤는지, 세월이 미쳤는지, 둘 다 미쳤는지 알 수가 없다. 사형에 무기징역 등을 선고하고 10개월 만에 석방하는 건 미쳤다고밖에 볼 수 없다. 누구겠는가, 미친 쪽은?

서서히 어둠 속에 갇혔던 잔혹한 사실들이 모두 다 터져 나올 것이다. 그 터져 나오는 순서에 따라 현 정권도 서서히 붕괴해 가기 시작할 것이다. 서서히!

1975년 2월 25일부터 27일까지 김지하는 『동아일보』에 〈고행-1974〉라는 옥중수기를 발표, 민청학련사건과 인혁당사건의 진상을 세상에 폭로했다. 옥중수기에는 김병곤이 사형 구형을 받았을 때 "20대에 반국가단체의 수괴로 취임시켜 주셔서 영광입니다"라면서, 당당하게 최후진술을 한 데 대한 김지하의 감동도 적혀 있다. 죽음을 스스로 선택함으로서 죽음을 이겨내는 '촛불신비의 고행', 바로 그것에서 종교적인 거룩함까지 느꼈다고 김지하는 술회했다.

인혁당사건과 관련, 김지하는 〈고행-1974〉에서 이렇게 썼다.

잿빛 하늘 나직이 비뿌리는 어느 날, 누군가의 가래끓는 목소리가 내 이름을 부르더군요. 나는 뺑끼통(감방 안의 변소)으로 들어가 창에 붙어 서서 나를 부르는 사람이 누구냐고 큰 소리로 물었죠. 목소리는 대답하더군요. '하재완입니다.' '하재완이 누굽니까?' 하고 나는 물었죠. '인혁당입니더' 하고 목소리는 대답하더군요. …… '인혁당 그것 진짜입니까?' 하고 나는 물었죠. '물론 가짜입니더' 하고 하씨는 대답하더군요. …… '고문을 많이 당했습니까?' 하고 나는 물었죠. '말 마이소. 창자가 다 빠져나와 버리고 부서져 버리고 엉망진창입니더' 하고 하씨는 대답하더군요.……

석방 27일 만인 3월 13일 김지하는 정릉에 있던 장모 박경리의 집에서 원주로 향하던 중 다시 중정 요원들에게 연행되었다. 이번 연행과 구속은 김지하를 1970년대 내내 "부단히 저 불길하고 잿빛뿐인 미래와 눈을 부릅뜨고 맞서게" 했다. 뒷날 공소장에 적시된 그의 혐의 내용은 무엇인가. 옥중수첩에 메모된 '장일담'의 극작 구상과 인혁당 관련 발언들을 문제 삼는 것이다.

인혁당사건에 관해서 김지하는 『동아일보』에 상당한 분량을 할애해서 그들의 통절한 심정을 증언한 바 있거니와, 천주교 사제단에서도 증언한 바 있다. 박정희 정권에서 보자면 인혁당 사건의 진상이 밝혀진다는 것은 그들의 도덕성에 치명타가 될 것이었다. 김지하가 또 한 번 죽음의 벽을 넘어야 했던 것은 박정희정권의 광기에 대한 온몸으로의 태클이었다.

중앙정보부는 그때부터 김지하로 하여금 "활자도, 언어도, 복음서

마저도 없는 어둡고 좁은 독감방에 갇힌 채 면벽만이 생활의 전부인 무명의 나날"을 보내게 했다. 김지하는 이 시절을 통해 심각한 벽면증壁面症을 앓았다.

> 어느 날 대낮에 갑자기 네 벽이 좁혀 들어오고 천장이 자꾸 내려오며 가슴이 꽉 먹힌 듯 답답해서 꽥 소리 지르고 싶은 충동에 사로잡혔다. 아무리 고개를 흔들어 봐도, 허벅지를 꼬집어 봐도 매한가지였다. 몸부림, 몸부림을 치고 싶은 것이었다. 큰일이었다.
> – 김지하,《흰 그늘의 길》2권, 학고재, 2003

중앙정보부는 김지하를 검찰에 송치할 때 단순히 반공법을 위반한 것이 아니라 '철저한 맑스주의자'로 둔갑시켜 발표했다. 이에 발맞추어 검찰은 기소장에서 김지하를 가톨릭에 침투한 공산주의자, 민주주의자를 위장한 음험하고 교활한 공산주의 음모가로 몰아갔다. 뿐만 아니라 서울지검 공안부는 반공법 위반으로 유죄 판결을 받은 사람이 또다시 같은 종류의 범죄를 저지른 경우 최고 사형까지 처할 수 있다는 국가보안법을 적용한다는 공소장 변경을 신청했다.

사뭇 불길한 조짐이었다. 박정희 정권이 김지하를 재판을 통해 죽이려 한다는 전율적인 분위기가 감돌았다. 바로 이런 상황 속에서 중앙정보부가 김지하에게 강요해서 쓴 자필 진술서가 문공부에 의해 국내외에 대량 배포되었다. '김지하에 대한 반공법 위반사건 관계자료'였다.

'양심선언',
세계적 메아리로

옥중의 김지하를 위해서는 무언가 특단의 대책이 필요한 절체절명의 순간이 다가오고 있었다. 감옥 안팎의 미로와 같은 연결망을 통해서 김지하의 '양심선언'이 작성되었고, 이 문건은 일본의 '가톨릭 정의와 평화협의회'에 전해져 동경에서 발표되었다. 김지하의 '양심선언'은 "자유와 정의를 사랑하는 모든 이들에게 이 글을 보낸다"로 시작하는 본문과 추신, 그리고 '사제단 신부님들께' 보내는 편지로 구성되어 있다.

> 참으로 어처구니가 없는 모략이 지금 나에게 씌어지고 있다. 박정권의 억압자들은 나를 가톨릭에 침투한 마르크스-레닌주의자로, 민주주의자로 위장한 음험한 공산주의자로 몰아 투옥하였다.

이렇게 시작된 '양심선언'은 '내가 공산주의자인가' '민주주의와 혁명과 폭력에 관하여' '혁명적 종교에의 꿈-장일담의 세계' '나는 반공법을 위반했는가'라는 소제목으로 나누어 끓어오르는 열정으로 힘차게 그 자신의 입장과 진실을 외치고 있다. 1970년대라는 동토凍土의 상황에서 김지하의 '양심선언'은 자유와 정의를 사랑하는 동시대인들의 열정을 힘차게 담은 진실과 용기의 장엄한 서사시였으며, 시대의 암흑을 비추어준 전조등이었으며, 모든 정치범들의 확신에 찬 집단적 선언이었다.
'양심선언'이 발표되자, 국내는 물론 세계 각지에서 김지하를 구출하기 위한 구명운동이 광범하게 전개되었다. 김지하의 사상과 신앙을 보증하기 위한 성명에는 독일의 신학자 요한 메츠와 몰트만을 비롯해서 사르트르 · 보봐르 · 촘스키 · 브란트, 그리고 일본의 오에 겐자부로와 와다 하루키 등 세계적 신학자와 석학 · 문화인 · 정치인 200여 명이 지지와 성원을 보냈다.

1975년 6월 29일 '아시아 · 아프리카 작가회의'에서는 김지하에게 '로터스 특별상'을, 그리고 오스트리아의 '브루노 크라이스키 인권상 위원회'는 인권상을 수여하기로 결정했으며, '김지하 석방요구서'를 박정희에게 발송했다. 이 무렵 김지하는 미국 · 유럽 · 일본 등의 작가와 지식인들에 의해 1975년도 노벨문학상 · 노벨평화상 후보로 추천되기도 했으며, 세계시인대회는 그해의 '위대한 시인상'을 그에게 수여했다.

박정희 정권은 9월 16일 김지하에 대한 무기징역의 '형집행 정지' 결정을 취소, 반공법 위반 혐의로 그를 재구속했다. 다시 무기징역수가 된 것이다. 그 후 재판은 1년 이상을 끌었다. 1976년 12월 31일 김지하에게는 반공법 위반 혐의로 징역 7년, 자격정지 7년이 추가로 판결되었다. 그로부터 1980년 12월 12일 석방될 때까지 김지하는 30대를 온통 감옥에서 보냈다. 1970년대는 박정희의 길항점에서 김지하의 연대였고, 김지하란 이름은 1970년대의 중량과 맞먹었다.

감옥 창살 틈으로 '생명'이

길고 긴 감옥 시절을 통해 김지하는 동서양의 수많은 책을 읽었다. 김지하는 특히 생태학 스케치, 선禪불교, 테야르 드 샤르댕Pierre Teilhard de Chardin의 사상, 동학 등에 대해 집중적으로 '공부'했다. 생태학은 새로운 시대, 새로운 세대의 경전이 되고 있었다. 낡은 역학이나 사회구성체주의 따위로는 살아 생동하는 생성적 공간과 시간을 인식할 수 없다고 김지하는 보았다. 녹색운동은 새로운 변혁운동의 시발점이었고 생태학은 그 운동의 시발점이었다.

생태학 입문에서 자극을 받은 김지하는 선禪과 불교에 관한 내면적 지식과 무의식적 지혜를 갈구하면서, 인간의 영적 깨달음과 영성적 소통의 철학에 매달렸다. 이 무렵 김지하는 영성과 생명, 삶의 안팎을 과학적 · 신학적으로 함께 이해하기 위해서는 테야르 드 샤르댕을 읽어 보라는 함석헌의 권유를 받아 그의 주저인 《인간현상》을 읽고 또 읽었다.

테야르 드 샤르댕을 접하면서 김지하는 생태학과 선불교 사이의 관계, 외면적 변혁과 내면적 명상의 관계, 그리고 집단과 개체, 필연성과 자유의 관계에 대한 참다운 원리를 깨달았다. 테야르 드 샤르댕 사상은 매우 복잡하고 치밀하며 구체적이었다. 그의 저술은 고생물학의 최고 · 최대의 과학적 진화론이었다. 그의 '우주진화의 3대 법칙'은 첫째 우주진화의 내면에는 의식의 증대가 있고, 둘째 우주진화의 외면에는 복잡화가 있으며, 셋째 군집群集은 개별화한다는 것이었다.

어느 날 김지하는 테야르 드 샤르댕 사상의 중핵이 바로 동학사상의 핵심이라고 깨달았다. 동학의 핵심사상인 스물한 자의 주문 중 열세 자의 본本주문, 곧 "시천주 조화정 영세불망 만사지侍天主 造化定 永世不忘 萬事知(하늘을 모심은 조화에 일치하여 마음을 정하는 것이며 영원토록 잊지 못할 만 가지 사실을 안다)"의 중핵은 맨 앞의 '모실 시侍' 한 자에 집중되어 있다고 김지하는 보았다. '시', 즉 '모심'이라는 것은 안으로 신령이 있고, 기화氣化가 있으며, 한 세상 사람이 서로가 서로에게서 옮겨 떨어질 수 없음을 깨달아 자기 나름대로 각각 실현한다는 것이다.

김지하는 이때 테야르 드 샤르댕의 '우주진화의 3대 법칙'이 동학사상의 핵심일 뿐 아니라, 동학이 도리어 더 첨단적이고 최근의 진화론에 가깝다고 판단했다. 더 나아가 김지하는 서학과 동학을 탁월하고 과학적인 차원에서 통섭通涉하되, 동학 쪽에 시중적時中的 중심이 더 가 있는 '기우뚱한 균형'을 찾아냈다.

어느 봄날 아침 김지하는 쇠창살 사이로 투명한 햇살이 비쳐들 때 바깥에서 날아 들어온 새하얀 민들레 꽃씨들이 햇살에 눈부시게 반짝이며 춤추는 것을 보았다. 또 쇠창살과 시멘트 받침 사이에 빗발이 몰아쳐 홈이 패고, 거기에 흙먼지가 날아와 쌓이고, 거기에 또 멀리서 풀씨가 날아와 자라는 것을 보았다. 풀씨는 빗방울을 빨아들여 무럭무럭 자라났다. 개가죽나무였다. 그 개가죽나무가 유난히 푸르고 키도 커고 신기해 보였다. '생명! 생명!' 하는 에코가 허공 중에서 그에게 들려오는 것 같았다.

'저런 미물들도 생명이매 못가는 데가 없는데 하물며 고등생명인 인간이 벽돌담과 시멘트 벽 하나의 안팎을 넘나들지 못해서 안달인가' 하는 생각이 들었다. 김지하는 그 후 100일간의 참선에 들어갔다. 그에게는 그게 '생명연습'이었다.

10·26 직후였다. 교도관이 사방을 둘러보고 난 뒤 오른손으로 자기 목을 탁 끊는 시늉을 하며 박정희의 '유고'를 전해 주었다. 1980년 5월 광주민중항쟁이 일어났다. 국내외의 지속적인 석방운동으로 김지하

는 1980년 12월 12일이 되어서야 투옥 5년 9개월 만에 석방되었다. 김지하는 원주에 머물며 옥고에 지친 심신을 달랬다. 이 시기를 통해 김지하의 생명에 대한 관심은 동학에 대한 관심을, 동학에 대한 관심은 생명에 대한 관심을 끌고 들어왔다.

동학은 생명사상이었다. '모심', 곧 '시侍' 한 자야말로 천지만물의 생존과 변화의 비밀로 김지하는 보았다. 김지하는 이때 유기농운동과 무공해 농산품 수요, 생명론에 토대한 환경운동의 전개를 견인했다. 생명과 동학이라는 새로운 기준 위에서 김지하는 동학과 서학, 생명론과 변혁론, 구조모순과 환경오염 문제의 보합관계를 모색했다. 지식인 사회와 운동권은 이 두 담론에 대해 즉각 변절·배신·전열 이탈·전열 혼란으로 몰아세웠고, 심지어는 혹세무민이라는 비난과 비판을 보냈다.

한번은 이런 일도 있었다. 천주고 원주교구에는 사회운동을 위한 교육센터가 있었고, 거기에서 '생명사상 세미나'가 열렸다. 개신교의 한 목사가 김지하에게 목청을 높여 물었다.

나는 한 가지 의문이 있습니다. 이 생명이니 뭐니 하는 얘기는 김지하 시인이 감옥에서 나온 뒤 꺼낸 모양인데, 혹시 김시인이 더는 감옥에 가서 고통받기가 겁나니까 애매한 주위 사람들을 끌어들여 생명사상이니 뭐니 하고 나팔 불고 있는 것이 아닌가요? 그렇다고 하면 이것은 그냥 넘어갈 일이 아닙니다. 진실이 뭡니까? 우리가 지금 목숨을 바쳐야 할 것은 '5공 타도' 뿐입니다.
– 김지하,《흰 그늘의 길》3권, 학고재, 2003

이에 대해 지금은 고인이 된 빈민운동가이며 개혁정치가인 제정구가 반박했다.

나는 사회와 역사를 이해하고 세상을 바꾸는 데에 꼭 '자본론'만이 필요하다고 생각 안한다. '자본론' 따위를 안 읽고도 생명이란 화두 하나로 역사와 사회의 현실을 꿰뚫어 이해하고 세상을 바꾸는 행동에 최선을 다할 수 있다. 김지하에게 그런 말을 할 자격 있는 사람이 우리 중에 누가 있느냐?

눈부신 흰 빛,
컴컴한 그늘

1980년대를 통해 '운동권'의 담론들은 엘리트주의적 이론투쟁과 종파투쟁, 그람시나 알튀세르 같은 변형까지, 그리고 김일성의 주체이론과 김정일의 종자론까지 난무했다. 김지하는 1984년 동학과 생명론 탐구를 제창하면서 최초의 산문집 《밥》을 펴냈다. "밥이 곧 하늘"이라는 명제로 압축되는 이 담론집은 그러나 소수만이 이해했을 뿐 담론으로서의 가치는 묵살되었다. 이어서 1985년에 나온 《남녘땅 뱃노래》도 마찬가지였다.

1980년대와 1990년대를 통해 김지하는 수많은 시·산문집을 쏟아냈다. 1982년 《타는 목마름으로》가 출간되었으며(첫시집 《황토》 출간 후 12년 만), 1986년에는 《애린》과 《검은 산 하얀 방》이 출간되었다.

네 얼굴이 / 애린 / 네 목소리가 생각 안난다 / 어디 있느냐 지금 어디 / 기인 그림자 끌며 노을진 낯선 도시 / 거리 거리 찾아 헤맨다 / 어디 있느냐 지금 어디 / 캄캄한 지하실 시멘트 벽에 피로 그린 / 네 미소가 / 애린 / 네 속삭임 소리가 기억 안난다 / 지쳐 엎드린 포장마차 좌판 위에 / 타오르는 카바이트 불꽃 홀로 / 가녀리게 애잔하게 / 가투 나선 젊은이들 노랫소리에 흔들린다.

《애린》은 창녀 · 천민이었다. 사랑을 직업으로 하기 때문에 가장 참혹하게 저주받은 인간이다. 그러한 창녀 '애린'의 상처받은 사랑이 고통에 찬 기적, 후천개벽으로 나타나는 것이 '애린', 그리고 '모심'이라는 것이 당시 시인의 시작詩作노트에 기록되어 있다.

《검은 산 하얀 방》은 '검은 그늘'과 '흰 빛'의 깊은 분열을 뜻하는 것이라고 시인은 《흰 그늘의 길》3권에서 술회했다. 검은 산과 하얀 방의 통합, 눈부신 흰 빛과 컴컴한 그늘의 창조적 통일이야말로 이무렵 시인의 정신, 시인의 넋의 제일과제였다. 시인이 구술한 내용을 그의 아내가 단 한자의 수정 · 가필도 없이 그대로 옮겨 시집으로 냈다. 이 시집의 서시 〈촛불〉은 이렇다.

나뭇잎 휩쓰는 / 바람소리냐 비냐 / 전기는 가버리고 / 어둠 속으로 그 애도 가버리고 / 금세 세상이 온통 뒤집힐 듯 / 눈에 핏발 세우던 그애도 가버리고 / 촛불 / 홀로 타는 촛불 / 내 마음 휩쓰는 것은 / 바람소리냐 비냐

1988년 김지하는 동학교주 최제우의 삶과 죽음을 다룬 장시 〈이 가문 날에 비구름〉을, 1989년에는 서정시집 《별밭을 우러르며》를, 1990년대에는 《중심의 괴로움》, 《빈 산》, 《꽃과 그늘》 등을 내놓았다.

산문집으로는 1980년대에 대설大說 《남南》 1, 2, 3권과 《민족의 노래 민중의 노래》, 《살림》을, 1990년대에는 《타는 목마름에서 생명의 바다로》, 《생명》, 《모로 누운 돌부처》(자신의 회고록), 《옹치격》(생명운동과 주민자치에 관한 담론 모음집), 《님》('틈'과 '모심'을 주제로 한 산문집), 《생명과 자치》, 《김지하의 사상기행》, 《율려律呂란 무엇인가》, 《예감에 가득 찬 숲 그늘》(대학에서의 미학강의 모음집) 등을 내놓았다.

김지하는 정지용을 근대 100년에서 가장 뛰어난 시인으로 평가했다. 청소년기를 통해 정지용의 시 〈고향〉에서 가장 마음을 아프게 했던 부분이 "마음은 언제나 제 고향 지니지 않고 머언 항구로 떠도는 구름"이었다. 그런 김지하에게 〈백학봉白鶴峰〉이 지용문학상 수상작으로 선정된 것이다.

멀리서 보는 백학봉 / 슬프고 두렵구나
가까이서 보면 영락없는 한 마리 흰 학
봉우리 아래 치솟은 저 팔층 사리탑

고통과 / 고통의 결정체인 / 저 검은 돌탑이 / 왜 이리 아리따운가 / 이
토록 소롯소롯한가……

산문 밖 개울 가에서 / 합장하고 헤어질 때 / 검은 물 위에 언뜻 비친 /
흰 장삼 한 자락이 펄럭
아 / 이제야 알겠구나 / 흰빛의 / 서로 다른 / 두 얼굴을

지용상 수상소감에서 김지하는 다음과 같이 말했다.

…… 흰빛과 그늘은 상호 모순합니다. 그늘이란 삶의 신산·고초를 말
하고 흰빛은 신성한 초월성을 뜻합니다. 이 두개의 모순된 명제가 서로
만날 수 있을까? 지용선생의 '백록담'에서 '흰 그늘'이 나타난다고 봅니
다. …… 윤리적 삶과 미학적 삶이 일치해야 한다고 우리의 선조들은 가
르쳤습니다. 컴컴한 고통의 흔적이 없는 초월성은 공허하며, 우리 민족
의 빛이기도 한 신성한 흰빛과 결합하지 않는 어두운 고통만의 예술은
맹목입니다…….

2002년 김지하는 시집 《화개花開》로 만해문학상과 대상문학상을
수상했다. 만해문학상 수상소감은 그의 사상을 다시 한 번 더듬어 볼 수
있게 한다.

…… 세계화와 지역화가, 보편적 지구화와 개인화가 같은 지평에서 함
께 보합적 관계를 갖는 세상이다. 모순 사이의 통일성, 상생과 상극, 극

단과 극단 사이의 상호 보완성, 음양법, 연기법緣起法, '노오'와 '예스', 즉 불연기연不然其然의 생명논리, 그리고 서양의 모순어법, 즉 '옥시모론'이 현실적인 평화의 논리, 논리적 평화로서 대중화되어야 하는 시대…….

"촛불을 켜라. 모셔야겠다"

근대학문 100년 동안 고안된 여러 가지 이론과 관점, 그리고 그 성과물 가운데 학계의 의견을 두루 구해 20개 이론을 확정하고 비판적으로 검토한《오늘의 우리 이론 어디로 가는가》(생각의 나무, 2003)에는 김지하의 '생명사상'이 포함되어 있다. 이 책에서 김지하의 생명사상에 대해서는 학계에서 비판과 옹호가 팽팽히 맞서 왔다고 했다. 창조적 깊이를 보여 준 우리 사상이라고 긍정적으로 평가하는가 하면, 신비·퇴행·국수주의라고 냉소를 보이는 이도 있다.

생명사상 비판의 입장에 선 서양철학자 김상봉은 김지하의 학문방법론은 남의 이론을 성찰 없이 끌어들이는 아마추어리즘을 보여 준다며, 지적 허영과 자기 감상주의를 벗지 못한 수준이라고 혹평했다. 반면 외국어대의 이기상은 김지하가 한국인의 삶의 문법에 각인되어 있는 내재적 원리를 끄집어내 동서고금의 통합적 사유로 재해석하고 세계인의 공통화두인 생명문제로 재해석했다는 점에서 높이 평가한다. 한신대 박재순은 생명사상이 민주화운동의 지평을 생명운동으로 확대시켰다는 적극적 평가를 내린다. 박재순은 더 나아가 생명사상은 실존·예술·신명·사회정치적 차원, 동서의 정신세계를 일관성 있게 꿰뚫고 있어 진정한 철학적 면모가 무엇인지 보여 준다고 했다.

김지하의 생명사상이 학문적으로는 '모호한 혼합주의의 전형'이지만 '탁월한 깨달음과 그에 따른 오도송惡道頌'인지, 아니면 '대안代案 패러다임의 시詩적 수원지'인지는 학계에서도 견해가 엇갈린다. 다만 김지하의 생명사상이 탄생한 배경과 문제의식에는 학계에서도 대체로 공감하는 것 같다. 이는 김지하가 〈타는 목마름으로〉의 절정에서 죽임과 죽음 체험의 현실을 뛰어넘어 '진정한 생명의 바다'를 지향하는 세계에 도달할 수 있었던 큰 시인의 면모를 보여 주었기 때문인지 모른다.

김지하는 자신의 생애가 '모로 누운 돌부처'라고 했다. 실패한 부처, 들판에 버려진 잊힌 돌부처라고 했다. 그는 성공과 실패는 안중에 없고 오직 "모시느냐, 안 모시느냐"만 있을 뿐이라고 했다. 실패라 하더라도 그다지 '곡조 슬픈' 실패작이 아닐 수도 있다.

13

《난쏘공》
30여 년,
그
미완의 종결

13.

조세희(1942~)

'칼'의 시간에
'펜'으로 남긴 명작

1970년대 후반의 어느 날 한 작가가 재개발 지역 동네의 세입자 가족들과 마지막 식사를 하고 있었다. 바로 그때 철거반들이 철퇴로 대문과 시멘트 담을 쳐부수며 몰려들어왔다. 집안은 순식간에 전쟁터가 되었다. 작가는 돌아가는 길에 문방구에 들러 노트 한 권을 사서 주머니에 꽂았다. 작가는 그 작은 노트에 '난장이 연작'을 써나갔다. 1965년 『경향신문』 신춘문예에 〈돛대 없는 장선〉으로 등단한 지 10여 년 만에 펜을 다시 잡은 것이다. 작가는 조세희, '난장이 연작'의 첫 작품은 〈칼날〉, 1975년 『문학사상』 10월호에 실렸다.

'난장이 연작'이 씌어지던 시기의 이야기를 나는 정색을 하고 해본 적이 없다. …… 어떤 식으로든 지난 이야기를 하는 것은 지금의 짐에 70년대라는 과거의 짐을 겹쳐지는 것과 다를 것이 없다. 나는 그 이중의 무게를 지탱하기가 어려웠다. 아직 젊었던 시절 70년대와 반목했던 것과 같이 나는 지금 세계와도 사이가 안좋다.

– 조세희, '작가의 말', 《난장이가 쏘아올린 작은 공》, 문학과지성사,
1979

조세희는 1960년대 후반 어느 해에 작가가 되는 것을 포기했다. 그는 '작가'는 아무나 될 수 없다고 생각했다. 조세희 자신은 그 단계에서 성장이 멈추어 버렸다고 했다. 그때 이후 그는 일반 직장인 '시민'이 되어 살았다. 좋은 작품을 쓸 자신이 없던 조세희 자신은 차라리 침묵으로 작품을 대신했는지 모른다. 작가에게 1970년대는 파괴와 거짓 희망, 모멸, 폭압의 시대였다. 비상계엄과 긴급조치가 남발되고, 누가 작은 소리로 자유와 민주주의를 말해도 잡혀가 고문을 받고 감옥에 갇히는 이상한 시대였다. 조세희는 이런 '칼'의 시간에 '펜'으로 우리 문학사에 길이 남을 명작을 남겼다.

작품 하나하나는 '작은 덩어리'에 불과했지만, "무슨 일이 있어도 '파괴를 견디고' 따뜻한 사랑과 고통받는 피의 이야기로 살아 독자들에게 전달되지 않으면 안 된다는 생각"을 그는 했다. 200자 원고지로 계산해 마흔여 장의 짧은 작품으로부터 250매를 넘지 않는 좀 긴 작품에 이르기까지 열두 편이 이렇게 해서 세상에 빛을 보았다. 〈칼날〉, 〈뫼비우스의 띠〉, 〈우주여행〉, 〈난장이가 쏘아올린 작은 공〉, 〈육교 위에서〉, 〈궤도회전〉, 〈기계도시〉, 〈은강 노동 가족의 생계비〉, 〈잘못은 신에게도 있다〉, 〈클라인씨의 병〉, 〈내 그물로 오는 가시고기〉, 〈에필로그〉 등이었다. 한 작품 한 작품을 보면 각각 분리된 개체에 불과했지만, 책으로 모아놓으니 '힘'이 있었다. 한 편 한 편이 다 크고 작은 '전투병'이었고 '소

대원'들이었다. 그는 이들로 하여금 해방 후 한국문학에서 최초로 본격적인 노동자문학 겸 《화엄경》이나 《성경》을 연상케 하는, 가장 높은 도덕적·윤리적 이상을 보여 주었다.

1970년대는 박정희가 이른바 '10월유신'이란 친위쿠데타를 감행한 기간이었다. 1970년에는 경부고속도로가 개통되는가 하면, 바로 그해 11월 청계천 평화시장에서 전태일이 분신했다. 산업화 과정에서 노동문제가 본격적으로 떠올랐고 도시화가 급속히 진행되었다. 1966년 370만 명이던 서울의 인구가 1970년대에 들어서면 2년 단위로 백만 명씩 불어났다. 웬만한 구릉이나 야산 꼭대기까지 무허가 판자촌이 빽빽이 들어찼다.

'낙원구 행복동'은
오늘의 달동네

속칭 《난쏘공》은 '난장이 연작'에 실린 작품 중 〈난장이가 쏘아올린 작은 공〉을 줄여서 쓴 표제다. 이 작품에 나오는 '낙원구 행복동'은 당시 서울 어디에나 있었다. 사람들은 여기에 '달동네'란 아름다운 이름을 붙여 주었다. 그때부터 현재까지 서울 어느 곳에서든 철거와 재개발은 쉬지 않고 계속되었다. 서울은 과속의 팽창을 감당하지 못했다. 일찍이 1970년 서대문구에서 와우아파트가 폭삭 무너져 내렸다. 20여 년이 훨씬 지난 1994년에는 성수대교가 무너졌고, 이듬해에는 삼풍백화점이 붕괴되었다. 개발과 파괴, 고성장과 고위험이 동시에 진행되던 폭압적

개발과 성장은 위험축적형 난개발의 전형
이었다.

청계천은 1970년대 당시 서울의 가운
데를 흐르는 거대한 하수구였다. 그곳을 콘
크리트로 덮어버리고 그 위에 고가도로를
건설했다. 청계천변과 다른 곳의 도시빈민
(난장이)들은 어느 날 트럭에 실려 광주대단
지(오늘날의 성남시)에 내동댕이쳐졌다. 허허벌판에 2만여 가구 10여 만
명이 천막을 치고 한겨울을 났다. 도시빈민이던 이들은 리어카를 끌거
나 행상을 하거나 날품팔이로 연명했는데, 그 무렵 서울로 통하는 교통
편은 없었다. 1971년 8월 '난장이'들은 삶의 막다른 골목길에 이르러
마침내 '폭동'을 일으켰다. 학생데모가 아닌 '민중폭동'이었다.

양성우 시인이 일컬었듯이 1970년대는 '겨울공화국'이었다. 한국
은 말 그대로 '수용소 군도'였다. 비상사태 · 비상계엄 · 긴급조치로 해
가 뜨고 지는 엄동설한이었다. 작가 자신은 1970년대를 "달이 태양을
가린 까만 일식이 계속되었던 기억으로 남아 있다"고 회상했다(조세희 ·
이경호, '2 · 5세계의 불안한 나날', 『작가세계』 2002년 가을호). 바로 그런 험악한
세상에서 난장이들이 들고 일어난 것이다.

《난쏘공》에 등장하는 난장이 가족에게 빈곤과 피압박은 조상 대대
로 세습된다. 《난장이가 쏘아올린 작은 공》에서 난장이 김불이의 조상
은 조선시대 노비 출신이었다. 그는 여기에 난장이라는 신체적 장애까
지 가지고 있었다. 난장이의 큰아들 영수는 "우리 조상은 세습하여 신
역을 바쳤다"는 사실을 인쇄소에서 노비문서를 조판하면서 알게 되었

다. 소설 속의 난장이는 공장 노동자라기보다는 도시빈민이다. 난장이는 고물상, 채권매매, 넝마주이, 땜장이, 칼갈이, 굴뚝 소제, 펌프 고치기, 고층건물 유리 닦기 등 수많은 잡일을 전전하면서 간신히 끼니를 때운다. 이들은 주민등록조차 하기 어려웠던 떠돌이 신세였다. 게다가 근대화가 민주주의의 숨통을 죄면서 급속하게 진행되면서 난장이들의 밥벌이 수단의 하나이던 펌프는 수도로 바뀌었다. 굴뚝은 연탄과 보일러에 밀려났다.

1970년대 한국사회는 장애인들에게는 이중·삼중으로 질곡이었다. 정상인도 생계를 위해 허덕이던 그 시절, 난장이니 꼽추니 앉은뱅이니 소경들에게 인권이니 사회복지는 먼 나라의 그림이었을 뿐이다. 그들에게 쏟아지던 차별이나 멸시의 눈총은 차갑기 짝이 없었다. 조세희는 그의 작품을 통해 사회의 시선 바깥으로 몰려난 이들 중 난장이를 노동자의 아버지로 설정했다. 〈뫼비우스의 띠〉에서 난장이는 자신의 집이 철거되는 날 스스로 목숨을 끊었다. 난장이의 큰아들 영수는 〈내 그물로 오는 가시고기〉에서 자기 공장의 대주주이며 최고 경영자를 향해 칼을 휘두르다 결국 형장의 이슬로 사라졌다.

영수 이전에 칼을 든 사람은 신애였다. 신애는 난장이 가족에 대한 후원자였다. 신애는 '칼날'에서 난장이를 마구 두들겨 패는 펌프집 사내의 옆구리를 칼로 찔렀다. 당시의 우리 현실은 매일 수많은 난장이들이 덩치 큰 사내 밑에 깔려 죽도록 얻어터지는 것이 예사였다. 신애는 난장이가 당하는 고통을 가장 가까운 거리에서 직접 생생하게 보았다. 그는 곧 난장이 편에 선다. 작가는 신애류의 중간층에서 변화의 바람이 불어올 것을 예감했는지 모르겠다.

그러면 난장이의 자식들 중에서 왜 유독 영수만이 칼을 들었을까. 단순히 장남이라서만은 아니었다. 난장이는 죽기 전에 영수를 불러냈다. 그리고 "난 죽기로 결심했다"고 말했다. 영수는 아버지가 죽기로 결심했다는 말을 직접 들었다. 그러던 아버지가 "너만 내 편이 되어 준다면 죽을 생각이 없다"고 했다. 영수는 그 말을 듣고 "그럼 됐어요"라고 했다. 자신은 정말 아버지 편이었다. 그런데 아버지는 목숨을 끊고 말았다. 결국 자신은 아버지의 편이 되지 못했다는 죄책감을 지울 수가 없었다. 작가는 영수와 신애의 행동을 통해서 증언을 들은 자로서의 책임에 대해 독자들에게 분명한 메시지를 던지려고 했다. 폭력은 거세되었다. 그러나 평화는 오지 않았다. 그런 땅에서 작가는 난장이들의 저항적인 폭력이 아니라, 증언을 들은 자들 또는 목격자들의 직접행동을 촉구한 것이라고 해석하는 평자도 있다.

조세희가 피해자들의 즉자적인 저항폭력이 아닌 계획된 공격으로서의 테러나, 피해자가 아닌 제3자의 피해자 구원으로서의 폭력문제를 1970년대 후반에 제기한 것은 의미심장하다. 실제로 현실은 폭력적이었다. …… 은강그룹 총수 같은 재벌들을 휘어잡고 군림했던 박정희도 총에 맞아 죽었고, 광주에서도 수많은 시민들이 공수부대의 총에 맞아, 칼에 찔려 목숨을 잃었다.
– 한홍구, '난장이가 쏘아올린 작은 공이 떨어진 시대', 《침묵과 사랑》, 이성과 힘, 2008

난장이 가족과 우리 사회 기득권층 사이에는 정의롭고 평화로운 삶을 위해 애쓰는 중간층 인물들이 여럿 등장한다. 신애의 등장은 그중 가장 환상적이고 비현실적인 장면으로 비추어졌을지 모르지만 그만큼 극적 효과를 높였다. 대학생 출신의 현장 활동가 지섭은 전태일의 일기에 나오는 대로 근로기준법을 읽고 해설해 줄 수 있는 '대학생 친구'의 위치에 서 있다. 은강그룹 고문변호사 아들 윤호는 가정교사인 지섭을 통해 난장이 일가와 연결된다. 〈우주여행〉의 끝 대목에서 윤호는 "지난 2년 동안 자기가 무엇을 잘못했을까 생각했다. 그러나 아무것도 알아낼 수 없었다"고 고백한다. 그러나 〈궤도회전〉에서 윤호는 종전의 태도에서 완전히 달라졌다. 재벌집 손녀 경애가 "난 몰랐어"라고 항변하자, 윤호는 "그게 너의 죄야"라고 단호하게 말한다. 몰랐다는 알리바이가 동시대인에게 성립되지 않는다는 무거운 책임을 작가는 윤호의 입을 통해 선언한다.

윤호나 은희(〈우주여행〉에 등장) 같은 인물은 자신들이 사회의 지배적인 계층에 속함에도 불구하고, 그들 계층의 입장이 진정한 자기발전의 가능성을 근본적으로 제약하는 한계임을 절감한다. 이들은 사회 계열을 공부하고 싶지만 아버지의 가업을 이어야 한다는 조건에 대해 반발한다. 그런 이들 앞에 가정교사로 지섭이 들어온다. 지섭은 그들이 사는 방식과는 다른 차원의 삶의 방식을 보여 준다. '자기네 집 바로 건너편 방죽에 사는' 난장이네 가족들이 그들의 삶에 새로운 깨우침을 줄 수 있음을 이들은 깨닫는다.

이들 중간층은 그 후 자기네 계층의 경계선을 넘나들며 항상 갈증을 느끼게 된다. 어느 면에서 이들은 사회 상층부의 어두운 구석을 꿰뚫어 보면서, 하층민의 고단한 삶에 대해서 공감할 수 있는 열린 가슴을 가지고 있었다. 때에 따라서 이들은 지도층에 대한 저항을 이끌거나 지원하면서 자신의 기득권을 과감히 포기한다. 〈기계도시〉에서 난장이 아들 영수가 은강그룹 총수를 죽이겠다며 바로 옆집에 사는 윤호에게 숨겨줄 것을 요구했을 때, 윤호는 "미쳤어!"라며 "사람을 죽인다고 해결될 일은 없어. 넌 이성을 잃었어"라고 소리친다. 윤호는 그 후 생각을 바꿨다. '단체를 만들자. 그 사람 혼자의 힘으로는 안되는 일야.'

《난쏘공》에는 그 밖에도 공장노동자들에게 노동자의 실상과 권익을 교육시키는 목사가 나온다.

> 대량생산체제를 갖춘 공장에서의 생활이 비인간적이라면 그 요소들을 찾아 개조하지 않으면 안된다고 말했다. 우리의 어른들은 그렇게 큰 공장에서 일해본 경험이 없다는 점을 그는 강조했다. 그는 전혀 새로운 환경에서 희생만 강요당하는 세대에 우리를 넣었다. 우리의 침묵은 우리의 권리에 상처만 준다고 그는 말했다. 그에게서 교육받은 열네명이 공장으로 돌아가 어려운 일을 해냈다. 여섯명은 조합을 만드는 데 성공했다.

급진적으로 보이는 이 목사, 그러나 이 목사는 "어떤 면에서는 아주 보수적인 온건주의자"였고, 해방이나 혁명이 아니라 "그의 신을 떠나서는 잠시도 살 수 없는 사람"이었다.

사랑이 없는 땅은 죽은 땅

홍윤기(동국대 철학과 교수)는 '전율과 간구'(《침묵과 사랑》,이성과 힘, 2008)에서 조세희가 《난쏘공》에서 찾아 헤맨 것은 의식의 개화 또는 사랑과 희망의 인류적 승화라고 보았다. 문제해결의 주체를 작가는 노동자 또는 노동자 계급으로 보지 않았으며 지배계급은 더구나 아니었다. 그 주체는 사회적으로 주어진 자신의 물질적 · 정신적 조건을 가장 잘 활용하여 스스로의 한계를 뛰어넘으면서, 난장이 사회'에 대해 책임을 걸머쥐는 중간층적 각성자였다. 지섭이나 윤호는 사회운동가나 그 동참자가 되기 이전에 역사와 철학을 알고 그것을 표현할 줄 아는, 인문적 교양이 풍부한 성숙한 인간으로 자신을 준비해 나간다. 사회적 지형에서 지배적 위치에 있는 자들에 대해서 이들은 그 부도덕성을 신랄하게 비판하고, '난장이'로 표현되는 하층민에 대해서는 피억압 상태에서 자신도 모르는 채 내면화된 탈도덕적 상태에서 벗어나야 한다고 촉구한다. 그들은 상층부와 하층부 사람 모두에게 '인간되기'의 동참을 갈망한다.

사람은 사람을 알아봐야 한다. 그것은 인간되기 과정에서 가장 먼저 제시되는 전제다. 대학생이 민중을 만나서 그들의 거칠어진 손을 한번쯤 만질 줄 알고, 그럼으로써 자기 삶의 어떤 부분을 그들을 위해 비워둘 줄 알게 된다면, 그는 무엇보다 이 세상을 성공적으로, 또 성숙하게 살아가는 것이라 할 수 있다. 그것은 어느 시대에나 통용되는 보편적인 인간애의 표징이다. 남과 나는 사랑과 희망의 전망 안에서 맺어져야 한다. 지섭은 난장이 김불이에게 이렇게 말한다.

사람들은 사랑이 없는 욕망만 갖고 있습니다. 그래서 단 한사람도 남을 위해 눈물을 흘릴 줄 모릅니다. 이런 사람들만 사는 땅은 죽은 땅입니다.
―《난장이가 쏘아올린 작은 공》

조세희가 제시하는 유토피아는 혁명적 사회주의나 프롤레타리아트
독재가 아니다. 〈잘못은 신에게도 있다〉에서의 다음 부분은 한국 현대
문학이 성취한 가장 황홀하고 도취적인 이상의 세계이며, 우리 자신의
타락을 깨우쳐 주며 '진정한 가치'란 무엇인가를 생각게 한다.

아버지가 그린 세상에서는 지나친 부의 축적을 사랑의 상실로 공인하
고, 사랑을 갖지 않은 사람 집에 내리는 햇빛을 가려버리고, 바람도 막
아버리고, 전깃줄도 잘라버리고, 수도선도 끊어버린다. 그 세상 사람들
은 사랑으로 일하고, 사랑으로 자식을 키운다. 비도 사랑으로 내리게 하
고, 사랑으로 평형을 이루고, 사랑으로 바람을 불러 작은 미나리아재비
꽃줄기에까지 머물게 한다.

1970년대 후반의 한국사회에서 가장 첨예한 갈등을 보인 것은 노
사문제였다. 노동자들의 일방적인 희생 위에서 이루어진 경제성장이 노
동자의 고통을 더 이상은 강요할 수 없는 임계상황에 왔다. 노동자들의
불만의 뇌관은 마침내 폭발하고 말았다. 1977년 7월 15일 "세계 노동
운동 역사상 유례가 없는 놀랍고도 극적인 저항"이 전개되었다(구혜근 지
음, 신광영 옮김,《한국 노동계급의 형성》, 창비, 2002). 저항의 주체로 등장한 노
동자들은 여성들이었다. 그들을 강제진압하기 위해 폭력경찰이 투입되
었다. 20세 안팎의 어린 여성 노동자들은 일제히 작업복을 벗어던지고

대항했다. 그러나 경찰은 알몸으로 저항하는 여성 노동자들을 덮쳐 곤봉과 주먹을 휘둘러대기 시작했다. 회사는 폭력배들을 동원, 여공들에게 인분을 뿌려대는 만행까지 자행했다. 한마디로 생지옥이었다. 1978년에 나온 김민기의 〈공장의 불빛〉이란 노래굿은 동일방직 여공들의 극한적인 투쟁을 그린 작품이다.

모든 것이 전쟁이던 시절이었다. 탄압을 하는 쪽이나 탄압을 당하는 사람들 모두가 전쟁을 하듯이 세상을 살던 살벌한 시절이었다. 바로 그런 시절에 조세희의 《난쏘공》이 세상에 모습을 보였다. 《난쏘공》은 "너무 아파서 지른 간절하고 피맺힌 절규"였다. 조세희가 그린 난장이는 "키는 백십칠센티미터, 몸무게는 삼십이킬로그램이었다."(《은강 노동 가족의 생계비》) 난장이는 1970년대 한국사회와 경제의 생산과 소비 및 분배란 피라미드 구조 중 최하층의 하층이었다. 더 이상 낮아질 수 없는 키를 가진 인물이었다. 그들의 생활은 어떠했을까.

천국에 사는 사람들은 지옥을 생각할 필요가 없다. 그러나 우리 다섯 식구는 지옥에 살면서 천국을 생각했다. 단 하루도 천국을 생각해 보지 않은 날이 없다. 하루하루의 생활이 지겨웠기 때문이다. 우리의 생활은 전쟁과 같았다. 우리는 그 전쟁에서 날마다 지기만 했다.
– 《난장이가 쏘아올린 작은 공》

《난쏘공》은
작은 학교였다

《난쏘공》은 출간과 동시에 문학 분야에서 의식화 도서의 첫손가락에 꼽히게 되었다. 《난쏘공》이 나오던 시절 그 책을 읽은 대학생들은 이제 50대의 나이가 되었을 것이다. 그들 중 상당수가 《난쏘공》을 읽은 뒤 학교 배지를 떼었다 한다. 당시 이른바 명문대 학생들은 대학입시 과외를 많이 했는데, 1주일에 2시간씩 두 번만 하는 과외를 두 건만 잡아도 같은 나이 또래의 여공들이 14~15시간씩 일해서 버는 수입보다 나았다. 대학생들은 주머니에 과외로 번 돈이 있어도 맥주를 사마시는 것에 죄책감을 느꼈다. 그 무렵 대학생들은 또한 자기들의 사회적 위치에 대해 상당한 고민에 사로잡혔다. 그들은 과연 지식인도 민중이 될 수 있는가 하는 데 대해 고민을 하고 "내게도 대학생 친구 하나 있으면 원이 없겠는데……"라던 전태일의 간절한 마음을 접하고는 한없이 마음 아파했다.

《난쏘공》에 대한 최초의 서평에서 오생근(시인, 서울대 명예교수)은 《난쏘공》을 조그마한 학교에 비유하면서, 『창작과 비평』 1978년 가을호에 쓴 '진실한 절망의 힘'에서 그 학교를 이렇게 평가했다.

> 독자 학생에게 사실이나 지식만을 주입시키는 것이 아니라 문제의식을 일깨우고 독자의 정신을 의식화시키면서 또한 변화시킨다.

《난쏘공》이 나온 해에 대학을 다닌 김명인(인하대 국어교육학과 교수)은 이 작품을 대했을 때의 충격을 〈부끄러움의 서사〉에서 이렇게 썼다.

한 시대 노동계층의 운명을 이처럼 노골적이고 전면적으로 펼쳐본 소설을 나는 그 전까지 읽은 적이 없었다. 무엇보다 나를 놀라게 한 것은 이 책 갈피갈피에서 묻어나오는 어떤 간절함이었다. 이 책은 책상에 앉아서 쓴 것이 아니라 마치 칼날을 밟고 서서 쓴 것처럼 느껴졌다.

평론가들은 《난쏘공》을 두고 노동자계급의 이야기를 가장 노동자계급적이지 않은 방식으로 형상화했다고 봤다. 여기서 우리는 가까이 접근하되 결코 하나가 될 수 없는 사람들의 결핍의 괴로움을 떠올려 본다. 그 괴로움은 무엇으로 나타나는가. 바로 '부끄러움의 생산성(?)'이다. 조세희의 '비산문적이고 비리얼리즘적인' 문체는 바로 부끄러워하는 자의 표현양식이다. 작가는 상투적 개념어를 가급적 배제한다. 낯설지만 간명한 단문을 택한다. 작가는 어떤 진리를 믿었지만, 그것을 아무런 고민과 염치도 없이 자명한 것인 양 함부로 말하는 것을 삼갔다. 작가는 독자들이 산문적 세계를 넘어 시적 세계로 상승되기를 기대했던 것 같다. 《난쏘공》은 그래서 노동계급의 서사이면서 동시에 그것을 넘어서는 모든 난장이들의 해방을 위한 서사로 고양되었다.

조세희의 모든 글은 흘러가는 줄거리가 거의 없다. 그의 작품 중 무작위로 뽑은 〈기계도시〉의 첫 문장을 한번 보자. 그냥 평범한 날씨로 시작한다.

그해의 칠월과 팔월은 유난히 무더웠다.

그러고는 일체의 감정개입을 하지 않은 채 은강이란 지역에 대한 사회지리적 기술에서 사회심리적 분석까지 여러 가지 정보사항을 늘어놓는다. 이어서 공장 노동자들의 빈곤과 탈인격성, 상시적 공해, 자체적 문제해결 가능성의 부재 등이 등장한다. 다음에는 노동자 생활을 조사하고 연구하는 노동사회학 또는 노동경제학 논문에나 나옴직한 도표들, 예를 들면 취업동기, 원하는 직장요건, 작업의 피로도, 노조간부들에 대한 신뢰도, 저축에 대한 전망들을 설문하여 분석한 표가 나온다.

소설에 어울리지 않게 생경한 통계가 나온다든가, 빈곤과 공해가 뒤섞인 공업단지의 실상을 있는 그대로 생생하게 적어 놓는다든가, 노조결성의 정당성을 주장하는 등, 그 이야기의 내용이 요컨대 소설적이지 않다. 보기에 따라서는 무슨 사회조사보고서의 요약문같이 무미건조하다. 그러나《난쏘공》을 다 읽고 난 뒤 그 안에 들어 있는 '기계도시'를 다시 생각해 보면, 모래알같이 건조하던 단편 속에서 인간의 존엄성을 부정하는 자들에 대한 차가운 진술서 또는 공소장을 대하는 섬뜩함을 느꼈다.

《난쏘공》은 1970년대 문학을 논할 때 분명 문제작 이상의 문제작이다. 김윤식(서울대 명예교수)은 "이 창작집 속에 70년대 한국문학 전체를 폭파하고 남을 듯한 폭약이 장전되어" 있었다고 평가했다. 김윤식은 문학사적으로 보아서도《난쏘공》은 보편과 특수, 내용과 형식, 순수와 참여의 연계적 · 상호보완적 관계로 문학개념을 이해하게끔 매개하는 휘황찬란한 교차지점 및 순간이었다고 했다. 김윤식은 〈뫼비우스의 띠〉와 〈클라인씨의 병〉을 '난장이' 계열의 열두 작품의 서론과 결론격으로 보면서, 이 두 작품으로 이원론적 사고체계의 바탕은 여지없이 무너진다고 평했다.

문학평론가 김병익은 《난쏘공》을 대립적 세계관과 미학적 방법론의 관점에서 분석했다. 그는 조세희의 소설들이 대폭적인 사회적 실감을 획득한 데서 나아가, "문학(또는 예술)만이 가능한 정서적 울림을 강하게 갖고 있고, 이 울림을 통해서 사회적 실감과 개인적 혹은 주체적 실감과를 일치시킨다"고 평가했다. 김병익이 보기에 조세희는 그의 작품을 통해서 개인과 사회, 내용과 형식, 주제와 기법 또는 주관적 감수성과 집단적 의식, 내면성과 객관성, 개인성과 역사성, 초월과 참여 같은 대립적 개념관계들을 내세우고 있다.

> 그것은 우선 이 소설들이 각각 독립적인 단편인 동시에 전체적으로는 장편소설의 구조를 지니고 있다는 점에서 출발하여 사실주의적 소재를 반사실주의적 수법으로 형상화하고 있다는 사실, 그 인물과 사건들은 극히 단순하고 명백함에도 그 저변에는 복잡하고 순환적인 세계인식이 깔려 있다는 사실, 짧고 명료한 객관적인 문체에도 불구하고 심리변동의 묘사에 거의 시적인 기미를 보이고 있다는 사실 등의 대응된 관점에서 지적될 수 있을 것이다.
> – '대립적 세계관과 미학', 『문학과 지성』 1978년 가을호

타락한 세계와 진정한 가치 간의 대립에서 조세희는 차라리 대립을 더욱 심화함으로써 초월에의 가능성을 모색하는지 모른다. 거인과 난장이 두 계층이 절망적인 대결로 치달리고 있다는 데서, 그리고 타락한 장르로서의 소설과 승화를 지향하는 서정시의 대결을 통해서 그런 점이 포착되기도 한다. 가령 다음과 같은 부분이 그 대표적인 경우다.

나는 햇살 속에서 꿈을 꾸었다. 영희가 팬지꽃 두 송이를 공장 폐수 속에 던져넣고 있었다.

　　　　　　　　　　—《난장이가 쏘아올린 작은 공》

　이 장면은 난장이의 집이 철거반원에 의해 헐리고 지섭이 이를 항의하려다 얻어맞은 뒤 둘째 아들 영호가 부서진 대문짝에 엎드려 잠에 빠져드는 대목이다. 햇살 속에 잠든 한 소년, 꽃을 든 한 소녀, 무허가 건물로 헐린 집, 이런 장면은 서로 대립되는 구도다. 또 두 송이의 팬지꽃과 공장의 폐수, 햇살 속의 낮잠과 헐린 집터의 폐허는 절망적인 현실과 꿈으로의 밝은 창구라는 모순을 우화적으로 묘사한다. 그리하여 지극히 자명한 요소들이 중층적인 조명을 받음으로써 사회적 실감과 주체적 정서를 동시에 포획하고 있다.

　작가의 이러한 세계인식은 그의 연작 가운데 프롤로그에 해당하는 〈뫼비우스의 띠〉에서 매우 시사적으로 드러난다. 작가는 이 작품에서 하나의 우화적 질문과 또 하나의 수학적 개념을 제시했다. 두 아이가 굴뚝소제를 하고 내려왔을 때 깨끗한 얼굴과 더러운 얼굴의 아이 중 누가 얼굴을 씻을 것인가. 이 질문은 질문의 내용과 그 전제에 단절이 가로놓여 있고, 질문이 틀렸으므로 답도 틀렸다는 전면적 진실이 전제되어 있다. 또 직사각형의 종이는 앞뒤 두 개의 평면을 갖는 영원한 대립이지만, 이 종이를 한번 꼬아 양끝을 붙이면 "안과 겉을 구별할 수 없는, 한쪽 면만 갖는 곡선"이 된다. 두 개의 평면이 뫼비우스의 띠에 이르면 하나의 면으로 재구성된다. 그러나 이 띠는 '한번 꼬아'진 것이며 평면은 '곡면'으로 바뀌었다는 세심한 관찰을 놓치지 말아야 한다. 그것은 평면

이면서 동시에 입체의 공간이 된다. 그러므로 〈클라인씨의 병〉의 "안팎은 구분할 수 없는 닫혀 있는 공간"에서 설명되는 것처럼 "상상의 세계에서만 그 존재가 가능한"것이다.

우리가 어떤 눈으로 보느냐에 따라서 이 세계는 전혀 다른 것이 될 수 있다. 〈우주여행〉에서 윤호와 지섭이 달을 보는 눈이 그렇다. '사실에만 충실한' 윤호의 세계관과 '황금색의 별세계'를 생각하는 지섭의 세계관은 보통의 직사각형과 실제 가능하면서도 추상에서만 존재할 수 있는 뫼비우스의 띠의 관계와 대응한다. 추상과 현실, 꿈과 사실 사이의 단절과 대립은 조세희의 근원적인 세계인식일 것이며, 그 화해의 가능성이 이상으로만 존재하는 것에 그의 비극적 절망이 있다. 조세희의 연작소설에서 모티프가 되고 있는 '난장이' 자체가 정상인과 어울릴 수 없는 단절과 대립의 이미지다.

한국의 산업화 과정에서 야기된 공장 노동자의 실상과 노사문제의 본질을 문학적 관점에서 본격적이고 전면적으로 조명한 작가는 해방 후 조세희가 최초였을 것이다. 그의 문학적 지향은 1970년대 말의 암흑적 현실 속에서 역사적 수요와 극적으로 맞물렸다. 언론통제가 일상화되던 시대에 그의 《난쏘공》은 단순히 창작활동에 머무르지 않고, 사실의 폭로와 진실의 전달에 주저 없이 다가간 메신저이기도 했다. 노동운동 학습에서 《난쏘공》이 필독서가 되었던 것은 조세희의 노동현실에 대한 치열한 현장취재가 얼마만큼 철저한 노고 끝에 이루어진 것이었는지를 반영한다.

《난쏘공》은 문장이 전부 단문으로 되어 있다. 단문들 사이에는 접속사가 전혀 없다. 과거와 대과거의 시제가 문법적으로 구별되지 않는다. 환상 또는 내면과 현실과의 몽타주 수법은 개개의 독립된 묘사대상을 대조시키며 심층적으로는 동질적임을 강화한다. 요컨대 조세희는 단절/연속, 대립/동질의 세계관을 그의 문체와 기법으로 함축했다.

조세희의 소설은 다분히 낭만주의 시대의 동화적 구조를 갖는다. 그의 동화적 발상과 비사실적 문체는 그래서 세계의 억압된 불행을 보다 사실적으로 드러내 보여주며, 사회적 실감을 주관적 공감으로 실체화 · 내면화시키면서 초월적 세계로 끌어올린다. 기법과 정신에서의 낭만주의적 성격, 주제의 사실주의적 관점이란 얼핏 보기에 기이한 인상을 줄지 모른다. 《난쏘공》의 한 평자는 이 연작들이 갖는 '과거와 현재의 중첩, 환상적 분위기의 조성, 시점의 빈번한 이동 등의 난해한 테크닉이 비사실적인 수법이라고 비판했다가, 후에 그것들은 "넓은 의미의 사실주의"라고 자신의 주장을 수정한 바 있다. 《난쏘공》의 주제와 기법, 정신과 태도의 대립은 작품이 지닌 현실성과 문학성, 시대성과 영원의 대립을 드러냄으로써 그것들을 지양시켜 주며, 이는 순수와 참여의 대립을 넘어서는 하나의 범례를 보여 주었다. 참여파의 평론가 염무웅의 아래 비평은 그 좋은 예다.

소설 〈잘못은 신에게도 있다〉는 이러한 예리한 인식에 의해 우리 노동현실의 심장부를 통렬하게 해부하고 있다. 특히 사용자와 근로자들의 대화부분은 이 시대 노동현실의 기본적 문제점들을 핵심적으로 거론하고 있어 우리 소설문학이 이 시대의 가장 중심적 쟁점에 육박하는 단계까지 성장했음을 보여주는 감명깊은 성과이다. 소설기법상으로도 이 부분은 마치 극영화의 가장 긴장된 순간에 기록필름을 적절히 삽입함으로써 더욱 충격적인 효과를 만들어낸 네오리얼리즘 영화의 몽타주 수법을 상기시킨다. 이 작품은 문제의식의 방법에 있어서 예리할 뿐더러 신선하고 서정적인 아름다움마저 빚어내고 있다는 점에서 우리 시대 문학의 한 수준을 대표한다고 보인다.

현실적 전망이 닫혀 있던 시대, 아니 전망은커녕 현실인식마저 막혀 있던 시절, 조세희는 우리 시대에 거의 잊혀 있던 난장이의 세계와 그 세계를 박차고 넘어서려는 꿈과 의지를 하나의 신화로 그렸다. 우찬제(서강대 국문학과 교수)는 조세희의 《난쏘공》은 1970년대의 인문주의와 심미적 이성의 절정을 보여준 대표적 사례라며 찬사를 보냈다.

그의 탈현실주의적이며 탈구조주의적인 현실인식과 전망 추구는 70년대 한국 작가가 감당할 수 있는 거의 최대치의 고행이 아닐까 짐작한다. 신에게도 잘못이 있는 험한 세상에서, 그 특유의 사랑법에 기대어 희망의 길을 놓치지 않으려 한 작가가 바로 조세희, 그다. '거인'과 '난장이'의 대립적 경계를 해체한 초극의 지평에서 진정한 인간의 모습, 정녕 인간다운 삶의 공간을 꿈꾼 조세희의 소설이야말로 문학의 위의와 영광을 증거하는 것이 아닐 수 없다.
-《난장이가 쏘아올린 작은 공》

245쇄, 그리고 절필

한국 현대사는 롤러코스터를 탄 듯 정신없이 달려왔다. 이렇게 급격한 변화를 겪은 우리의 현대사에서 30년 이상 지속적으로 읽히는 소설이 있다는 것은 참으로 이례적인 일이 아닐 수 없다. 조세희가 자신이 절규하고 싶었던 말들을 짧게 끊어 치는 스타카토식 문장 속에 꾹꾹 눌러 앉힌 《난쏘공》은 한 세대가 지난 2009년 245쇄를 돌파하는 기록을 세웠다.

눈 여겨 봐야 할 하나는 1978년에 나온 작품의 발간 부수가 20여 년이 지난 2000년대 이후 오히려 큰 폭으로 증가했다는 사실이다. 가령 2002년 가을까지 61만 부가 출간된 《난쏘공》은 2008년 가을 105만부를 훌쩍 넘겼다. 불과 6년 사이에 44만여 부가 간행되었으니, 한 해 평균 7만 3000부나 발행된 것이다. 1978년부터 2002년에 이르는 24년 동안 연평균 2만 5000부 정도가 출간된 것에 비하면 세 배에 해당한다. 2008년 7월 인터넷 서점 '예스 24'에서 4만여 명의 독자를 상대로 설문 조사를 실시한 결과 네티즌이 선정한 '한국의 대표작가' 1위에 조세희가 뽑혔다. 30년 이상 문단이라는 구조에서 철저히 내적으로 망명하다시피 한 채 은둔하고 있던 그에게 보내는 독자들의 이 드높은 관심은 딜레탕트dilettante의 세기細技에 탐닉하고 있는 듯한 요즘 우리 문단의 흐름과는 너무나 동떨어진 현상이다.

조세희는 늘 자신의 삶이 아쉬움에 가득 차 있고 자신의 작품이 너무나 한계와 단점을 많이 가지고 있다고 토로하고는 했다. 《난쏘공》을 쓸 때 "책상 앞에 앉아 며칠 밤을 새우고도 제대로 된 문장 하나 못써 절망에 빠졌던 것도 바로 나였다"고 '작가의 말'에서 그는 털어놓았다.

글쓰기는 그에게 '고문'이었다. 적당하게 궁글려서 멋지게 치장하는 것으로 끝나는 그런 작업이 아니었다. 그 자신의 이야기를 직접 한번 들어보자.

> 내가 생각하기에 작가에게 제일 어려운 일은 물론 좋은 글을 쓰는 것입니다. 두 번째로 어려운 일은 안쓰는 거예요. 세 번째로 어려운 일은 침묵입니다.
> – 조세희·이경호, '2·5세계의 불안한 나날', 『작가세계』200년 가을호

《난쏘공》이 발표된 이후인 1983년 조세희는 《난쏘공》의 후속편 성격을 띤 짧은 장편掌篇들로 구성된 《시간여행》 가운데 〈어린 왕자〉 속에서 서술자인 작가의 입을 통해 글쓰기의 고통을 토로한다. 연극으로 치면 부조리극에 가까운 엉터리 같은 현실에서 작가는 도대체가 말할 수도, 쓸 수도 없었다. 당시의 상황은 조세희에게 처절한 절망 그것이었다.

> 나의 지금 머리는 철야 조업공장의 오래된 기계처럼 망가져 떠오르는 말이 하나도 없다. 오랫동안, 찾아오는 말들을 너는 안 될 사정이 있어 안 돼라며 돌려보내기만 했더니, 이제는 모든 말들이 내게 필요하지 않다 지레 채고 발길을 끊어버렸다.

《시간여행》에 등장하는 인물들은 정의의 가치가 뒤집힌 세계에 살고 있다. 고된 노동 속에서도 빈곤은 끝이 없고 정의는 탐욕 속에서 신음하고 있다. 죄의식에 시달리는 것은 죄 없는 자들이고, 물리적 폭력과

검열을 자행하는 자들은 쾌적한 대형 아파트에서 호가호위한다. 이 뒤집힌 세계를 '아파트'라는 당시 중산층의 욕망의 공간을 원용해서 간략하게 스케치하고 있는 작품이 〈503호 남자의 희망공간〉이다.

〈은강 노동 가족의 생계비〉에는 '릴리푸트읍'이라는 가상의 공간이 등장한다. 소설 속의 릴리푸트읍은 난장이들의 열망에 의해 건설된 것이지만, 인간의 문명사 전체를 추적해 보면, 국가의 출현 이전에도, 그 이후에도 풀뿌리 민중중심의 마을공동체가 있었다. 문학평론가 이명원은 《난쏘공》에서 조세희가 추구한 세계가 '릴리푸트읍으로의 귀환'으로 보았다.

조세희의 태도에서 내가 발견하는 것은 그의 세계관의 원형을 이루고 있는 풀뿌리 민중들 사이의 협동과 상호부조, 공동체적 상호성을 바탕으로 전개되는 관용적 · 정치적 형식으로서의 '근원적 민주주의'에 대한 강렬한 희구의 태도이다. 이러한 조세희의 소설 속에 나타나는 정치적 세계관을 문학평론가 신철하는 '생태 아나키즘'이라는 관점에서 조망한 바 있거니와, 특히 그는 '땅의 정직성에 대한 믿음'과 '가족연대'의 양상에 대해 주목하면서……

《난쏘공》 이후 조세희는 달나라로 상징되는 미래에 대해서도, 또는 현재의 기원을 이루고 있는 한국 근현대 백년사에서도 뚜렷한 희망을 찾아내지 못한 것 같

다. 희망은커녕 1980년대는 역사의 시계바늘이 거꾸로 돌아간 반동의 시간이었다. "말할 수 없을 때는 침묵해야 한다"는 비트게슈타인의 말처럼, 침묵은 희망이 사라진 시대를 책임지는 그 나름의 의식이며 실천적 행동의 또다른 표현이었는지 모른다.

《난쏘공》의 '에필로그'에서 수학교사의 입을 빌려 조세희는 가장 위태로운 입장에 서서 불안정한 발밑을 자각하면서 아슬아슬하게 홀로 버티는 자의식의 아픔을 이렇게 진술한다.

나는 우리 모두가 공감할 수 있는 무엇을 글로 써서 제군에게 읽어주고 싶었다. 그러나 한 줄도 제대로 쓸 수가 없었다. 물론 나도 실망했다. 수학을 빼앗긴 것이 나에게는 너무 큰 슬픔이어서 한 문장도 바로 끝낼 수 없었다. …… 한 주전자의 커피에 한 말의 술을 마시면서 좋은 글을 못 쓰고 울기만 한 나를 이해하라.

'한 주전자의 커피와 한 말의 술을 마시면서 좋은 글을 못 쓰고 울기만 한 나'는 바로 작가 자신이다. 작품 속의 인물을 통해서 조세희는 문학에 대한 면도날 같은 자세와 염결성을 생명처럼 여기는 모습을 보여 주고 있다. 자유에 관한 한 조세희의 자세는 김수영을 닮았다. 그에게 자유는 모든 불가능한 것에 대한 멈출 수 없는 저항이었고 타협은 있을 수 없었다. 자유는 그 자체 절대적인 정신이었다.

1980년대 이후 조세희의 절규는 소설 대신 사진으로 바뀌었다. 1984, 1985년 그는 사북탄광에 갔다 오면서 사진 산문집 《침묵의 뿌리》를 내놓았다. 그 서문에서 조세희는 이렇게 썼다.

이번 책에는 사진이 들어 있다. 슬프고 겁에 질린 시대에 적합한 것이 사진이라고 말한 사람이 있지만 …… 나는 작가로서가 아니라 이 땅에 사는 한사람의 '시민'으로서 그동안 우리가 지어온 죄에 대해 말하고 싶었다.

책 속의 사진들은 종이로 만든 거울이었다. 조세희가 본 사북은 속물주의에 오염된 억압적 한국 자본주의의 은폐된 이면이었다. 몇차례의 사북행을 통해서 조세희는 '사북'이 '우리 시대의 완벽한 알리바이', 그러니까 약자의 전면적인 희생 위에 생산된(?) 근대화의 '희생제품'이었다. 그럼에도 도시인 어느 누구도 석탄가루 날리는 사북의 잿빛 풍경 앞에서 죄의식은커녕 아무런 느낌도 없었다. 밝은 대낮에도 사북은 검은 빛의 탄가루가 날리는 처참한 삶의 터전이었음에도 말이다.

언어가 길을 잃은 곳에서 그의 사진작업은 증언인 동시에 기억의 동시적인 복원작업이었다. 그는 언어를 육화시키는 것과 같이 사진 이미지의 포착과 응결과정을 역사의 발효과정으로 이해한 것 같다. 1980년대 중반의 사북은 산업화의 폭력을 증언하는 기억작업이며, 그곳에서의 항쟁은 억압구조에서의 해방을 위한 투쟁이었다. 이 시기를 기점으로 조세희의 '현장 중심주의'는 더욱 가열해진다. 조세희의 소설도 보기가 어려워졌다. 그 대신 크고 작은 시위현장에서 조세희를 목격했다는 사람들과 기자들이 늘어갔다. 이 시기를 통해 그는 몸으로 소설을 쓰고 있었다.

조세희는 1990년대 벽두에 《난쏘공》 이후 그의 다음 작품을 목마르게 기다리던 독자들에게 《하얀 저고리》란 첫 장편을 선보였다. 동학농민전쟁에서 5·18에 이르는 한국 근현대의 비극적 역사를 통시적으로 조망하고자 한 야심적이고 총체적인 기획이었다. 그러나 이 작품은 3회에 걸쳐 연재되다가 중단되었다. 이 무렵 그의 건강은 아주 악화되어 있었다. "종합병원에 가면 여러 명의 의사가 돌봐준다. 심장·뇌·폐……"라고 작가 스스로가 말할 정도였다.

소설 중단 후에도 그는 불편한 몸을 이끌고 수많은 집회와 시위현장에 다시 그 모습을 나타냈다. 카메라는 어김없이 그의 손에 들려 있었다. 시위와 진압이 격렬해지는 한가운데서도 그는 카메라의 셔터를 눌렀다. 촛불집회가 한창이던 2008년에도 그는 시청과 광화문의 집회현장에 카메라를 들고 나타났다. 그런 그를 보고 '하얀 저고리'를 사진에 빼앗기는 것이 아닌가 안타까워하는 이들이 많았다.

조세희의 소설 속 인물들은 "어둠은 빛을 이길 수 없다"는 태도를 견지했지만, 뒤집힌 역사의 현실 속에서는 어둠이 빛을 잔인하게 학살한다. 조세희는 역사에 대한 절망이 깊은 데 비례해서 그에 대결하고자 하는 의지 또한 견결해진다. 조세희의 소설 전반을 좀 단순화해서 개관하자면 〈잘못은 신에게도 있다〉에서의 죄의식에서 출발, 《시간여행》과 《침묵의 뿌리》에서는 내적으로 잠행한 자아가 타자와 대등하게 맞서면서 세계를 상대화한 뒤, 《하얀 저고리》를 통해 지배 권력에 대한 민중의 항쟁을 통해 그 절정으로 치닫게 구상되어 있었던 것 같으나 아쉽게도 미완으로 남아 있다.

조세희는 그의 전 생애를 통해서 전체를, 시간과 공간을, 안과 밖을 한꺼번에 보고자 했고, 《하얀 저고리》에서 결정적인 세계관을 그리려 한 것 같다. 작가 자신은 물론 독자들까지도 조세희의 찬란한 꿈과 이상의 프로젝트가 언젠가 성취되기를 간절히 바랄 것이다. 이런 기대를 저버리지 않을 뜻을 조세희 자신 《난쏘공》 출판 30주년 기념모임에서 밝혔다.

《하얀 저고리》는 어떻게든 살아 있는 동안 쓸 것이다. 난 마음에 안 들면 인연을 끊는데 아직 죽지 않은 사람이 많다. 그들 중 아직 죽지 않은 사람들이 내 부고를 먼저 보지 않을까 한다. 그렇더라도 3천장만은 쓰려고 한다.

2002년 6월 《난쏘공》 150쇄 발간에 즈음해서 기자들과 만난 조세희는 "인도에서 차도로 내려서야 역사가 이루어진다"고 했다. 민중의 대규모 가두시위가 역사의 동력이라는 뜻이었을까. 그러나 인도에서 내려와 차도로 행진하던 촛불시위는 2009년 1월 20일 서울 용산의 한 건물에서 철거민 다섯 명과 경찰 한 명이 불에 타 숨지는 참사로 이어졌다. 이튿날 70대를 앞둔 조세희는 그 참사의 현장 차가운 네거리에 못 박힌듯 서서 의사들의 '절대금연' 경고를 무시한 채 담배연기를 허공에 날렸다.

용산참사 소식을 들으며 30여 년 전 《난쏘공》을 읽은 독자들은 《난쏘공》에 나온 낙원구 행복동의 난장이가 살던 집을 떠올렸을 것이다. 그때의 집들은 지금 고층의 주상복합아파트로 탈바꿈했다. 시간의 흐름이 느껴지는 공간의 거리다. 《난쏘공》 속 난장이 아버지는 지옥에 살면서 천국을 생각하다가 벽돌공장의 굴뚝 위에 올라가 종이비행기를 날리는 대신 스스로를 던졌다. 용산의 철거 세입자들은 살기 위해 목숨을 걸고 굴뚝, 골리앗 크레인, 건물 옥상의 망루로 올라갔지만 주검이 되어 돌아왔다. 전율할 세월의 재현이었다.

30여 년의 세월은 결코 짧은 시간이 아니다. 지나간 30여 년간 이 땅은 급속하게 변했다. 《난쏘공》에서 보여 준 개발과 독재, 성장의 어두운 그늘은 이미 '오래 전' 일이다. 그러나 한국사회는 지금 그때에 비해 얼마나 달라졌을까. 오히려 1970년대 도시빈민들의 슬럼가 철거보다, 21세기의 철거 현장은 더 복잡한 이해집단으로 얽혀 동시대인들 모두를 알게 모르게 공범적 관계의 그물망으로 몰아넣고 있다.

건설사와 공권력뿐만 아니라 재개발 조합들, 조합원과 조합원, 세입자와 땅주인, 심지어는 철거민연합 같은 단체까지 끼어든 용산참사는 그 참혹한 상징의 하나에 불과하다. 용산참사의 희생자 다섯 명은 무려 355일 동안 차가운 냉동고에 얼어붙어 있다가, 100여 년 만의 폭설 속에서 지난 2010년 1월 9일 모란공원에 고통스런 삶을 묻었다. 이 시대의 난장이들의 뼈를 깎는 아픔은 이로써 해결되었는가. 우리 모두는 용산 망루의 불길 속에서 숯덩이가 된 난장이들의 죽음 앞에서 시대의 '죄인'이란 '주홍글씨'를 지울 수 없다.

"지금 행복한 자, 그는 도둑 아니면 바보"

이에 앞서 조세희는 2008년 실로 오랜만에 대중들 앞에 모습을 드러냈다. 그해 말 어느 고용복지센터의 대강당에서였다. 그날 조세희는 대한민국 사회가 30년 전에 비해 나아졌는가에 대해 강하게 고개를 가로저었다. 그러면서 개탄했다. "우리는 불행으로 동맹을 맺었다." 개개인을 넘어서 자본과 국가는 지금 그 욕망을 거대 공사판 국가 프로젝트로 호도하고 있다. 이 시대의 대한민국 사람이라면 결코 행복할 수가 없다는 것이 이 날 그가 내린 결론이었다.

이 땅에서 지금 이 시간에 '행복하다고 믿는 사람이 있다면 그는 다음 두 부류 중 하 나다. 하나는 도둑이고 하나는 바보다.

난장이가 지구상에 없다는 생각은 30여 년 전 그때나 지금이나 착각이었다. "지구에서는 못 일어날 일이 없다는 것"은 조세희만이 아니라 우리도 알았다. 신자유주의를 비롯한 전 지구적 경제위기 속에서 난장이 일가족은 혹은 '비정규직'이란 이름표로, 또는 기약 없는 '백수'로 힘겹게 생존을 버티고 있다. 과거 난장이들은 개개인으로 모른 척 외면당했지만, 지금의 난장이들은 20대 청년까지도 '88만원 세대'라 불리면서 세대 전체가 도매금으로 외면당하고 있다. '실용'과 '성장'을 이른바 '시대정신'으로 내세우고 있는 오늘날 《난쏘공》은 여전히 '벼랑 끝에 세워둔 위험 표지판'이다. 한 세대가 지난 지금도 난장이 제2세대가 계속되고 있는 걸 보면 한국사회에서 난장이는 분명 유전병인가 보다.

현재 시점에서 《난쏘공》은 완결되었지만, 실제로는 종결되지 않은 서사다. 아니 종결될 수 없는 이야기의 시작의 완결일 뿐인지 모르겠다. 조세희 말고는 그 누구도 '난장이 신화'의 시작을 그처럼 완벽하고 군더더기 하나 없이 해낼 수는 없었다. 바로 그렇게 완벽한 시작이었기에 《난쏘공》은 누구도 종결시킬 수 없는 이야기로 남아 있을지 모른다.

14

전태일
분신은
예수 십자가
처형의
현재진행형

14.

전태일(1948~1970)

"내 죽음을 헛되이 말라"

진정한 인간의 무덤은 후세인의 가슴속인지 모른다. 전태일, 그는 1970년대의 불꽃으로 지금도 우리 가슴 속에 살아 있다. 그를 '열사'라고 부르는 것이 오늘날 그에 대한 일반적 호칭이다. 어떤 이에게는 좀 더 소박한 이름, 우리 안에 있는 '아름다운 그 청년 전태일'이 친화력 있게 다가올는지 모르겠다. 그를 주인공으로 만들어진 영화 제목도 '아름다운 청년 전태일'이 아닌가. 전태일, 그는 1970년대의 보통명사가 되었다. 『동아일보』는 1971년 신년호에서 6·25전쟁이 1950년대를, 4·19혁명이 1960년대를 상징하듯, 스물두 살의 젊음 그 자체를 불살랐던 전태일의 죽음을 1970년대란 시대 그 자체로 평가했다.

　전태일이 세상을 떠난 지 어느새 39년이란 세월이 흘렀다. 여기서 우리의 기억을 잠시 1970년 그때로 되돌려보자. 1970년 11월 13일 오후 1시 30분, 청계천 6가 평화시장 앞 네거리. 피복 노동자(당시에는 '노동'이란 말이 금기시되었음)로 일하던 전태일과 열두 명의 '삼동회三棟會' 회원이 노동조건 개선을 요구하며 데모를 벌이기 시작했다. 데모 군중은

500여 명으로 불어났고, 시장 경비대와 경찰병력이 평화시장 일대를 삼엄하게 에워쌌다. 그로부터 10여 분 뒤, 삼동회를 조직하고 시위를 주도한 스물두 살의 전태일이 자신의 몸에 석유를 뿌리고 불을 질렀다. 불길이 그의 몸으로 옮겨 붙었다. 그는 불타는 몸으로 외쳤다. "근로기준법을 준수하라." "우리는 기계가 아니다."

바로 그 순간 그의 손에는 근로기준법 책자가 쥐어져 있었다. 근로기준법, 노동자를 위한다는 화려한 위로의 말잔치며 관념 속에만 존재하던 따뜻한 비단이불이었다. 근로기준법, 법으로만 있었던 그 화려한 장식물이 이 날 화형을 당한 것이다. 역사가 매양 그렇듯이, 어떤 시대가 도래하기 위해서는 그 시대의 도래를 정면으로 선포하는 의식이 필요했는지 모른다. 그런 의식에는 으레 속죄양이 요구되었다. 역사의 비정함인가.

전태일의 육신 위로 불길이 치솟아 오를 때까지 아무도 무엇을 어떻게 해야 할지 몰랐다. 너무나 엄청난 순간을 눈앞에 보고 넋을 잃었던 것이다. 잠시 후 전태일의 동료가 달려들어 잠바로 불길을 덮었다. 불은 한참 뒤 꺼졌다. 그때 이미 전태일은 숯덩이처럼 탔다. 전태일은 다시 벌떡 일어나 외쳤다. "내 죽음을 헛되이 하지 말라!" 생명을 내뱉는 절규였다. 세계 노동운동사에 없었던 분신투쟁이 벌어진 순간이었다.

전태일의 어머니 이소선이 소식을 듣고 헐레벌떡 달려왔다. 전태일은 가쁜 숨을 몰아쉬면서 말했다. "엄마, 내가 못다 이룬 일 엄마가 꼭 이루어 주십시오." 어머니는 약속했다. "내 몸이 가루가 되어도 니가 원하는 거 끝까지 할 거다!" 그리고 밤 10시경, 전태일은 "엄마, 배가 고파요"라는 말을 남긴 채 숨을 거두었다(《이소선 여든의 기억-지겹도록 고마운 사람들아》, 후마니타스, 2008). 평생을 굶주림과 고통 속에서 살다 간 스물두 살의 젊은이가 남긴 마지막 말이다.

인간 최소한의
요구입니다

전태일이 분신한 지 사흘째 되던 11월 16일, 서울대 법과대학에서는 가칭 '민권수호 학생연맹 준비위원회'가 발족됐다. 학생들은 서울법대 학생장으로 장례식을 치르려 했다. 이소선은 아들이 요구한 노동조합 결성과 근로조건 개선 등 8개항의 요구조건을 노동당국에 내걸고 버텼다. 그렇지 않는 한 아들의 시신을 "검은 치마폭에 싸서 뒷산에 묻더라도 내 아들 장례는 내가 치르겠다"고 이소선은 한 발도 물러서지 않았다.

결국 노동청에서는 공개적으로 그 요구조건을 수락하지 않을 수 없었다. 장례식은 18일에 열렸다. 이소선이 다니던 창동의 감리교회에서 영결식이 거행되었다. 장지는 경기도 양주군 화도면 마석리 모란공원. 바로 얼마 전 막 산을 밀어 조성된 공원묘지는 황량했다. 그러나 훗날 이 묘역은 '민주열사 묘역'이 되어 동작동 국립묘지와 또다른 의미에서 민주주의의 성역으로 가꾸어지고 있다.

서울대 법대에서는 11월 20일 전태일에 대한 추모식이 열렸다. 이 모임을 주선한 인물 중에는 장기표를 비롯, 《전태일 평전》을 쓴 조영래도 있었다. 추모식에서 조영래가 초안을 작성한 선언문이 발표되었고, 서울대학교에 대해서는 곧바로 무기한 휴교령이 내려졌다.

추모 모임은 그 후 전국 각지의 대학생들과 종교단체에까지 퍼져나 갔다. 25일 개신교와 가톨릭계가 연합해 가진 추모예배에서 김재준 목 사는 "우리 기독교는 여기에 전태일의 죽음을 애도하기 위해 모인 것이 아니라, 한국 기독교의 나태와 안일과 위선을 애도하기 위해 모였다"고 스스로 속죄했다. 11월 27일 청계피복노조가 결성되었다. 전태일이 죽 음으로 쟁취하고자 했던 평화시장 노동자의 '둥지'가 비로소 마련된 것 이다.

1970년 겨울부터 이듬해에 이르기까지 전태일이란 낯선 청년의 이 름 석 자가 우리 사회를 휩쓸었다. 그것은 폭풍이었다. 그 후 정치권의 경우 대통령이 연두 기자회견에서 노동문제를 공개적으로 사회의 관심 사로 다루었다. 성장신화의 한 귀퉁이에 내팽개쳐져 있던 노동문제에 대한 관심이 클로즈업되었다. 학생들 사이에선 노-학연대의 싹이 돋았 다. 종교인들은 참회와 속죄의 기도회를 열었다(구해근,《한국 노동계급의 형 성》, 창비, 2002).

『신동아』는 1971년 1월호에 전태일의 수기를 단독으로 입수, '인간 최소한의 요구입니다'를 실었다. 이어서 3월호에는 '평화 · 동화 · 통일 시장-근로기준법의 소외지대'를 심층취재로 다루었고, '그 후의 평화시 장'이란 제목으로 생생한 현장르포를 했다.

그와 함께한 사람들

전태일, 그 젊은 청년이 우리 사회에 준 충격은 엄청났다. 노동자는 물론 학생·지식인·종교인·언론인 할 것 없이 양심에 가시가 찔린 듯 아픔을 겪었다. 특히 수출주도형 산업화와 한강의 기적이라는 외형적 성장신화의 그늘에 가려져 있던 노동자들이 전태일의 '인간선언'에 눈을 떴다. 그들은 더 이상 '기계'가 아니고 인간이고 싶었다. 노동조합 결성이 무엇보다 당면한 과제였다. 그 결과 1970년 46만여 명이던 조합원이 1977년에는 100만 명을 돌파했다.

전태일과 함께 한 삶은 많다. 그의 가족들의 그 후의 삶은 일일이 다 말하기에 지면이 벅차다. 당시 대학생으로는 장기표를 들지 않을 수 없다. 장기표에게 전태일의 어머니 이소선은 '어머니'였다. 그는 1971년 '서울대생 내란음모사건'으로 조영래와 함께 1년 6개월의 징역살이를 했다. 이소선에게서 받은 전태일의 육필수기를 장기표는 조영래에게 건네주었다. 그 밖에 손학규, 제정구, 이신범, 김문수 등이 전태일과 한때를 같이 한 사람들이다.

서울법대 학생회 간부였던 이광택은 뒷날 독일 유학을 거쳐 노동법 교수가 되었다. 지금 그는 전태일기념사업회 이사장을 맡고 있다. 기념사업회 상임이사를 맡고 있는 민종덕은 청계천 고서점에서 우연히 『신동아』에 실린 전태일의 수기와 평화시장 르포기사를 읽고 충격과 감동에 사로잡혔다. 그는 곧바로 이소선을 찾아 전태일을 따르겠다고 맹세, 그 뒤 장기표와 조영래 사이에서 연락하면서 1983년에 나온《어느 청년 노동자의 삶과 죽음》(《전태일 평전》) 출판에 숨은 역할을 했다.

조영래는 전태일 분신 당시 사법시험을 준비하고 있었다. 조영래는 장기표의 연락을 받고 황급히 달려 나와 추모 모임에 선언문 초안을 쓰는 등 참여하다가 다시 시험 준비에 들어갔다. 조영래에게 근로기준법은 단순히 법전 문제가 아니었다. 노동자의 삶 속에서 구현되어야 할 규범이었다. 그는 제도권에서 이를 실현하기 위해 사법부 진입을 하려 했고, 1971년 드디어 고시에 합격했다. 그러나 조영래는 사법연수원 생활을 하던 중 '국사범'으로 옥고를 치렀다. '서울대생 내란음모사건'이란 거창한 사건에 연루된 것이다.

조영래는 장기표와 함께 1년 6개월의 옥고를 치른 뒤 1973년 4월에 출옥했다. 조영래는 출옥 후 장기표로부터 전태일의 수기를 건네받았다. 조영래는 전태일보다 한 살 많았다. 그는 이 스물두 살 청년의 아름답고 눈물겨운 모습에 가슴이 찢어질듯 아팠다. 그러나 곧이어 1974년 발생한 민청학련사건에 연루, 장기표와 함께 당국의 수배를 받고 다시 쫓기는 몸이 되었다.

수배생활이란 어려움 속에서도 조영래는 피신에만 급급할 수 없었다. 그는 틈틈이 이소선을 만나는가 하면, 평화시장 노동자들을 몰래 접촉해서 그들의 생존조건을 샅샅이 조사했다. 만 1년 이상을 그렇게 해서 뒷날의 《전태일 평전》을 준비했다.

> 1974년 '민청학련 사건'이 터지고 한 1년 동안 도망다녔는데, 조변호사
> (주: 1983년 변호사 개업)에게 넘겨 주었지요.(주: 전태일 수기 복사본. 원본은 이
> 소선에게 반환) 그렇게 해서 그 책은 76년 초가을에 거의 마무리되었지요.
> – 조영래변호사 추모를 위한 모임 엮음, 《진실을 영원히 감옥에 가두어
> 둘 수 없습니다: 조영래 변호사가 남긴 글 모음》, 창비, 1991

조영래는 고달픈 수배생활 속에서도 《전태일 평전》 집필 작업에 매

달렸다. 1976년 가을 초고가 완성되었다. 완성된 원고는 미로와 같은 경로를 통해 일본으로 건너갔다. 당시 국내의 상황은 지금 생각하면 도저히 이해할 수 없는 '계엄령 상태'였다. 어쨌든 1977년 한국에서 넘어간 한 뭉치의 생생한 원고가 1978년 일본어로 번역·출간되었다.《불이여, 나를 감싸안아라》라는 제목에 '어느 청년 노동자의 삶과 죽음'이라는 부제를 단《전태일 평전》이 우리나라가 아닌 일본에서 역수입되었다(안경환,《조영래 평전》, 강, 2006).

국내에서 이 책은 유통이 철저하게 금지되었다. 금서 중의 금서였다. 1983년 '전태일기념관건립위원회'가 결성되었다. 문익환 목사가 회장이 되었을 때다. 문익환은 그해 6월 돌베개출판사에서《어느 청년노동자의 삶과 죽음》를 펴내기로 했다. 책은 출판과 동시에 판금되었다. 그러나 입을 발로 해 이 책은 빠른 속도로 독서시장에 퍼져나갔다.

《어느 청년……》은 수많은 독자의 가슴을 두드리고 혼을 흔들었다. 1987년 6월항쟁 이후《전태일 평전》은 더 이상 '불온문서'가 아니었다. 1990년 가을부터 개정판 출간작업이 시작되었다. 길고도 모호한 제목을 아무 군더더기 없이 간단명료하게《전태

일 평전》으로 바꾸었다. 저자 역시 '전태일기념관건립위원회'에서 펴냈다고 한 대신, 조영래란 이름 석 자를 세상에 처음으로 밝혔다.

책의 내용도 달라진 시대상황에 맞춰 숨길 수밖에 없던 부분은 드러내고, 부분적으로 수정도 했다. 《전태일 평전》의 '복권'이었다. 그러나 정작 조영래는 1990년 폐암선고를 받고 12월 12일 세상을 떠났다. 개정 증보판이 산뜻한 장정으로 그 모습을 나타내 보이기 불과 며칠 전이었다. 전태일이 그토록 갈망하던 '대학생 친구' 조영래는 전태일이 세상을 떠난 후 20년 만에 그의 곁에 자리 잡았다. 뒤늦은 만남이었지만, 그 역시 아름다운 인연이 아니겠는가.

조영래는 '평전' 서장의 글머리에서 1976년 당시 전태일 죽음의 의미를 이렇게 요약하면서 전태일의 삶을 펼쳐나갔다.

> 우리가 이야기하려는 사람은 누구인가? 전태일. 평화시장에서 일하던, 재단사라는 이름의 청년 노동자. 1948년 8월 26일 대구에서 태어나 1970년 11월 13일 서울 평화시장 앞 길거리에서 스물둘의 젊음으로 몸을 불살라 죽었다. 그의 죽음을 사람들은 '인간선언'이라고 보았다.

전태일의 어린 시절은 1950, 1960년대 하층민의 삶의 평균치를 밑도는 참담한 것이었다. 봉제 노동자였던 아버지 전상수와 어머니 이소선 사이에서 2남 2녀의 맏이로 태어난 전태일은 1956년 남대문 초등공민학교 2학년으로 들어갔다가 1960년 남대문 국민학생으로 편입, 얼마 지나지 않아 그마저 중퇴했다. 평생 그는 배움에 목말랐다. 삶의 근거지도 들쑥날쑥해서 대구에서 서울로, 다시 대구로, 다시 서울로 옮겨 다니면서 불안정하기 짝이 없었다. 전형적인 뜨내기의 삶이었다.

1963년 전태일은 대구 청옥고등공민학교에 입학했다. 훗날 그는 이때를 "내 생애에서 가장 행복했던 시절"이라고 했다. 그러나 행복한 시절은 잠깐이었다. 그해 겨울 아버지의 명령으로 전태일은 학교를 그만둘 수밖에 없었다. 재봉틀 한 대에 온 가족이 모두 매달려야 했다. 공부에 굶주린 전태일은 동생 태삼이를 데리고 서울로 가출했다가 견딜 수 없어 다시 대구로 되돌아갔다.

이듬해에는 어머니가 단신 상경, 그때 식으로 표현해서 '식모살이'에 나섰다. 전태일은 이번에는 막내 동생을 데리고 다시 서울로 가출했다. 코흘리개 여동생을 굶어죽일 것만 같은 걱정 끝에 서울 미아보호소에 맡겼다. 열여덟 살 전태일의 당시 삶의 전모를 그의 일기를 통해서 보자.

> 그 전에 덕수궁에서 구두를 닦고, 저녁에는 신문을 팔고, 밤 1시–2시에는 야경꾼을 피해 다니며 조선호텔 앞에서부터 미도파백화점 앞과 국립극장 앞, 명동 뒷골목을 쓸며 담배꽁초를 주워 모아 생계를 유지하고, 잠은 덕수궁 대한문, 지금의 수위실에서 가마니를 덮고 잘 때에도 ……눈물을 보이지 않았건만……(1967년 2월 20일자)

1964년 봄경 전태일은 평화시장에 첫발을 들여놓는다. 그의 나이 17세 때. 시다(명색은 견습공. 사실상 온갖 잡일을 다했음)로 첫출발을 했다. 그 시절 평화시장은 어떤 곳이었던가. 1961년 서울의 청계천 6가에서 동대문운동장 쪽으로 3층짜리 연쇄건물이 들어섰다. 연건평 7400여 평.

여기에 피복 제조업자와 의류상들이 들어섰다. 1968년에는 통일상가가, 이어서 1969년에는 동화시장이 들어섰다. 전국 규모의 기성복 시장이 들어선 것이다.

> 평화시장 일대는 통틀어 여공이 약 80~90%를 차지하고 있다고 보면 좋을 것이다. …… 시다는 대부분 가정이 어려워 중학교에 진학하지 못한 12~15살의 소녀들이 기술을 배워 집안을 도와 보겠다는 생각으로 들어간다.
> – 조영래,《전태일 평전》, 돌베개, 1983

그 시절의 평화시장

전태일이 본격적으로 평화시장 노동자로 일하게 된 것은 1965년 가을 무렵부터였다. 삼일사라는 학생복 맞춤집에 '시다'(견습공)로 들어갔다. 한 달 월급은 1500원이었다. 하루에 간신히 먹고 자는 돈이 120원이었을 때다. 모자라는 돈은 구두를 닦거나 껌과 휴지를 팔아서 때웠다.

미싱 일은 집에서 기술을 어느 정도 익힌 터라, 전태일은 남보다 일찌감치 '미싱 보조'가 되었다. 뿔뿔이 흩어졌던 가족들이 함께 모여 살게 된 것이 이 무렵이었다. 1966년 가을에는 평화시장 뒷골목 통일사에 미싱사로 들어갔다. 전태일의 가슴은 이때 꿈과 희망으로 부풀었다. 그러나 그의 기대는 현실 속에서 산산조각이 났다. 전태일이 그 속으로 깊숙이 들어가 본 평화시장은 한마디로 연옥이었다.

작업장은 약 8평 남짓. 비좁은 실내 가득 재봉대와 작업대가 들어차 있었고, 핏기 잃고 누렇게 뜬 얼굴의 종업원 32명이 죄수처럼 끼어 앉아 온종일 일벌레처럼 지냈다. 높이 3미터 정도의 방 중간 높이에 수평으로 칸막이를 하고 2층을 만들었으니, 천장 높이는 1~5미터 정도. 닭장 같은 다락방이었다. 여기에서 겨우 열서너살짜리 소녀들이 아침 8시부터 밤 11시까지 일했다. 하루 종일 햇빛 한번 보지 못하는 날이 많았다. 화장실 한번 가려고 해도 눈치를 봐야 했다.

작업장에는 환기장치도 없었다. 통풍과 채광도 안 되었다. 작업 도중 날리는 옷감 먼지와 실밥을 뒤집어쓴 채 온종일 앉은뱅이처럼 일했다. 머리 바로 위에 백열등을 켜놓아 시력이 성할 턱이 없었다. 화장실은 남녀 공용. 2000명 이상이 겨우 세 개의 화장실을 쓰고 있었다. 상수도 시설은 400여 곳의 작업장에 겨우 세 곳뿐이었다. 그나마 제한급수. 목욕시설이나 세면장을 제대로 갖춘 작업장은 없었고, 한겨울에도 난방시설이 안 돼 동상에 걸리기 일쑤였다.

이처럼 열악한 환경 속에서 일한 평화시장 노동자들의 건강상태는 극도로 나빴다. 1970년도에 조사한 한 내용을 보면 재단사 전원이 신경성 소화불량, 만성 위장병, 신경통 그리고 기타 병을 가진 환자였다. 미싱사 90퍼센트는 신경통, 위장병, 신경성 소화불량, 폐병 2기까지였다. 평화시장 업주가 종업원의 정기검진을 실시한 적은 거의 없었다. 병의 치료에 대해서 신경을 써준 적은 더더구나 없었다.

평화시장에서 5년 이상 일하고 건강하다는 종업원은 있을 수가 없었다. 있었다면 신통한(?) 일이었다는 자조가 나올 수밖에 없었다. 그들은 사실 자신이 아파도 아픈 줄 모르고 지냈다. 설령 무슨 병에 걸렸다고 해도 방법이 없었다. 속수무책이었다. 무슨 돈으로 치료를 할 것이며 그 날 그 날 치료를 해야 할 텐데 시간은 도대체 어떻게 낼 수 있겠는가. 병이 깊어진 뒤 그들이 가야 할 길은 딱 한 군데였다. 직장을 그만두거나 해고당하는 길밖에 없었다.

재단사 오빠와
'바보회'

> 한 공장의 30여명 직공 중에서 겨우 2명이나 3명 정도를 평화시장주식회사(주: 평화시장 업체들의 연합기구로, 오로지 그들만의 이익단체)가 지정하는 병원에서 형식상의 진단을 마칩니다. 엑스레이 촬영시에는 필름도 없는 촬영을 하며, 아무런 사후지시나 대책이 없습니다.
> ─ 1970년 전태일의 조서에서

1966년 전태일은 한미사의 재단 보조가 되었고, 이듬해에는 재단사가 되었다. 작업장 최고의 자리에 오른 것이다. 그 자리는 봉제업체에서 가장 중요한 위치였다. 업주의 돈벌이가 잘 되고 못 되는 것은 재단사가 일을 잘하고 못하고에, 또 재단사가 업주에 얼마나 협조를 잘하느냐 여부에 달려 있었다. 대부분의 재단사는 업주와 철저하게 유착되어 있었다. 전태일은 달랐다. 그는 불쌍한 노동자를 위해 일하기로 작정하고 그 자리에 다가갔다.

전태일은 어린 여공들에게 친절하고 따뜻한 '오빠'였다. 정에 목말랐고 혹심한 노동에 시달렸던 여공들은 그에게 온갖 하소연을 했다. 전태일은 점심을 굶고 있는 여공들에게 버스값을 털어서 풀빵을 사주고 자신은 청계천 6가부터 걸어서 집에 갔다. 두세 시간이 걸렸다.

일이 늦게 끝나는 날엔 자정을 넘어 통금시간에 걸렸다. 그런 날엔 미아리 파출소에서 밤을 꼬박 새고, 다음 날 새벽에 집에 돌아와 다시 출근했다. 이런 생활은 그가 죽을 때까지 되풀이된 일과였다. 몸이 고된 것은 물론, 시다들의 사정을 속속들이 알게 되면서부터 그의 가슴은 칼로 여미는 것 같았다.

그 무렵 전태일의 가족은 도봉동을 거쳐 쌍문동으로 쫓겨 갔다. 쌍문동 208번지는 그때 공동묘지였다. 무덤 옆에 천막을 치고 잠을 잤다. 난민들은 겨울철 추위를 피하기 위해 시멘트 블록으로 무허가 건물을 지었다. 철거반이 들이닥쳐 집을 부수고 가면 다시 시멘트 블록을 쌓아 벽을 올렸다. 지붕은 슬레이트나 루핑으로 덮었다(《이소선 여든의 기억》).

명색이 재단사가 되었지만 전태일의 굶주리고 쪼들리는 생활은 전혀 나아지지 않았다. 여기에 평화시장 종업원들의 괴로움이 그의 가슴을 항상 무거운 납덩이처럼 내리눌렀다. 전태일에게는 자신을 포함해서 평화시장 전체 종업원들의 생활이 인간이 아닌 '기계' 그것으로 생각되었다.

실제로 나는 일의 방관자나 다름없다. 내 육신이 일을 하고, 누가 시키는 것이 아니라, 이때까지의 육감과 이 소란스런 분위기가 몇 인치 몇 푼을 가리키는 것이다.
- 1967년 3월의 기록에서

어느 날 한 미싱사 처녀가 일을 하다가 붉은 피를 재봉틀 위에 토해 낸 채 쓰러졌다. 전태일은 황급히 처녀를 데리고 병원에 갔다. 폐병 3기였다. 미싱사 처녀는 치료는커녕 바로 해고되었다. 그는 심한 충격을 받았다. 극심한 고통과 분노에 떨었다. 필경 그 처녀는 치료 한번 받아보지 못한 채 절망적인 삶을 살다가 죽어갈 것이 눈에 선했다.

근로기준법, 전태일은 그런 것이 있는지조차 몰랐다. 어느 날 아버지 입에서 우연히 근로기준법이 있다는 소리를 듣고 그는 귀가 번쩍 띄었다. 노동자들이 인간다운 삶을 누리기 위해서는 혼자서는 안 된다는 것, 단결된 조직이 필요하다는 것을 그는 깨달았다. 곧 노동조합의 결성이었다. 법적으로 엄연히 인정되어 있는 것을 그는 몰랐다.

이 시기에 전태일은 해고되었다. 피곤에 지친 어린 여공들을 일찍 집에 보내고 밤늦게 그 여공이 하던 일을 대신해 주는 것이 업주 눈에 띄었다. 업주의 눈에 인정은 '불편'한 것이었다. 조세희의《난장이가 쏘아올린 작은 공》에서와 같이 그 세계는 별것이 다 껄끄럽게 여겨지던 이상한 세계였다. 힘없고 나약하고 어린 종업원을 돌보는 것이 해고의 사유가 되다니!

1969년 6월 말경. 덕수궁 근처 낡은 중국음식점. 평화시장 노동자 열 명가량이 모였다. 이름은 '바보회'. 왜 하필 바보회인가. 부당한 대우를 받고도 찍소리 한번 못 해서 바보, 자기주장을 하기 위해서 나서는 것은 평화시장에서는 정말 바보, 그렇게 해서 이름이 붙여졌는지 모른다. 전태일 자신은 '좋다. 나는 바보다'를 속으로 외쳤을 것이다. 어둡고 쓸쓸한 출발이었다. 그러나 '인간답게 살 수 있는 세상'이란 수고와 피땀 없이 찾아오지 않는다. 전태일은 속으로 이를 물었다.

창립총회에서 몇 가지 활동지침이 마련되었다. 평화시장 노동자들의 근로기준법 준수 투쟁, 노동자들의 조직결성과 강화, 노동자들의 실태조사, 다분히 공상적이나마 근로기준법을 준수하는 모범적인 회사모델 제시 등이었다. 회합 장소로는 주로 전태일의 집이 사용되었다. 전태일은 이때부터 비록 작은 조직이었지만 책임감에 사로잡혔다. 돈도 여건도 어려웠다.

전태일은 그때 심태식이 쓴 《축조 근로기준법 해설》 한 권을 샀다. 고등공민학교 출신이 그 딱딱하고 낯선 법률 해설서, 그나마 법대생조차 잘 접하지 않던 노동관계 책을 어찌 이해할 수 있었으랴. 전태일은 그때부터 "대학생 친구가 한 명 있었으면 원이 없겠다"를 입버릇처럼 뇌었다.

바보회 창립 얼마 후 전태일은 다시 해고되었다. 이제 평화시장 어느 곳에서도 그는 발붙이기가 어려웠다. 업주들 사이에서 그는 어느덧 '위험분자'가 되어 있었다. 1970, 1980년대식으로 말하면 '블랙리스트' 명단에 오른 것이다. 8, 9월 잠시 임시직으로 일하면서 생긴 돈으로 그는 설문지 300매를 만들어 실태조사에 나섰다. 업주들의 위협과 방해로 주눅이 든 어린 노동자들은 겁을 내어 겨우 30여 매가 회수되었다.

시장에서 난리가 난 것은 물론이다. 그는 평화시장에서 더 이상 발을 붙일 수가 없었다. 더욱 그를 절망감에 몰아넣은 것은 근로자를 옹호하고 보호해 주어야 할 감독관청이 오히려 업주를 두둔하거나 심지어 업주들과 결탁, 사실상 노동자를 감시·통제하는 일에 나서고 있다는 사실이었다. 1969년 가을 그는 두 달가량 공사판에도 나갔다. 육체적인 어려움으로 차라리 번민을 잊어버리려 했는지 모른다.

1969년 겨울, 청년 전태일, 그는 고독했다. 굶주림과 인간 이하의 대우, 지독한 좌절감으로 몸부림친 세월을 되돌아보았다. 열심히 살려고 노력했으나 세상은 차가웠다. 그는 이 세상에서 삶의 나날이 귀양살이를 하는 것 같았다. 어떻게 할 것인가, 그는 생각을 파고 또 팠다. '혹시 자신이 잘못된 것일까.'

과거가 불우했다고 지금 과거를 원망한다면, 그 불우했던 과거는 영원히 너의 영역의 사생아가 되는 것이 아니냐?
- 1969년 12월 31일자 일기

전태일은 생각이 많은 젊은이였다. 자신의 과거를 소설형식으로 구상하면서 수기를 쓰기도 했다. 극작구상을 하기도 했다. 내용은 대개 사회의 구조악이 얼마나 인간을 황폐화하고 파괴적인가 하는 것이 중심이었다. 초등학교 학력이 전부이다시피 한 그의 눈에 비친 기업주는 차라리 죄의 '덩어리' 같았다. 근로감독 관청도, 정치가도, 언론인도, 종교인도, 지식인도, 사회의 어느 누구도, 어떤 기구도 노동자에 대해서는 너무나 냉정하고 관심조차 없었다.

1969년 11월 전태일은 대통령에게 평화시장 노동자들의 실상을 낱낱이 열거하면서, "이것도 이 나라의 경제발전을 위해서는 어쩔 수 없는 것입니까?"라고 항의하고 싶었다. 그리고 "인간 최소한의 요구를 들어 달라"고 탄원하고 싶었다. 그러나 이 편지는 끝내 발송되지 않았다. 포기했을 것이다. 대통령이 자신과 같은 하층 중의 하층 노동자의 절절한 요구를 귀담아 들어줄 리 만무하다고 판단되었을 것이다. 경제개발

만능의 시대가 아닌가.

"엄마, 배가 고파요"

1970년 초 어느 글에서 전태일은 이런 구절을 남겼다.

> 업주들은 한 끼 점심값에 200원을 쓰면서 어린 직공들은 하루 세 끼 밥
> 값이 50원, 이건 인간으로서는 행할 수 없는 행위입니다. …… 선생님,
> 여기 본능을 모르는 인간이 있습니다. 그저 빨리 고통을 느끼지 않고 죽
> 기를 기다리는 생명체가 있습니다. 그리고 죽어가고 있습니다. 그것도
> 미생물이 아닌, 짐승이 아닌, 인간이 있습니다. …… 사회라는 기구는
> 그들 연소자를 사회의 '거름'으로 쓰고 있습니다.

1969년 가을부터 전태일은 일기장 도처에서 '죽음'에 관한 기록과
흔적을 많이 남겼다. 그해 11월에 쓴 일기는 마치 유언과 같았다.

> 친구여, 나를 아는 모든 나여, 나를 모르는 모든 나여, 부탁이 있네. 나
> 를, 지금 이 순간의 나를 잊지 말아 주게. 그리고 바라네. 그대들 소중
> 한 추억의 서재에 간직하여 주게. …… 뇌성번개가 이 작은 육신을 꺾
> 어 버린다고 해도 …… 그대들이 아는, 그대들의 전체의 일부인 나. 힘
> 에 겨워 힘에 겨워 굴리다 다 못 굴린, 그리고 또 굴려야 할 덩이를 나의
> 나인 그대들에게 맡긴 채 잠시 다니러 간다네. 잠시 쉬러 간다네.……

1969년 12월 31일자 일기에서 전태일은 "올해와 같은 내년을 남기지 않기 위하여 나는 결단코 투쟁하련다. 역사가 증명한다"고 써놓았다. 그 사이 전태일의 집은 일곱 번 헐렸고 여덟 번 다시 지어졌다. 1970년 4월에는 삼각산 임마누엘 수도원 신축 공사장에 막노동꾼으로 들어갔다. 그로부터 4개월이 지난 8월 9일, 전태일은 마지막 결단을 내린 것 같다. 이때의 일기에는 이렇게 적혀 있다.

이 결단을 두고 얼마나 오랜 시간을 망설이고 괴로워했던가? 지금 이 시각 완전에 가까운 결단을 내렸다. 나는 돌아가야 한다. 꼭 돌아가야 한다. 불쌍한 내 형제의 곁으로, 내 마음의 고향으로, 내 이상의 전부인 평화시장의 어린 동심 곁으로. 생을 두고 맹세한 내가 돌보지 않으면 아니될 나약한 생명체들. 나를 버리고, 나를 죽이고 가마. 조금만 참고 견디어라. 너희들의 곁을 떠나지 않기 위하여 나약한 나를 다 바치마. 너희들은 내 마음의 고향이로다. …… 오늘은 토요일, 8월 둘째 토요일, 내 마음에 결단을 내린 이 날. 무고한 생명체들이 시들고 있는 이때에 한 방울의 이슬이 되기 위하여 발버둥치오니…….

그해 9월 전태일은 다시 평화시장에 모습을 드러냈다. 그는 왕성사의 재단사가 되었다. 뿔뿔이 흩어졌던 바보회 회원들과 새로 몇 명이 참여, 열두 명의 재단사가 다시 모였다. 그들은 모임의 이름을 '삼동회三棟會'로 했다. 평화·동화·통일시장 세 상가 노동자의 모임이라는 뜻이었다. 회장에는 전태일이 뽑혔다.

첫 사업으로 실태조사에 들어갔다. 작년에 미처 돌리다 만 설문지를 돌렸다. 설문지는 성공적으로 회수되었다. 회원들은 설문지에 나타나지 않은 세세한 내용들도 조사했다. 평화시장 일대에 흩어져 있는 수백 개 작업장의 위치 · 건평 · 직공수 · 환기장치 · 상수도시설 · 화장실에 이르기까지 꼼꼼하게 자료를 챙겼다.

1970년 10월 6일, 그들은 노동청장 앞으로 '평화시장 피복 제조업 종업원 근로조건 개선 진정서'를 보냈다. 당시의 신문보도를 보면 평화시장 노동자 126명(설문지 회수자 숫자임) 중 120명이 하루 14~16시간 노동을 하고 있는 것으로 나타났다. 그중 96명이 폐결핵 등 기관지 계통 질병에 시달리고 있었고, 102명은 신경성 위장병을 앓고 있었다. 또 126명 전원은 밝은 곳에서 눈을 제대로 뜰 수 없었고, 안질에 걸려 있었다.

시내의 한 석간신문에 평화시장의 이 참상이 처음으로 보도되었다. 전태일 등에게 신문에 이러한 기사가 난 것은 기적과 같은 일이었다. 삼동회 회원에게 꿈같은 일이 벌어진 것이다. 전태일 등 삼동회 회원들은 얼싸안고 춤을 추었다. 그들은 신문 몇백 장을 가진 것을 다 털어 사서 평화시장 종업원들에게 팔았다. 신문은 금방 다 팔렸다. 자신들도 사회적 관심의 대상이 될 수 있다니! 청계 고가다리와 그 위를 달리던 차량들이 딴 세상처럼 여겨지던 그들이었다. 그 날 평화시장은 작은 축제 분위기였다.

반면 업주 측과 노동당국에서는 난리가 났다. 그들로서는 밤중에 철없는 것들(?)에게 기습을 당한 기분이었을 것이다. 노동청에서 고위층이 다녀가고, 평화시장주식회사에서는 급한 불을 끄고 보자는 생각에서 금방이라도 진정서 내용을 들어줄 것 같이 공수표를 남발했다.

그러나 시간이 지날수록 업주와 노동당국의 태도는 달라졌다. 오히려 경찰 및 정보 계통 사람들의 발길이 평화시장 일대에 잦아졌다. 재단 사들에 대한 각개격파식 회유가 이어지는가 하면, 어린 노동자들에 대한 협박조의 강압과 설득이 옥죄어 왔다. 전태일은 노동당국에 따졌다. 그러나 그들의 태도는 180도 달라져 있었다. 몇몇 불온분자들의 꼬임에 철부지 노동자들이 잠깐 흔들렸을 뿐 다시 '평온'을 되찾았다고 그들은 낙관(?)했다. 복지부동이란 말은 얼마 전까지나 쓰이던 그나마 점잖은 표현이었다.

그 후 수많은 우여곡절을 겪었다. 전태일은 더 이상 진정이나 호소가 통할 수 없다는 아득한 '벽'을 느꼈다. 전태일과 삼동회 회원들은 다시 모였다. 그들은 마지막 방법으로 실력대결을 택할 수밖에 없었다. 투쟁방법으로는 형식적으로만 존재하는 '근로기준법' 화형식을 택했다. "우리는 기계가 아니다", "1주일에 한 번만이라도 햇빛을!" "하루 16시간 노동이 웬말이냐!" 등을 구호로 내세우기로 했다.

"이번만은 어떤 희생을 치르더라도 결단코 물러서지 말고 싸우자"며 전태일은 비장한 각오를 비쳤다. 그것이 바로 목숨을 내던질 엄청난 결심을 품은 전태일의 내면적 결단이었음을 그때까지 아무도 몰랐다. 전태일은 삼각산에서 내려올 때 이미 최후의 투쟁방법으로 죽음 말고 다른 길이 없음을 굳게 정해놓았다. 다만 '피하고 싶은 잔'이었을 것이다.

11월 12일 아침, 전태일은 집을 나섰다. 그날따라 전태일은 유난히 차림새에 신경을 쓰는 것 같았다. 근로기준법 책을 한참 동안이나 찾았다. 이소선은 그 책을 찾는 것이 늘 마음에 걸렸으나, 아들의 마음을 어쩔 수는 없었다. 전태일은 집을 나오면서 어머니에게 다음 날 오후 1시 '거사장소' 청계천 6가 국민은행 앞으로 나와 달라고 당부했다.

이소선은 그 무렵 아들의 태도가 수상쩍게 느껴지기는 했지만, 그 것이 아들의 죽음에 이르는 길이라는 것은 상상도 하지 못했다. 그런데 아들은 다음 날 "엄마, 배가 고프다"는 말을 남긴 채 영영 이 세상 사람 이 아니었다.

"지나가는 길손이여, 잠시 걸음을······"

전태일, 그의 모란공원 묘역에는 조영래도 묻혔다. 전태일의 추모비도 조영래가 썼다.

> 지나가는 길손이여, 이 말 없는 주검 앞에 눈물을 뿌리지 말라. ······ 다 만 기억하고 또 다짐하라. 불길 속에 휩싸이며 그가 남긴 마지막 한마디 '내 죽음을 헛되이 하지 말라!' 하던 그 피맺힌 울부짖음을.

전태일과 그가 그렇게 바라던 '대학생 친구' 조영래. 그 둘의 유택은 지척에 있다. 전태일·조영래 두 사람이 세상을 떠난 뒤 민주노총이 생 겼고, 노동자를 대변하는 정당도 생겼다. 전태일이 자신을 불태웠던 그 자리에는 그를 기념하는 거리도 생겨 전태일의 반신상이 들어섰고, 거리 에는 동판도 깔렸다. 그러나 우리의 마음 한구석은 허전하다. 그가 부재 하는 자리, 그가 부재하는 시대는 지금 과연 제 갈 길을 가고 있는가. 30 년 전의 노동자들과 지금의 노동자들은 과연 어떻게 달라져 있는가.